기독교문서선교회 (Christian Literature Center: 약칭 CLC)는 1941년 영국 콜체스터에서 켄 아담스에 의해 시작되었으며 국제 본부는 미국 필라델피아에 있습니다.
국제 CLC는 59개 나라에서 180개의 본부를 두고, 약 650여 명의 선교사들이 이동 도서차량 40대를 이용하여 문서 보급에 힘쓰고 있으며 이메일 주문을 통해 130여 국으로 책을 공급하고 있습니다. 한국 CLC는 청교도적 복음주의 신학과 신앙 서적을 출판하는 문서선교기관으로서, 한 영혼이라도 구원되길 소망하면서 주님이 오시는 그날까지 최선을 다할 것입니다.

추천사 1

김 선 일 박사
웨스트민스터신학대학원대학교 교수

원래 저자는 성서 문헌 연구에 있어서 세계적 명성을 지닌 학자였다. 하지만 급속도로 세속화되어가는 서구 교회의 현실을 목도한 그는 과감하게 현대 문화 속에서 복음을 증언하는 선교적 과제로 자신의 전공을 전환했다. 전공을 바꾼 이후, 그는 『교회의 맥도날드화』(CLC, 2022)라는 도발적인 제목의 책을 통해 서구 기독교계에 충격을 준다.

이 책은 최근에 일어나고 있는 이머징 교회와 선교적 교회 운동에 가장 큰 영향을 미친 것으로 평가된다. 이 책에서 저자는 현대사회의 합리적 관료주의라는 문화 패러다임이 교회의 정체성을 침식시킬 수 있는 위험성을 예리하게 비평했다. 이 책이 남긴 여파는 계속되었다.

이제 그의 두 번째 교회와 문화 비평서인 『불확실성 시대, 하나님의 선교: 교회의 맥도날드화 이후』가 선을 보인다. 저자는 현대의 세속 문화 속에서 교회가 공동체로서의 정체성과 독특한 선교적 사명을 수행할 가능성을 신학적으로 꼼꼼하게 진단한다. 그동안 저자는 책상 신학자의 역할을 넘어서 전 세계의 사역 현장을 순례하며 자신의 이론을 접목하고 검증해왔다. 따라서 전작보다 더욱 풍성해진 사역 현장에 대한 관찰과 사례들 그리고 신학적인 성찰들이 등장한다. 게다가, 역자의 깊이 있는 전문적 이해를 거친 번역은 저자의 의도를 파악하고 따라가는 데 좋은 길잡이가 될 것이다.

추천사 2

김 종 일 목사
동네작은교회, 개척학교 숲 대표코치

　존 드레인의 치밀함과 꼼꼼함으로 바라보는 시대를 관통하는 안목이 걸작이다. 농경 시대와 산업화 시대, 정보화 시대를 거쳐 개념화 시대를 살아가는 현대인들에게 사울의 갑옷이 아니라 다윗의 물맷돌을 제시한다. 맥도날드화 이후의 삶에서 문화와 공동체, 선교와 사역 그리고 신학을 새롭게 들여다보는 그의 성실함은 우리 시대에 대한 진지한 고민을 불러일으킨다.
　막가는 시대라고 손가락질만 하기에는 상상력과 창조성으로 드러내야 할 하나님 나라의 역동성이 더 절실한 시절 아닌가?
　개인과 집단의 우울함에 사로잡히기보다는 이 책을 통해 다시 한번 부르심을 붙잡기를 바란다.

추천사 3

지 성 근 목사
일상생활사역연구소 소장, 미션얼닷케이알 대표

　존 드레인은 "상상력이 지식보다 중요하다"라는 아인슈타인의 금언을 이 책을 통해 제대로 풀어내고 있다. 저자는 영국 성공회 출신 성서신학자로서, 성서적 전통과 역사를 놓치지 않으면서도, 풀러신학교에서 가르친 선교신학자이자 실천신학자로서 오순절주의를 포함하는 20세기 은사주의 운동을 인정한다. 그러면서 21세기 이머징 세대와 변화하는 문화에 대한 민감성을 갖고 현재 엄청난 변화와 어려움을 겪고 있는 교회 공동체가 21세기를 위한 선교, 사역 그리고 신학에서 어떠한 새로운 상상력이 필요한지에 대해 잘 이야기하고 있다.

　특별히 지난 20여 년 동안 "일상생활"의 가치에 대해 환기하고 새롭게 강조해 온 <일상생활사역연구소>의 입장에서 무엇보다 이 책의 내용 가운데 반가운 것은 존 드레인이 이 책에서 그리스도교 신앙 혹은 교회 공동체로 진입하는 세 가지 지점을 이야기하면서 과거에는 교리나 전통 혹은 신비적인 경험을 통하였다면 오늘날은 생활방식이나 구체적인 행위를 통해 진입한다는 것을 여러 번 강조하고 있다는 점이다.

　다른 말로 "생활 영성" 혹은 "일상의 삶의 중요성"이 오늘 21세기 문화를 헤쳐나가는 교회 공동체의 선교, 사역, 신학에서 중요한 강조점이 되어야 한다는 이야기를 들을 수 있어 반가웠다.

저자는 전작인 『교회의 맥도날드화』에서 모더니티에 포로되고 콘스탄틴주의의 한계에 갇힌 교회를 향하여 오래된 미래(Ancient-future) 즉 성경적이면서도 포스트모던한 다양한 대안과 통찰을 제시했다.

　이 책 『불확실성 시대 하나님의 선교: 교회의 맥도날드화 이후』에서는 교회 혹은 종교는 싫어하지만, 영적인 것을 추구하는 세대들에게 다가갈 수 있는 관점과 상상력을 제공한다. 그리고 기후위기와 같은 21세기가 당면한 문제들 앞에 어떻게 살아가야 할지를 제시하는 신학, 사역, 선교를 잘 이야기하고 있다. 변화의 시대에 휩쓸리지 않고 어떻게 소위 복음의 "변혁 비즈니스"를 제대로 우리 시대 문화 속에서 구현할 수 있을지 궁금한 모든 이들에게 필독을 권하고 싶다.

* 이 번역서는 2023년도 서울신학대학교 교내연구비 지원에 의한 연구임.

불확실성 시대 하나님의 선교:
교회의 맥도날드화 이후

AFTER McDONALDIZATION
Written by John Drane
Translated by Choi, Hyung Keun

This book was first published in Great Britain
by Darton, Longman and Todd Ltd.,
1 Spencer Court, 140-142 Wandsworth High Street, Lonon, SW18 4JJ.
with the title AFTER McDONALDIZATION:*Mission, Ministry, and Christian Discipleship in an Age of Uncertainty*
copyright © 2000, 2001, 2002, 2003, 2005 and 2013 by John Drane.
Translated by permission.
All rights reserved.

Korean Edition Copyright © 2023 by Christian Literature Center, Seoul, Korea.

불확실성 시대, 하나님의 선교
교회의 맥도날드화 이후

2023년 12월 31일 초판 발행

지 은 이 | 존 드레인
옮 긴 이 | 최형근

편　　집 | 정희연
디 자 인 | 서민정
펴 낸 곳 | (사)기독교문서선교회
등　　록 | 제16-25호(1980.1.18.)
주　　소 | 서울특별시 동대문구 천호대로71길 39
전　　화 | 02-586-8761-3(본사) 031-942-8761(영업부)
팩　　스 | 02-523-0131(본사) 031-942-8763(영업부)
이 메 일 | clckor@gmail.com
홈페이지 | www.clcbook.com
송금계좌 | 기업은행 073-000308-04-020 (사)기독교문서선교회
일련번호 | 2023-128

ISBN 978-89-341-2641-6 (93230)

이 한국어판 저작권은 Darton, Longman & Todd Ltd.와(과) 독점 계약한 (사)기독교문서선교회가 소유합니다. 신저작권법에 의하여 한국 내에서 보호를 받는 저작물이므로 무단 전재와 무단 복제를 금합니다.

불확실성 시대, 하나님의 선교
교회의 맥도날드화 이후

존 드레인 지음
최형근 옮김

CLC

차례

추천사 1 **김선일 박사** | 웨스트민스터신학대학원대학교 교수   1
추천사 2 **김종일 목사** | 동네작은교회, 개척학교 숲 대표코치   2
추천사 3 **지성근 목사** | 일상생활사역연구소 소장, 미션얼닷케이알 대표   3

저자 서문   9
역자 서문   14

제1장
문화   18

제2장
공동체   56

제3장
선교   98

제4장
사역   144

제5장
신학   178

참고 문헌   214

저자 서문

존 드레인 박사
전, 풀러신학교 실천신학 교수

이 책은 2000년 『교회의 맥도날드화』(*The McDonaldization of the Church*, 2022, CLC 역간)가 출판된 이래로 계속 진행되었다.[1] 그 이유는 우리가 맥도날드 방식으로 형성된 교회의 한계를 벗어나려면, 이 책이 앞으로 일어날 일들에 필수적 사고방식을 제시할 수 있다는 것을 알고 있었기 때문이다. 공교롭게도 통상 9/11로 불리는 사건에 이어 기독교를 포함한 모든 종교에 대한 사람들의 태도에 중대한 영향을 준 공포와 불확실성으로 인해 전 세계적으로 엄청난 문화변화가 일어났다.

동시에 많은 교회가 20년 이상 모든 주요 교단에 영향을 미치는 교회의 쇠퇴에 직면하고 있다는 사실을 느긋하게 생각하고 있으나, 교회로서는 자멸을 초래할 수 있는 상황에서 지속적인 쇠퇴를 감지하고 있다.

첫 번째 선택은 간단하다. 우리가 아무것도 하지 않으면서 지속적인 쇠퇴에 직면하거나, 아니면 신실한 제자도를 통해 성육신적으로 문화에 참여하는 방식에 관한 근본적 질문을 던지는 것이다.

---

1 John Drane, *The McDonaldization of the Church* (London, Darton, Longman & Todd, 2000).

두 번째 선택은 위협적으로 보일 수 있으나, 예상 가능한 최악의 시나리오는 교회를 급진적으로 재해석하고 재구상하는 작업에서 실패하는 경우다.

만약 이런 일이 벌어진다면, 우리는 정확히 아무것도 할 수 없는 상황에 부닥칠 것이다. 반면에, 우리가 창조성과 상상력이라는 속성을 갖고 계신 하나님(창 1:1-2:4a)을 진실로 믿는다면 - 산을 옮기는 것은 말할 것도 없고 - 우리는 혼자가 아니며 하나님이 이미 우리를 앞서가실 것이라는 확신을 품고 위험을 향해 믿음의 발걸음을 내디딜 수 있을 것이다.

이 책이 『교회의 맥도날드화』의 속편임을 고려하면, 자체적으로 맥도날드화 논지들 가운데 몇 가지 징후만 담고 있다는 것에 아무도 놀라지 않을 것이다. 이 책은 깔끔하게 정돈된 논의를 담고 있지 않고, 우리가 알고 있는 고정관념에 대해 숙고하고 우리에게 새로운 질문들을 허용할 때, 보고 느끼게 될 기독교의 미래를 상상하도록 초대한다.

각 장의 제목이 다르지만, 모두 서로 연결되어 있으며, 한 주제에 관한 언급은 많은 자료가 호환될 수 있는 범위 내에서 다른 주제에 대해 쉽게 언급한다. 선교와 사역이라는 두 주제가 공동체와 문화와 신학에 관한 논의와 연관되는 한편, 선교에 관한 내용은 사역에 관한 내용과 연관된다. (한때 미국의 전 부통령 알 고어[Al Gore]의 연설문 작성자였던) 다니엘 핑크(Daniel Pink)는 오늘날 빠르게 변화하는 지구촌의 문화적 상황에 대처하기 위해 우리가 계발해야 할 기술은 다음 요소들로 구성된다고 제안한다.

> 분석하기보다 종합하는… 조각을 하나로 맞추는 능력; 겉보기에는 관련이 없어 보이는 분야 간에 관계를 파악하는 능력; 분명한 대답보다 넓은 패턴을 감지하는 능력; 아무도 짝을 이룰 것으로 생각하지 못한 요소들을 결합

하여 새로운 것을 발명하는 능력.²

나는 이 책에서 이 같은 시도를 하려 한다. 이런 순환적인 방식을 선호하는 독자들은 이 책을 좋아할 것이고, 반면에 시작과 중간과 결말을 보여주는 선형적 방식의 논의를 선호하는 독자들은 이 책이 더욱 도전적이라는 사실을 발견할 것이다. 아마도 꽤 많은 독자가 이 책의 그런 논의 방식으로 인해 즉시 그런 도전을 무시할 것이다.

이 책의 또 다른 특징은 의도적으로 내 개인적 이야기들을 꽤 많이 담았다는 것이다. 여기에는 단순한 방임을 훨씬 넘어서는 이유가 있다. 왜냐하면, 이야기는 복음의 중심이고 여러 장소와 맞닿아 있으며, 추상적인 추론이 결코 감동을 줄 수 없는 부분들을 되살리기 때문이다. 인지적 분석은 학문기관의 희귀한 분위기에서는 높게 평가될 수 있겠지만, 이야기는 삶의 소재로서 우리가 타인의 경험을 통해서 배우듯이 우리 자신의 삶을 성찰하도록 초대한다.

학자들은 객관적이고 공정하다고 주장하지만, 그런 객관성을 전달하는 방법 역시 현실을 직시하지 못하는 편의적인 방법이 될 수 있다. 인간이 된다는 것은, 이야기를 품고 있다는 것이며 실제로 이야기가 된다는 것이다. 결국, 우리는 더 깊은 성찰을 권장하며 이야기를 나눔으로써 우리 자신에게 거울을 비춘다. 만일 우리가 다른 사람들의 이야기에 참여하려면, 무엇보다 우리 자신에 대해 솔직해야 한다. 또한, 우리 모두의 개인적 이야기가 하나님의 이야기, 즉 모든 이야기를 아우르는 내러티브와 어떻게 관련되는지 깨달아야 한다.

오랫동안 이 프로젝트를 수행하는 데 있어서 한 가지 장점은, 이 책에 나오는 모든 내용이 다양한 신학적·교회론적 전통에 속한 교회 지도자들과 여러 나라에서 개최된 세미나와 목회자 수련회뿐 아니라 지역 교회와

---

2 Daniel H. Pink, *A Whole New Mind* (New York, Riverhead Books, 2006), p. 130.

교구 지도자들과 공유되었다는 것이다. 이런 이유로, 나는 이 책의 내용이 현재 많은 그리스도인이 품고 있는 질문에 공명할 뿐만 아니라, 환경, 교회 구조 그리고 개인적인 성격유형 전반에 걸쳐 적용 가능한 문제 해결 방법을 제시한다고 확신한다.

나는 이런 사안들을 다른 사람들과 논의하면서 많은 것을 배웠는데, 특히 두 사람은 언급할 가치가 있다. 2006년 아내 올리브와 나는 웨일스의 영국 성공회 소속 성 아사프 교구(Diocese of St Asaph) 성직자 수련회를 인도했다. 수련회 마지막 날 존 데이비스 주교(Rt Revd John Davies)가 우리에게 감사를 표하며, 오늘날 사람들은 '죽는 것보다 사는 것을 더 두려워하는 것 같다'라는 의견을 제시했다.

올리브가 '일상생활을 위한 의례와 성찰'[3]을 제시한 자신의 책 『영성으로 가는 길』(Spirituality to Go)과 연관된 주제로 한 강연이 바로 그 상황이었다. 나는 존 데이비스 주교가 그런 문구를 사용한 것조차 기억하지 못하지만, 그것이 교회의 선교와 관련하여 중요하다는 것을 즉시 알아차렸다. 그의 언급이 없었다면, 선교와 영성에 관한 이 책의 내용 중 많은 부분이 매우 다르게 표현됐을 것이다.

내가 언급하려는 사람들은 지난 5년간 나와 함께 데드포드 교구의 데이비드 엣킨슨 주교(Rt Revd David Atkinson)와 공동의장을 맡았던 선교신학의 자문단이다.[4] 그 기간은 내가 평생직장이라고 생각한 단체를 사임하게 한 매우 고통스러운 사건을 포함하여 내 남은 인생과 사역 전반에 변화를 초래했다.

---

3   Olive M. Fleming Drane, *Spirituality to Go. Rituals and Reflections for Everyday Living* (London, Darton, Longman & Todd, 2006).
4   선교신학자문그룹(Mission Theological Advisory Group)은 성공회와 세계선교네트워크 (Global Mission Network)가 공동으로 설립한 단체이다. 이 책의 관심사와 관련된 5년간 숙고의 결과에 대해서는 다음을 참조하라. Anne Richards, *Sense Making Faith* (London, CTBI, 2007) and the website http://www.spiritualjourneys.org.uk

그 자문단의 동료들은 나를 의해 기도하고 나와 함께 기도했으며, 교회의 상황과 문화에 대한 선교적 참여에 관한 전망을 논의하는 내내, 나는 그들이 전형적인 교회 위원회와는 달리 복음을 말로 선포하고 살아내므로 나에게 영향을 미쳤다. 그래서 신학적·교회론적으로 서로에게 영감을 불어넣고 지지한 영혼의 동반자(soul-mates)라는 것을 알게 되었다.

물론 그들 중 누구도 이 책에 대한 책임이 없다. 그것은 분명히 이 책의 중요한 주제들에 관한 결론은 아닐 것이며, 나 자신의 결론도 아니다!

이 과정에서 내가 배운 한 가지 중요한 교훈은 우리 자신에 대해 너무 심각하게 여기지 말자는 것이다. 나는 '이것은 내 의견인데, 당신이 그들을 좋아하지 않는다면, 나는 언제든지 다른 사람들을 당신에게 소개할 수 있습니다'라는 유명한 어록을 남긴 코미디언 그루초 마르크스(Groucho Marx)의 정신에 따라 독자들이 이 모든 대화에 참여하도록 초대한다.

2007년 성 야고보 축일에

역자 서문

최 형 근 박사
서울신학대학교 선교학 교수

 존 드레인이 『교회의 맥도날드화』에 이어 쓴 이 책은 문화, 공동체, 선교, 사역 그리고 신학이라는 핵심 선교적 주제들을 하나님과 하나님 백성의 이야기라는 관점에서 재구성한다. 저자는 현대 문화의 격랑 속에서 성경의 거대 서사를 통해 자신과 아내의 이야기를 풀어놓고 그 이야기에 관여하는 타자의 이야기를 통해 교회의 선교가 나아가야 할 방향을 서사적으로 탐구한다.
 이 점에서 본서는 맥도날드화 논제에 대한 교회의 이해와 반응 그리고 대응 방식에 관한 저자의 실천적 성찰을 담고 있다. 또한, 저자는 실천적 선교신학자로서의 자신의 정체성을 규정하고 "반영적 실천가"(reflective practitioner)로서 면모를 충분히 보여준다. 하나님의 선교(Missio Dei)라는 관점에서 서구 교회가 처한 20세기의 문화적 상황을 분석하고 21세를 내다보는 저자의 예지력은 오늘날에도 전율을 느낄 정도이다. 또한, 그의 예언자적 통찰력과 상상력은 위기에 처한 한국 교회에 중대한 도전과 갱신의 실마리를 찾을 수 있는 복음의 본질을 보여준다.
 21세기의 20년이 지나면서 지구촌이 맞닥뜨린 "코로나 팬데믹" 위기는 교회가 하나님의 창조세계의 지속 가능성과 공동체의 중요성을 다시금 깊이 성찰하게 만든 계기가 되었다. 다차원적 위기에 직면한 교회의 사역에 대한 저자의 접근은 예언자적 상상력을 불러일으키며 경계선을 넘어 새로운 지평을 열어젖히는 "교회 밖에서 교회가 되는" 지역 사회에 참여하는 방식과 하나님의 창조세계로 확장되는 성경적 원형으로의 회복을 보여주는 듯하다.

특히, 저자가 영성과 선교의 연관성을 언급하면서, 영성을 단순히 이론적, 종교적, 세속적 관점이 아니라, 총체적 관점에서 풀어내는 것이 매우 흥미롭다. 저자는 영성을 삶의 방식, 훈련, 열정의 통합으로 바라본다. 이 점에서 저자는 앞의 책에서 언급한 현대사회의 일곱 부류의 집단이 추구하는 영성을 기독교 사역과 관련하여 적절하게 예증한다.

영성이라는 개념이 어떻게 교회의 선교에 적용될 수 있는가?

저자는 영성을 삶의 방식, 신념, 소속감의 통합으로 표현한다. 저자가 주장하는 기독교 영성은 행위(behavior)와 믿음(belief)과 공동체성/소속감(belonging)이라는 초대 교회 생활방식의 표출이다. 기독교 영성이 세속 영성이나 타 종교 영성과 구별되는 지점은 예수 그리스도의 성육신과 십자가를 향한 여정과 밀접하게 연관된다. 그래서 기독교 영성은 제자도로서 형성적인 차원을 띠며, 더 나아가 바울이 고백하듯이, "그리스도의 형상과 흔적"(stigma)을 몸과 삶으로 각인하는 끊임없는 자기성찰일 것이다.

나는 본서의 영문원서 제목을 번역하며 『불확실성 시대 하나님의 선교』로 변경했는데, 그 이유는 본서가 『교회의 맥도날드화』 논의 이후 일련의 대안 제시의 성격을 띠기 때문이다. 문화와 공동체에 관한 논의는 현대인의 삶이 영위되는 사회 문화에 관한 맥락 읽기의 성격을 파악하고 대항 문화적이고 대안 공동체로서 교회의 모습을 제기한다. 문화적 상황으로 보냄 받은 교회 공동체는 하나님의 선교로 인해 분명한 정체성을 유지해야 한다. 하나님의 선교는 교회의 사역을 규정하고 신학의 본질을 담아내고 풀어내는 핵심이다.

따라서, 저자는 본서가 담아낸 5개의 주제를 추동하는 "하나님의 선교"의 중요성을 언급하며, 제3장(선교)의 결론에서 "자신의 연약함을 드러내지 않고 다른 사람과 함께 걷는 것이 불가능"하다고 천명한다. 그는 맥도날드화 논제를 상기시키며 "만일 선교가 우리가 하는 일이라면, 우리는 그것을 확고하게 통제하고 조절하며 어느 정도까지 그 결과를 예측할 수 있기에, 우리 자신의 안전지대를 넘어서 결코 도전하지 못할 것이다. 그러나 만일 하나님이 선교를 주도하신다면, 그것이 우리를 어디로 인도할 것인지 그리고 그 결과가 어떻게 될지 누가 알겠는가?"라고 도전한다.

본서가 한국 교회에 제기하는 중대한 도전들 가운데 하나는 신학교육의 본질과 목적에 관한 것이다. 존 드레인은 "공적 광장에서 신학의 소외" 이유를 신학자들과 목회자들이 사람들에게 신적 지식에 관한 독선적인 전문가 그룹으로 인식되기 때문이라고 주장한다. 미국의 신학대학원 학제에서 나온 Master of Divinity(M.Div.) 학위과정은 성서신학, 조직신학, 교회사 등의 범주화된 신학적 지식을 머리로 인지하므로 신에 관해 통달하려는 "전문가"를 양산하는 커리큘럼의 지배를 받았다. 따라서 이들을 가르치는 신학 교수도 그런 옛 패러다임의 포로임을 인식해야 할 것이다. 이 문제의 해결 방안으로서, 저자는 "복음서의 예수"에 대한 재발견을 말한다. 교회의 선교는 기독론에서 나오기에 참된 교회론은 기독론을 통해 하나님의 선교의 본질을 발견하는 것이다.

저자가 주장하는 "실천신학"(practical theology)은 한국 교회와 신학교 커리큘럼에 나타난 실천신학과 다른 양상을 띤다. 그것은, 참여적 지식을 공유하는 과정으로서 예배당이라는 공간과 주일이라는 시간을 넘어 더 넓은 사회와 문화적 상황에 관여하는 것이며, 가정과 교회, 강의실과 일터를 연결하고 통합하는 하나님의 선교현장에서의 배움이고 성육신적 구현이다. 결국, 한국 교회의 사역과 미래를 결정하는 요인은 신학교육에 달려 있다. 기독교 사역이 효율성, 계산 가능성, 예측 가능성 그리고 통제라는 맥도날드화의 패러다임에 갇혀 있다면, 한국 교회의 미래는 보장할 수 없을 것이다.

마지막으로, 로잔 운동 50주년을 맞이하여 2024년 9월 인천 송도 컨벤시아에서 열릴 제4차 로잔대회 문서인 서울 선언(Seoul Statement)과 대위임

현황(State of the Great Commission)은 하나님의 선교에 근거한 총체적 선교와 변화하는 문화 가운데서 복음의 선포와 공적 구현을 담아낼 것이다. 이를 통해 한국 교회의 사역과 선교에 새로운 패러다임이 구축되고 신학교육 전환의 계기가 되기를 기대한다. 존 드레인의 이전 책 『교회의 맥도날드화』에 이어 이 책의 번역을 통해 국내 선교적 교회 운동의 확산을 위한 동역의 기회를 준 기독교문서선교회(CLC)에 깊이 감사드린다.

2023년 12월
서울신학대학교 연구실에서

제1장

문화

1. 개인적 관점

마이클 프로스트(Michael Frost)와 앨런 허쉬(Alan Hirsch)에 따르면, 『교회의 맥도날드화』(The Mcdonaldization of the Church)는 '큰 충격을 주는 필독서'다.[1] 최근에 이 책은 이머징 교회에 관해 가장 영향을 준 6권의 책들 가운데 하나로 선정되었다.[2] 물론 모든 저자도 자신의 저서가 영향력 있는 책으로 선정되기를 원할 것이다. 여기서 내가 분명하게 그 책들을 언급하려는 이유가 있다. 그렇지만, 그 책들만 그런 충격을 주지는 않았다.

지나치게 합리화된 삶에 대한 특정 형태를 묘사하려고 "맥도날드화"라는 용어를 처음 사용한 사회학자 조지 리처(George Ritzer)는 내 책을 환영한 학자였으며, 그가 편집한 유명한 『맥도날드화 논문선집』(Mcdonaldization Reader)에[3] 내 원고를 즉시 실어 주었다. 그리고 우리 둘이 캘리포니아주

---

[1] Michael Frost and Alan Hirsch, *The Shaping of Things to Come: Innovation and Mission for the 21st Century Church* (Peabody MA, Hendrickson, 2003), p. 231.

[2] 6) http://www.emergentkiwi.org.nz/archives/my_most_significant_emerging_and_missional_books.php#more

[3] John Drane, 'The Church and the Iron Cage', in George Ritzer (ed.), *McDonaldizaton: the Reader* (Thousand Oaks CA, Pine Forge Press, 2002), pp. 151–7; John Drane, 'From Creeds to Burgers: religious control, spiritual search, and the future of the world', in

파사데나에 있는 풀러신학교에서 강의한 세미나에서 수백 명의 청중이 우리의 대화를 들었다. 전에 그리스도인들은 대개 성경연구 때문에, 나를 알았다. 그들은 신구약 성경에 관한 내 저서들을 통해 내 이름을 알았는데, 그 책들은 여전히 전 세계 신학교 도서목록을 차지할 정도로 매우 잘 알려졌다.[4]

그러나 나는 21세기 맥도날드화된 세상에서 살아가야 한다. 내가 전에 다니던 한 교회에 설교 초청을 받아서 성서 일과(lectionary reading)에 따라 설교했는데, 담임목사님은 내가 여전히 성경에 관심을 두고 있다는 다소 뜻밖의 말을 했다. 그런데 더 놀랍게도 그는 내가 새롭게 발견한 매력적인 사회과학이라는 학문과 성경을 통합하려고 애쓴다고 말했다. 그러나 내 영적 순례에 대한 그의 자각은 아주 정확하지 않았다. 제5장에서 더 자세히 설명하겠지만, 학생 시절까지 거슬러 올라가도 성경에 대한 내 관심은 항상 현대 문화에 관한 관심과 연관되어 추동되었다.

역으로 교회가 직면하는 문화적 도전들에 대한 내 이해는 항상 성경과 광범위한 기독교 전통에서 나온 통찰들을 통해 여과되었다. 그러나 내가 교회의 맥도날드화로 규정하는 문화 현상과의 만남은 내가 기대했던 것보다, 내 삶에 훨씬 지대한 영향을 미쳤다는 사실과 그 외에 나를 스쳐 간 혁신적 사역에 많은 기회를 제공했다는 것이 분명하다. 이 책은 내가 교회와 문화를 주제로 저술한 첫 번째 책은 아니지만,[5] 시의적절한 책으로 판명되었다.

George Ritzer (ed.), *McDonaldization: The Reader*, 2nd edn (Thousand Oaks CA, Pine Forge Press, 2006), pp. 197–202.

4   John Drane, *Introducing the Old Testament*, 2nd edn (Oxford, Lion, 2000); *Introducing the New Testament*, 2nd edn (Oxford, Lion, 1999); *Introducing the Bible* (Minneapolis, Fortress, 2005).

5   John Drane, *Faith in a Changing Culture* (London, HarperCollins, 1997); *Cultural Change and Biblical Faith* (Carlisle, Paternoster Press, 2000).

비록 파멸의 소문을 퍼뜨리는 사람들(doom-mongers)이 예언한 묵시적 위기로 새천년이 시작되지는 않았지만, 20세기의 마지막과 21세기의 시작을 망라한 2~3년의 타임 프레임은 우리가 어디에서 왔으며 우리가 누구인지 그리고 미래에 우리가 어디로 갈 것인지를 숙고하는 기회를 우리 모두에게 제공했다. 그 당시 나는 그런 용어들로 그 주제에 관해 의식적으로 생각하지는 않았지만, 내가 새천년과 미래에 대한 희망과 열망을 경험하면서 『교회의 맥도날드화』를 쓴 것은 교회의 삶의 중간기에 대한 일종의 평가를 제공하면서 그런 숙고를 하도록 했다는 사실을 뒤늦게 깨달았다고 생각한다.

주로 그때까지 나는 수년 동안 교회의 지역적 상황에 활발하게 참여했지만, 1980년대와 1990년대에 국내외 행사에서 지도적 역할을 감당해야 했다. 그 시기에 나는 대부분 여러 중요한 영국 에큐메니컬 위원회의 의장을 맡았고 위원으로 활동했다. 수 세기 동안 우리 선조들을 잘 섬기던 방식들이 의문시되고 많은 경우에 폐기된 것처럼, 80~90년대는 급속한 변화의 시기였다. 비록 교회 지도자들이 그 실재를 깨닫고 그 함의들을 인식하기 전이었다 할지라도, 광범위한 문화에서 일어난 사건들은 교회의 삶을 침해했다.

그러나 그런 변화를 직시하는 비전을 품은 사람들은 분명히 시대가 제기한 시험을 견뎌낸 구조와 절차들이 새로운 문화적 환경에서 더는 작동하지 않는다는 것을 이해했다. 실로 모든 신앙의 구조는 우리 모두의 경험을 넘어서 확장되며 검증되고 있었다. 기독교 신앙이 도전받고 교회가 신뢰를 잃었다는 생각은 새로운 것이 아니었다. 교회는 출발부터 교회를 파괴하려는 적들과 대면했다.

그러나 가까운 과거에 교회의 신뢰성을 침식하려는 시도들은 대개 성경의 역사적 신뢰성이나 과학과 종교에 관한 논쟁 같은 이슈에 초점을 두는 지적 성격으로 기울어지는 경향을 보였다. 그런 질문들에 대해 적절한 기독교적 응답에 관한 단일한 견해는 없었지만, 교회 지도자들은 그런 유사한 주제들에 관한 논의에 참여하는 방식을 알고 있었다. 왜냐하면, 전통적 신학교육은 신학대학원생들이 성경 자체의 실제 본문에 관해 아는 것보다 성경에 관한 학문적 견해들에 관해 더 많이 알고 있다는 것에 대해 불만을 표하는 선에서 학생들을 포용했기 때문이다.

그러나 20세기 말까지 기존의 철학적 의미에서 토대를 형성하는 지혜의 개념은 더는 의미 있고 참된 요인이라고 떠받치는 초석으로 간주하지 않았다. 그것은 게임의 규칙들이 사물을 바라보는 새로운 방식에 순응하기 위해 재진술된 것처럼, 엄청난 규모의 격변이 일어난다는 사실을 의미했다. 객관적 진리로 간주하던 것들과 연관된 합리적 사고는 사물의 가치를 판단하는 핵심 기준이라는 연관성으로 대체되었다. 다수 세계와 더욱 더 조화롭게 살아갈 필요성에 관한 인식은 말할 것도 없고 점차 압력을 가하는 삶의 방식들과 씨름하며 전통적인 제도의 붕괴로 인해 도전받는 북반구 사람들은 그들의 조상들이 추구하던 종교적 시대뿐 아니라 그런 경향을 추구하는 문화와는 무관한 자신들의 모습을 발견했다.[6]

의미 있는 신앙이 되려면-따라서 추구할만한 가치를 얻기 위해-우리가 현재 고투하는 삶의 방식과 연관된 이슈들과 명확하게 연결되어야 했다. 또한, 신앙은 다른 세상에서 이루어질 신비한 삶의 개념이 아니라 지금 이 땅에서의 삶과 연관되어야 한다는 것을 의미했다.

이런 새로운 의제들에 직면하여(그리고 여기서 묘사한 것은 단지 매우 거대한 문화적 빙산의 일부다). 교회들은 자신들이 힘겹게 고투하고 있다는 것을 곧바로 발견했다. 왜냐하면, 교회의 문화와 신자들의 삶의 경험 간의 틈새가 일상적인 차원에서 확장되고 있었기 때문이다. 점점 더 많은 젊은이가 교회에 관한 말을 거의 듣지 못하게 되었고 교회를 떠나거나 먼저 교회와 연

---

6 이 책 전반에 걸쳐 나는 '남반구'(Global South)의 개발도상국에 맞서 '부유한 북반구'(Global North)를 형성하는 유럽, 북미, 오스트랄라시아 및 기타 산업화한 국가를 지칭하기 위해 '북반구'(Global North)라는 용어를 사용했다. 그러나 나는 그런 나라들을 알리는 이념을 언급할 때 좀 더 전통적인 용어인 '서구'(Western)를 사용했다.

결되지 않았다.

이 책의 다른 장들에서 제시될 것이지만, 젊은이들의 환멸이 직접 복음과 연관된 것이 아니라, 오히려 복음의 메시지가 구현되는 제도적 구조와 시스템을 넘어설 수 없다고 생각하는 타당한 이유가 있다. 지금까지 평신도 지도자나 전임 사역에 활발하게 참여한 중년층 신자가 자신들의 삶에서 소속감을 느끼던 교회의 방식들에 대해 점점 더 피로감을 느끼는 모습을 발견했듯이, 지금 우리가 21세기의 첫 10년의 끝을 향해 가면서 더욱 위협적인 경향이 부상했다.[7] 비록 이런 경향이 전모는 아니며 더욱 희망적인 표지들 역시 나타난다고 할지라도, 그 사실들은 여전히 우울한 전망을 보여준다.

만일 아무런 변화가 없다면, 현재의 통계수치들은 웨일스(성공회) 교회가 2020년까지 지속하지 못할 것이며, 연합개혁교회는 2022년에 그리고 스코틀랜드 교회는 2033년에 사라질 것이고, 2037년에 영국 감리교회 신자는 단 한 명도 남지 않을 것이다.[8]

이와 대조적으로 남반구의 상황은 매우 다른데, 교회 지도자들은 남반구 교회가 과거에 기독교 문화에 속했던 북반구 교회들을 갱신할 수 있다고 믿는 경향이 있다. 우리가 아프리카, 중국, 동남아시아의 일부 그리고 남미와 같은 지역의 기독교 공동체의 놀라운 성장에서 아무것도 배울 것이 없다고 생각하는 것은 어리석다-그리고 북반구 대부분에서 성장하고 있는 유일한 교회들은 주로 남반구에서 이주한 이주민들을 대상으로 사역하는 교회들이라는 것은 주목할 만하다.

그러나 그런 교회들이 성장하는 이유는 매우 다양하며, 그 교회들 모두가 북반구의 다수를 차지하는 사람들의 현재 관심사와 필시 상호연관성을

---

7   Cf. Alan Jamieson, *A Churchless Faith* (London, SPCK, 2002).
8   이런 계산은 *UKCH Religious Trends*, ed. Peter Brierley (London, Christian Research)에 나오는 연간 시리즈에 제시된 수치를 기반으로 한다. 또한, http://www.christian-research.org.uk/intro.htmf를 참조하라.

갖고 있지 않을 수도 있다. 영적 갈망만이 유일한 구성요소는 아니며, 세계의 많은 지역에서 점증하는 문해율(literacy), 출산율 그리고 세계화와 같은 다른 요소들이 교회 성장에 부분적인 역할을 하고 있고, 어떤 점에서 그런 요소들이 종교적 신앙 그 자체보다 더 중요한 역할을 하고 있다.

전쟁으로 인한 인구의 급속한 이동과 경제적 이주는 유럽, 북미 그리고 오스트랄라시아(Australasia, 오스트레일리아·뉴질랜드·서남 태평양 제도를 포함하는 지역-역주)의 많은 도시로 새로운 비전통적 그리스도인의 유입을 가져왔다. 그러나 이런 교회 성장은 그 지역 교회의 전반적인 운명에 중대한 차이를 가져오지 못할 것이다. 우리가 무엇을 조망하던, 비록 지역적인 차이는 있을지라도 예상했던 시나리오다.

비록 외부에서 바라보는 시선보다는 특히 주류교파에 속한 미국 교회의 미래가 크게 안전하지 않다고 할지라도, 그 전망의 윤곽은 신자들이 어느 정도는 여전히 시민사회의 승인을 요청할 수 있는 (그리고 다양한 교파들이 유럽보다는 항상 훨씬 규모가 컸던) 미국에서는 다르게 나타난다. 미국 교회의 주일 예배 출석 신자들은 인구의 약 60% 정도를 차지하지만, 그런 전망은 그런 종류의 통계가 제시하는 것보다 훨씬 덜 확실하다. 이에 대한 다양한 이유가 있다. 보기보다 더 중요한 한 요인은, 미국에서 교회 출석은 정확한 통계적 증거를 사용하기보다는 전통적인 여론조사를 통해 이루어진 방식이라는 것이다.

여전히 미국에 존재하는, 일종의 종교적 관습을 준수하는 문화에 속한 사람들이 지난 주일 교회 출석에 관한 질문을 받을 때, 그들은 '아니라'고 대답하기보다는 십중팔구 '그렇다'고 대답할 것이다. 그런데 이것은 부득이 실제 상황을 왜곡하는 경향이 있다. 더욱 정확한 신자 수와 출석률을 통합적으로 예측한 경우에, 비록 각 주마다 큰 차이가 있을지라도 미국 교회의 출석률은 60%라기보다 거의 20%로 판명된다. 2007년 초에 수행한 연구조사는 대략 1억 명의 미국인 혹은 전체 인구의 약 34%가 어떤 교회

와도 거의 관련되지 않다는 것을 보여주었다.⁹

이 통계수치는 (이웃 나라인 캐나다를 포함하여) 여전히 북반구의 다른 어떤 나라보다 더 낮지만, 미국 교회가 이미 이룬 성취에 안주할 수 있다는 것을 의미하는 것은 아니었다. 당연히 자유 시장 기업 문화는 단기간의 충성조차 권장하지 않는데, 매일 기도하고 성경을 읽으며 영성훈련에 헌신한 사람들조차 미래에는 교회와 공식적인 어떤 연관성도 없이도 그런 일을 하게 될 것이라고 한 방송해설가가 예측했다.

최근 연구조사는 미국 그리스도인들 가운데 가정 교회, 일터 사역 그리고 사이버교회와 같은 새로운 신앙 형태들에 대한 높은 인기를 입증했다.¹⁰ 더욱이 이런 다양성은 실용적인 고려사항들에 한정되지 않고 하나님의 본성과 세상과 인간 그리고 하나님과의 관계에 대해 의미심장하게 양립할 수 없는 이해들로 확장된다.¹¹

이에 관한 모든 이유를 숙고하는 데 있어서 절대적으로 명백한 한가지 사실이 있는데, 그것은 제시될 수 있는 단일하거나 단순한 설명이란 없다는 것이다. 로마 황제 콘스탄틴(AD 280-337) 시대 이래로, 서구세계를 규정한 제도적 기관의 심각한 쇠퇴는 하룻밤에 이루어진 것이 아니었고, 그런 상황 가운데 살아가고 있는 우리 가운데 어떤 사람이 문화적인 큰 그림에 대한 모든 것들을 자세하게 분별할 수 있지는 않을 것이다.

20세기 후반, 맥도날드화로 과정이 중대한 역할을 했다는 것은 확실하다. 맥도날드화 과정에서 일터의 과도한 합리화로 인해 억압받는다고 느끼는 사람들은 자신들이 탈출하려고 애쓰던 균질화되고 엄격하게 구조화

---

9 http://www.barna.org/FlexPage.aspx?Page=BarnaUpdateNarrowPreview&BarnaUpdateID=267
10 George Barna, *Revolution* (Ventura CA, Barna Research, 2005).
11 Baylor Institute for Studies of Religion, *American Piety in the 21ˢᵗ Century: New insights to the depth and complexity of religion in the US* (Waco TX, Baylor University, 2006). Available for free download at www.baylor.edu/content/services/document.php/33304.pdf를 참조하라.

된 문화를 발견하고 나서야 갱신의 공간을 찾았고, 그 결과 많은 사람이 개인적인 온전함을 탐구하는 가운데 소위 '대안적' 영성과 치료 요법을 추구하는 방향에서 벗어났다.[12] 영적인 삶의 의미와 목적을 자의식적으로 탐구하는 사람들 가운데 교회에 대한 신뢰와 확신의 상실로 인해 교회가 쇠퇴했다는 점을 과장하는 것은 불가능하다.

맥도날드화의 범주들이 현재 교회가 처한 곤경을 이해하는 매우 유용한 도구를 우리에게 제공할지라도 내가 어딘가에서 주장했던 것은, 그런 과도하게 합리화된 방식을 뒷받침하는 태도와 사고방식이 실제로 20세기에 고안된 것이 아니라, 기독교 왕국의 역사 전반과 궁극적으로는 로마제국의 초기 형태로 거슬러 올라갈 수 있다.[13] 만약 그런 주장에 어떤 진리가 있다면, 우리는 맥도날드식 교회 형태가 (적어도 숫자와 영향에 있어서) 오랫동안 매우 성공적이었던 것처럼 보인다는 것을 인정해야 한다.

선교학적 전문용어를 사용하자면, 맥도날드식 교회 형태는 분명히 고도로 합리화된 사회에서 제대로 상황화되었다. 과거에 관한 그런 가치판단은 항상 나중에 쉽게 깨닫게 되지만, 그것 역시 진정한 복음의 상황화였다는 주장이 중요한 견해로 널리 수용되었다. 우리가 선조들에 대해 생각하는 것들이 무엇이든 현재 교회가 힘든 시기를 겪는 이유 가운데 하나는, 적어도 우리가 자유로운 선택을 할 수 있는 삶의 영역에서 합리화된 구조에 대해 덜 관용적인 방향으로 문화변화가 이루어졌기 때문이다. 동시에 우리는 이 모든 것에 관한 문화적 양가감정을 갖고 있다.

---

12 내가 언급하는 범주는 George Ritzer, *The McDonaldization of Society* (Thousand Oaks CA, Pine Forge Press, 1993)가 정의한 효율성, 계산 가능성, 예측 가능성 및 통제다. 나는 이 책에서 교회생활과 관련하여 이에 대해 여러 번 언급했지만, 이 주제에 대한 내 생각을 요약하지는 않는다. 왜냐하면, 이 주제는 *The McDonaldization of the Church* (London, Darton, Longman & Todd, 2000)에서 더 포괄적으로 설명되어 있기 때문이다.

13 John Drane, 'From Creeds to Burgers: religious control, spiritual search, and the future of the world', in James R. Beckford and John Walliss (eds), *Theorising Religion* (Aldershot, Ashgate, 2006), pp. 120–31.

즉, 우리는 맥도날드화를 사랑하면서 혐오한다. 우리는 일터와 도시 생활에서 피할 수 없는 내적이고 사적인 삶으로 맥도날드화를 탐구한다. 우리가 맥도날드화 사고방식이 창출한 구조들에 대해 더욱 인간적인 모습을 보이려고 애써야 한다는 것은 잘 알려졌지만, 역설적으로 대개 우리는 더욱 합리화된 시스템의 발전을 통해 그 구조에 이의를 제기한다!

그러나 우리가 그런 제약에 대해 굴복할 필요가 없는 삶의 영역에서 다른 선택을 하는 경향을 보인다. 그리고 그것을 확인하기 어렵지 않은 이유로 인해 교회(실제로 더욱 넓은 종교적 신앙)도 그 범주에 포함된다. 종교개혁의 주장에 편승하여 본질적으로 기독교 신앙이란 신자 개개인과 하나님 사이의 개인적 사안이라고 일반적으로 말한다. 그러나 마찬가지로 기독교 신앙이(신앙에 대한 법적 차원을 권장하려는 칼빈과 다른 사람들의 노력에도 불구하고) 소비주의 문화에서 개인적인 사안에 관심을 기울이는 사람들에게 여가활동으로 분류된다는 것을 의미한다는 점에서, 개인적인 것이 쉽게 사적인 것으로 변형된 것은 확실하다.

사적인 신앙은 특정 이익 단체에만 관심의 대상이 되는 것으로서 신앙의 소외현상으로 귀결될 뿐만 아니라, 신앙이란 모든 삶의 양상에 영향을 미치는 총체적 사안이 되어야 한다고 당연시하는 타 종교(예컨대, 이슬람-역주)에 그리스도인이 위협받고 의문시되는 그런 환경을 조성하는 데 도움을 주었다. 모든 신앙이 번창할 수 있다고 주장하며 포용적 사회를 조성하는 현재의 정치적 행동에 드러나는 역설들 가운데 하나는, 전문 정치가들의 근본적인 세속적 의제는 모든 문화가 임의적이고 상대적이기에 중요하지 않을뿐더러 무의미하다고 가정하는 것이다.

만일 모든 문화가 상대적이고 궁극적 중요성이 없다면, 모든 것을 수용하는 것처럼 여기는 것은 수월하다. 그런데 서구 문화의 붕괴에 대한 또 다른 실례로서, 여전히 삶에 대해 총체적 관점을 가진 이슬람 같은 종교를 추종하는 사람들은 모든 진리 주장을 상대화시켜 비서구 세계를 식민지로

만들려는 '개방성'에 대해 의구심을 갖는다.[14]

2. 실용주의의 승리

최근 몇 년 동안, 그리스도인은 이 모든 것에 참여하려고 엄청난 노력과 에너지를 쏟아부었다. 가장 일반적인 접근은 북반구에서 지배적인 세계관을 확인하고 분석하는 작업을 통해 지적·철학적 각도에서 그 질문을 이해하려고 노력해 왔다. 이런 방식으로 제기된 문제 자체를 다루는 것은 교회와 교회가 처한 곤경에 관한 흥미로운 질문들을 제기한다. 그것은, 우리는 이 문화가 실질적으로 과거의 근원적 확실성과 비교할 만한 일관된 세계관을 갖고 있다고 믿는다.

또한, 그것은 지금 우리가 풍족한 삶을 추구하는 다채로운 방법들을 안내하고 제공하는 근본적 원리들이 있다는 것을 암시한다. 이런 가정 중 어떤 것도 더욱더 깊은 숙고 없이는 수용될 수 없다. 일반인은 그것에 관해 아주 상세하게 설명할 수 없었을 것이다. 그러나 여러 세대에 걸쳐 우리 조상들은, 삶에 대한 지배적인 구조와 합리성이 있으며, 그 모든 것은 궁극적 실재와 그 실재가 이해할 수 있고 반영 가능한 계획과 목적에 근거한다고 믿었다. 모더니즘 세계관은 이런 종류의 합리적 확실성으로 규정되며, 그 실제적 결과는 과학적이고 기술적인 진보를 통해 가능해졌다.

이런 방식을 통해 삶을 조망하는 것은 종종 '계몽주의'의 결과로 묘사되었으며, 우리가 오늘날 씨름하는 대부분의 문화적 문제들로 인해 자주 비난받는다. 대중적인 명사들도 이 논의에 끼어든다. 영국의 유명 TV 쉐프 휴 펀리 위팅스톨(Hugh Fearnley-Wittingstall)의 저서 *River Cottage Meat Book*은 르네 데카르트(Rene Descartes, 1596-1650)와 그의 후계자들의 영향으

---

14 Cf. Ziauddin Sardar, *Postmodernism and the Other* (London, Pluto Press, 1998).

로 거슬러 올라가 우리의 비위생적인 태도에 관해 저자가 믿는 것을 밝혀내며 첫 장 전체를 음식 철학에 할애한다.[15] 그리스도인도 다르지 않으며, 즉각적인 희생양을 찾는 데 있어서 교회의 모든 문제와 연관하여 '계몽주의'를 비난하는 경향을 종종 보였다.

실제로 '계몽주의' 개념은 그 자체로 문제와 논란의 여지가 있으며, 적어도 단어의 사용이 내포하는 만큼 독립적이지는 않다. 여러 측면에서 계몽주의는 단순히 고대 헬레니즘 철학과 로마적 실용주의에 나타나는 개념이 작동한 결과다. 그러나 17-18세기에 유럽을 휩쓸었던 지식인들의 계몽운동에 대한 모든 비난의 책임을 묻는 것으로 우리 역시 계몽주의라는 용어가 대변하는 가치들이 실제로는 역사적 기독교 신앙 자체에도 깊이 뿌리를 두고 있다는 불편한 가능성을 회피해 왔다.

여기서 나는 계몽주의와 그 역사를 우회하려는 것이 아니다. 그러나 우리는 우리 선조들로부터 전해 들었으면 좋았을 법한 이야기를 감지하고 있는데, 그것은 계몽주의가 낳은 고도로 차별화된 사회구조가 여전히 우리 모두에게는 익숙하다는 것이다. 적어도 (하나님과 교회를 포함하여) 영국 상황에서 전형적인 계몽주의의 전성기는 모든 사람과 모든 것이 제자리를 유지하며 모든 사람이 자신들의 위치를 알고 있던 빅토리아 시대와 에드워드 시대였다(대략 19세기 중반에서 제1차 세계대전까지).

오늘날 그런 사회는 사라졌다. 내가 처음으로 마지막 문장을 썼을 때, 그 문장의 마지막에 '영원히'라는 단어를 넣었다. 그러나 영원히 지속하는 것은 없으며, 역사는 자체적으로 반복되는 속성을 지니고 있다. 적어도 일상생활에서 점점 더 무의미하게 변해가는 문화적 상황에 직면하여 그것이 유발하는 개개인의 불안감으로 몸부림치는 서구인들이 그 추종자들에게 공격적인 삶의 방식을 요구하며 영적 형태를 띠고 확실성을 추구하는

---

15   Hugh Fearnley-Whittingstall, *The River Cottage Meat Book* (London, Hodder & Stoughton, 2004), pp. 12–19.

세계관으로 회귀하는 길을 선택할 수도 있을 것이다.

그러나 현 상태에서 나는 북반구에 사는 대다수가 일관성 있는 세계관을 갖고 있다고 전혀 확신하지 못한다. 그리고 만일 우리 문명이 자체적으로 붕괴하지 않는다면, 우리 자신이나 세계를 이해하는 어떤 의미 있는 준거틀의 결핍은 우리가 직면하는 가장 큰 도전들 가운데 하나일 것이다. 물론 대중적 전문가들은 지금 우리가 '탈근대'(post-modern) 세계에서 살아가고 있다고 주장한다. 그리스도인들이 다른 사람들보다 문화를 묘사하는 단어들을 갖고 있다는 사실이, 그 문화에서 효과적으로 살아가는 방법을 알고 있다고 확신하는 것처럼 보인다.

그러나 계몽주의에 그런 표식을 붙이는 것이 지속적으로 부상하는 현상들에 대한 충분한 설명을 저절로 제공하지는 않는다. 어쨌든 계몽주의라는 용어 자체는 모호하며 보여주려고 의도하는 실재에 관한 논의들과는 완전히 별개로 이해할 수 없는 각각 다른 단어의 집합이 유행하고 있다: 포스트모더니즘(혹은 post-modernism), 포스트모더니티(혹은 post-modernity), 액체 근대(liquid modernity), 포스트 크리스텐덤(post-Christendom), 그 외에 다른 많은 용어. 이런 용어들을 사용하는 사람들은 항상 그것들을 조심스럽게 규정하지 않는데, 어떤 경우에 나는 이 용어들의 의미를 충분히 생각하지 않고 그것을 사용하는 사람들에게 의구심을 갖는다.

이런 용어들에 관한 명료성의 결핍은 그런 용어들을 대책 없이 사용하는 우리가 어느 정도 회의적인 시각으로 접근해야 하는 일련의 이유를 제공한다. 현실은, 우리가 문화 안에서 일어나는 일에 대한 개념을 이해하지 못할 가능성이 더욱 농후하다는 것이다. 동시에 우리가 채택한 어떤 용어가 기껏해야 임의적이며, 아마 가장 호도되고 부정확한 용어라는 것을 우리가 깨닫는 한, 단일한 용어를 소유하는 것이 유용할 수 있다.

간단하게 말하자면, 비록 내가 선호하는 용어가-여전히 '세계관' 같지는 않지만-정확한 정의가 아니라 오히려 이전의 모더니티 세계관의 전제와 가치가 의문시되고 거부되면서 드러난 혼돈을 언급하는 포스트모더니티(post-modernity) 일지라도, 나는 아직도 이 용어를 사용한다.

마틴 퍼시(Martyn Percy)는 포스트모더니티(탈근대성)가 무엇이든 그것은 '조직적인 철학적 시스템이 아니라, 일종의 분위기와 사회 문화적인 힘'이라고[16] 파악하며 그 실재를 포착한다. 비록 과거 세대들이 이 단어를 사용했다는 점에서, 모든 가능한 증거에 기초하여 '포스트모더니티'와 어떤 다른 용어를 사용하는 것이 일관된 세계관을 대표한다는 것이 내게 충격을 주지는 않는다. 하지만, 미래 세대들은 우리보다는 포스트모더니티가 분위기나 사회 문화적인 힘보다 더 중요한 어떤 것인지 분별해야 하는 상황을 맞이할 것이다.

나는 이 시점에서 용어에 관한 우리의 관심이 미지의 세계에 대한 더 깊은 두려움을 숨기게 할 수 있는 위장막이라고 생각한다. 일어나고 있는 것들에 대해 어떤 표식을 붙이므로, 우리는 그것이 무엇인지 안다고 확신하고, 그 배후에는 만일 우리가 그것을 정확하게 명명할 수 있다면 그것을 통제할 수 있다고 생각한다. 불행하게도 그것은 단지 희망적인 사고이며, 서구 문화는 우리 대다수가 인정하고 싶은 것보다 더 심각한 불능 상태에 놓여 있다.

(전통적인 용어를 사용하면) 이것은 현대인들이 비합리적이라고 말하려는 것이 아니다. 그러나 현대의 근원과 성격은 과거 세대와는 다르다. 현대 서구 문화에 깊이 내재 된 가치들을 다루기 어려운 한 가지 이유는, 문화가 형성되는 방식 자체가 21세기가 시작된 이후에도 급격한 변화를 겪었기 때문이다. 천년 넘게 계층사회의 문화적 규범들은 철학자들과 정치가들 그리고 군대 지휘관들(종종 같은 부류의 사람들)에 의해 규정된 의제들에 따라 정해졌고, 모든 사람은 그들의 견해를 무비판적으로 수용했다. 일반인이 다른 의견을 갖고 있어도, 의견을 제시할 중요한 토론의 장이 없었다.

---

[16] Martyn Percy, *Engaging with Contemporary Culture* (Aldershot, Ashgate, 2005), p. 6.

민주주의의 발흥은 모든 사람의 의견을 표명하려는 시도였으나, 당시의 지적 정치적 기득권자들이 제시하는 의견들에 의제가 제한되었다. 왜냐하면, 민주적 선택은 결코 완전한 자유를 제공하지 않고 대안적 견해들 사이에서 선택의 기회만이 가능하기 때문이다. 지난 40년 어간 개인의 자유에 대한 본질과 연관된 점진적인 인식변화가 있었지만, 지난 10년 동안 인터넷과 글로벌 통신망의 발전은 그야말로 컴퓨터에 접속하여 자신의 목소리를 낼 기회를 모든 사람에게 제공했다.

블로그, 전자게시판 그리고 다양한 형태의 사회관계망 서비스(digital dialogue)는 여태껏 자신의 목소리를 낼 수 없던 사람들에게 (목소리를 낼 수 있는) 기회를 제공했을 뿐만 아니라, 기존 시스템을 뒤엎는 통로가 되었다. 출생, 상속 유산, 혹은 교육이 아니라 컴퓨터와 인터넷의 소유와 접속 여부에 따라 이런 현상이 다른 엘리트 집단을 형성했다고 주장할 수 있다. 그 사실 여부와 상관없이, 이런 새로운 미디어는 이전과는 비교할 수 없을 정도로 수많은 일반인에게 플랫폼을 제공했고, 중요한 생활양식에 관한 의견들은 더는 지식층에게서 전달되지 않고 일반인에게 먼저 방송되는 것 같다.

따라서 정치가들과 다른 지식계층은 이런 현상을 주목하기 시작한다. 이 새로운 현실은 학자들이 여전히 트렌드를 선도하는 집단인 듯 행동하는 것을 막지는 않지만, 현재 그런 태도는 일반 대중들의 정서와 의견 그리고 새로운 미디어 자체를 고의로 단절하는 방식, 즉 현실을 외면하는 단호한 접근방식으로만 유지될 수 있다.[17]

그런데 내가 보기에, 교회의 미래와 연관하여 우리가 관여해야 할 실재는 '세계관'이라고 부르는 것보다는 생활양식과 개인적 관점에 관한 것이다. 다른 방식으로 '세계관'을 재정의하여 교회의 미래를 표현해 보자.

17　Cf. Peter L. Berger (ed.), *The Desecularization of the World* (Grand Rapids MI, Eerdmans, 1999).

실제로 우리의 일상생활과 경험이 **우리의 세계관이라면**?

만일 우리가 이상보다 경험을 우선시한다면 어떤 일이 일어날까?

이 질문에 대한 현대주의자의 사고방식에 근거한 전통적 대답은, 우리가 실로 미끄러운 경사면에 있는 것과 같을 것이다. 왜냐하면, 경험의 확실성은 결코 당연한 것이 아니기에 항상 합리성의 준거가 되는 규범으로 검증되기 때문이다.

특히, 기독교적 준거틀에서 실제로 이 주장은 불필요한 이분법이다. 왜냐하면, 경험과 합리성 모두 '하나님의 형상으로 창조된'(창 1:27) 인간 정신의 고유한 일부이기 때문이다. 어쨌든 어떤 사람들은 이성보다 경험을 강조한다. 삶의 실재를 처리하는 보다 일반적인 방식은, 만일 그들이 실제로 경험한다면, 이질적인 경험들이 연결되어 발생하는 일에 대한 의미를 숙고할 것이다.

비록 그 과정이 과거의 철학적 규범을 벗어날지라도, 나는 대다수가 항상 이런 방식을 이해했다고 생각한다. 우리가 그것을 인정하지 못하는 유일한 이유는 우리가 알고 있는 과거의 견해들이 평범한 개개인의 목소리가 아니라 다양한 엘리트 계층의 목소리이기 때문이다.[18] 현실을 다루는 방식에 관한 이 주제를 다음의 한 장에서 다시 다룰 것이다. 왜냐하면, 내가 보기에 그것이 오늘날 적절한 그리스도인이 된다는 것을 이해하는 데 매우 중요하기 때문이다. 그렇지만 우선 우리는 우리 문화에서 일어나는 일들에 관한 질문을 탐구하기 위해 그것을(실재를 처리하는 방식) 사용할 수 있다.

---

18 이것의 결과를 우리가 신학을 수행하는 방식에 적용하는 것에 대해서는 다음을 참조하라. Jeff Astley, *Ordinary Theology* (Aldershot, Ashgate, 2002).

3. 새로운 경험과 새로운 질문

비교적 최근까지 문화 연구가들은 일반적으로 사회에서 일어나는 일들을 정확하게 이해하는 방법으로 대중 문화(혹은 민속 문화) 연구를 피했다.[19] 그러나 우리가 만일 (담론을 주도하는 지식계층을 선호한다는 의미에서) 고등 문화(high culture)를 우선 강조한다면, 특히 추상적이고 분석적인 것들보다 인격적이고 관계적인 것들을 우선시해야 하는 기독교적 관점에서 볼 때, 우리는 이 시대의 가장 중요한 운동들 가운데 몇 개의 운동들을 놓칠 가능성이 있다.

이러한 각도에서 주제에 접근할 때, 우리는 사람들이 일상생활에서 다루어야 할 네 가지 중요한 경험을 확인할 수 있다.

첫 번째 경험은 개인적 태도와 연관된 형성적인 것들이기에 그리스도인들이 진지하게 다루어야 한다. 무엇보다 일상생활은 **과거의 방식들이 더 이상 작동하지 않는 것 같다**는 자각을 하게 만든다. 나는 매일 아침 침대에서 나와 식사를 준비하며 그것을 생각한다. 왜냐하면, 그 경험은 내 할아버지가 생각할 수 있었던 것과 (혹은 내 부모님들이 어렸을 때 경험했던 것들) 완전히 다르기 때문이다.

내 조부모님들은 평생 냉난방 장치를 사용한 적이 없었고 (대개 추운 기후에서 살아가며) 따뜻한 집의 느낌을 단지 상상할 수 있었던데 반하여, 나는 계절이나 외부 온도와 상관없이 쾌적한 온도를 유지하는 방에서 일어난다. 더욱이, 만일 그들이 현재 우리 집 부엌에 들어온다면, 그들이 매우 간단한 아침 식사를 준비하는데 필요한 단순한 주방 도구들을 다루는 방법을 모르기 때문에, 그들은 다른 행성에 온 것처럼 느낄 것이다. 음식 자체

---

19 Cf. Gordon Lynch, *Understanding Theology and Popular Culture* (Oxford, Blackwell, 2005), pp. 1–19.

는 그렇게 많이 변하지 않았지만, 음식을 준비하기 위해서 전자레인지를 사용하는 방법을 알아야 한다-그리고 부엌 싱크대에서 물을 받는 간단한 것조차 그들이 집에서 하던 방식과는 다른 일이다.

즉, 그들은 손잡이를 돌려서 수도꼭지를 열었지만, 우리 부엌에는 손잡이를 올려서 수돗물을 받는 멋진 수도꼭지가 있다. 내가 아침 식사 시간에 TV(breakfast TV)를 시청하며 전기 주전자의 물이 끓으면 자동으로 꺼지거나 내가 샤워하는 동안 커피 추출기가 커피를 내려주는 등의 아이디어 또한 그들의 상상을 초월한다-내가 친구들과 동시에 이메일을 교환하거나 지구 반대편에 사는 사람들의 모습을 핸드폰을 통해 받아볼 수 있는 아이디어는 상상조차 할 수 없는 공상과학 분야에서만 가능했을 것이다. 청소와 빨래를 포함하여 거의 모든 집안일도 마찬가지다.

그러나 우리는 이것을 깨달으려고 몇 세대를 돌아갈 필요는 없다. 나는 1990년대 초 처음으로 컴퓨터를 가졌는데, 당시에는 그것이 기적처럼 느껴졌다. 그러나 지금 이 시대의 기계들과 비교하여 당시의 컴퓨터는 크고 느리며 사용하기 어려웠다. 왜냐하면, 워드 프로세스 프로그램조차도 어떤 작업을 위해 수많은 자판의 메모리 자료들을 요구했다. 그 컴퓨터의 전체 용량은 내가 지금 사용하는 작은 우표의 크기와 비슷한 메모리 카드의 1%보다 적다.

변화의 속도 자체가 항상 빨라지며 신속하게 변하는 세계에서 옛 패러다임으로 더는 작동하지 않는 것들은, 난방과 요리 혹은 컴퓨터 작업과 같은 일시적인 것만은 아니다. 삶 자체, 즉 우리가 삶을 이해하는 방식뿐 아니라 삶을 살아가는 방식이 변화되었으며 계속하여 변하고 있다.

만일 15년 전 최신식 컴퓨터가 지금 박물관에 진열할 만한 가치가 있다면, 어떻게 우리는 무언가가 오랫동안 지속한다고 기대할 수 있겠는가?

특히, 우리의 질문들이 너무 다를 때, 삶의 의미에 관한 가장 심오한 질문들에 대한 우리 조부모 세대의 대답이 왜 오늘날 여전히 타당하다고 생각해야 하는가?

대부분의 남반구 문화에서 대개 노인들의 지혜는 여전히 가치가 있으나, 인간관계가 점차로 파편화되는 사회에서 우리는 직계 선조들이 불어넣어 준 진리를 포용할 가능성이 작다. 이런 상황에서 교회는 단지-이전 세대에게 유용했을지라도-'아주 많은 규정으로 제한된 취미와 전체주의 정권'[20] 사이의 어떤 것과 같이 지금은 완전히 유통기한이 지난 일종의 상품으로 여겨진다. 영국의 연구원인 조지 링스(George Lings)는 많은 사람을 위해 글을 쓰며 교회에 대해 냉소적이지 않으면서도 단순히 교회가 어떤지를 말한다.

> 교회는 남들이 하는 것이다. 그들의 용어로 말하자면 슬프게도 교회는 사람들이 그 안에서 무엇을 하는지 내가 알고 싶지 않은 동떨어진 고가의 건물일 뿐 아니라 더 심각한 것은, 내가 죽어도 싫어하는 사람들로 가득 찬 곳이다.[21]

두 번째 현대인에게 중요한 경험은 **서구인들이 살아온 방식이 유일하게 가능한 방식도 아니고** 성공적이고 뜻깊은 삶으로 인도하는 유일한 방식도 아니라는 인식이 점증한다는 것이다. 몇 세대 전에 기독교 이외의 타 종교는 북반구에 사는 대다수의 경험 밖에 있었다. 그러나 오늘날 타 종교는 그들의 문 앞까지 다가왔다. 그러나 이런 현상은 지금 우리가 일상생활에서 경험하는 다양성의 한 양상일 뿐이다. 교회 안에는 다양한 예배형식과 신학 방법이 존재한다는 인식이 있다.

20세기 초 세계 교회의 주요 흐름 중 하나와는 무관하게 출현한 오순절주의의 발흥은 그런 양상들 가운데 하나이다.[22] 더 광범위한 문화에서, 리

---

20 Percy, *Engaging with Contemporary Culture*, p. 29.
21 George *Lings, Living Proof – a new way of being church?* (Sheffield, Church Army, 1999), p. 13.
22 Cf. Harvey Cox, *Fire from Heaven: The rise of Pentecostal spirituality and the reshaping of*

더십을 공유한다는 사실뿐 아니라, 리더십 자체가 과거에 물려받은 계층적 모델과 같은 기준에 따라 규정될 필요가 없다는 인식을 통해 리더십의 본질은 변화를 겪었다.

이 모든 요인은 새로운 영성(New Spirituality)의 부상을 반영했다. 새로운 영성은 전에 '뉴에이지'라고 불렸던 운동으로 내가 선호하는 용어이다. 전통 종교들의 공인된 권위는 신도들의 신념과 행위를 통제하는 경향을 보였는데, 일반적으로 (사이언톨로지, 통일교 등과 같이 조직적으로 구조화된 집단을 의미하는) 신흥 종교 운동(New Religious Movements)도 동일한 경향을 보인다.[23] 그러나 새로운 영성은 우리 모두에게 자신의 길을 탐구하는 공간을 창출하며-특히 영적인 사안에 관해 모든 것을 아는 전문가들은 없으며 그들의 삶의 여정에서 배운 것을 나눌 수 있는 순례자들만이 존재할 뿐이다.

세 번째 일상적인 포스트모더니티의 주목할 만한 특징은, **종교적인 사람이 되기보다 '영적'인 사람이 되려는 열망을 자주 피력하는** 것이다. 이런 특징이 나타나는 이유는 복잡하고 논쟁적이지만,[24] 그리스도인 됨의 의미와 관련해서 이런 현상은 무시할 수 없다. 영국 호수지구 변두리(the fringe of the English Lake District)의 작은 마을인 캔들 거주민의 영적·종교적 삶에 대한 장기적인 민족지학 연구(ethnographic study)는 이런 변화의 실재를 보여줄 뿐 아니라, 이 연구보고서의 저자들은 소위 '총체적 환경'(holistic milieu)에 대해 점증하는 관심이 그 지역 교회에 제공된 '회중의

---

religion in the 21st century (Reading MA, Addison-Wesley, 1995).
23 (기독교적 관점에서) 이 현상에 대한 논의를 위해서는 다음을 참조하라. John A. Saliba, Understanding New Religious Movements (London, Geoffrey Chapman, 1995) and (from a sociological angle) Bryan Wilson and Jamie Cresswell (eds), New Religious Movements: Challenge and response (London, Routledge, 1999); Stephen J. Hunt, *Alternative Religions: A sociological introduction* (Aldershot, Ashgate, 2003), pp. 89–130.
24 Cf. John Drane, *Do Christians Know How to Be Spiritual? The Rise of New Spirituality and the Mission of the Church* (London, Darton, Longman & Todd, 2005), pp. 1–40.

영역'(congregational domain)을 고수하려는 의지의 위축과 연관될 수 있다고 제시했다.[25]

25년 전, 셜리 매클레인(Shirley Maclaine)은 '당신의 종교들은 - 영성이 아니라 - 종교를 가르친다'라고[26] 주장하며 같은 결론을 직감했다. 그와 동시에 (모든 교단에 속한) 영국 교회들이 심각한 침체를 겪으면서 댄 브라운(Dan Brown)의 소설 『**다빈치 코드**』(*The Da Vinci Code*),[27]를 통해 잘 알려진 일종의 신비한 문서들에 관한 연구를 통해 나타났든, 영적 각성을 고취하기 위한 기법의 실험 혹은 소위 '대체'(complementary)나 '대안적'(alternative) 치료 요법과 같은 것을 통해 나타났든, 주목할 만한 새로운 형태의 경험적 영성의 대중적 인기가 높아졌다.

더욱이 세기의 전환기에 널리 알려진 데이비드 헤이(David Hay)와 케이트 헌트(Kate Hunt)의 리서치 프로젝트는, 이런 영적 경험이 신실한 신앙인에게 한정된 것이 아니라 자신을 '세속적'이라고 생각하는 부류들 가운데 널리 퍼져있다는 사실을 밝혀주었다.[28] 조지 리처(George Ritzer)는 우리가 그렇게도 삶의 의미를 부여하는 특별한 경험을 발견하는 데 관심을 두는 이유 가운데 하나를 명료하게 표현한다.

> 광범위한 숙련과 능력을 갖춘 인간은 고도로 단순한 업무들을 반복적으로 수행할 것이 요구된다…. [인간은] 인간성을 거부하고 로봇처럼 행동하도록 강요당한다.[29]

---

25 Paul Heelas and Linda Woodhead, *The Spiritual Revolution: Why religion is giving way to spirituality* (Oxford, Blackwell, 2005).
26 Shirley Maclaine, *Out on a Limb* (London, Bantam, 1986), p. 198.
27 Dan Brown, *The Da Vinci Code* (New York, Doubleday, 2003).
28 David Hay and Kate Hunt, *Understanding the Spirituality of People who don't go to Church* (Nottingham, University of Nottingham Centre for the Study of Human Relations, 2000).
29 Ritzer, *The McDonaldization of Society*, p. 26.

내가 우연히 이 주장을 처음 접했을 때, 우리가 일상생활에서 몸부림치는 합리화된 구조들에 적용되는 만큼 교회의 삶에 쉽게 적용될 것임을 깨달았다. 이것이 내가 그 구조에 관한 책을 쓴 이유다. 뒤에 나오는 장에서 나는 교회가 사람들이 주장하는 것만큼 실제로 '현세적'(unspiritual)이지 않으며, 실질적인 문제는 우리가 '영성'이 함의하는 바를 제한적으로 정의하려는 경향을 보인다고 주장할 것이다.

영성에 대해 제한적 정의를 내리는 과정에서-따라서 그리스도인은 '영적이지 않다'라고 생각하는 사람들 가운데 편만한 인식-우리는 사람들이 영적 탐구를 위한 출발점으로 간주하는 전 삶의 영역을 너무 쉽게 배제한다. 이미 '영적'인 것이 유익한 삶에 중요하다고 믿는 사람들은 무신론자들이나 불가지론자들로 인식되는 사람들보다 복음에 대해 더 흥미를 느끼는 것처럼 보이기에, 이것은 일종의 선교적 이슈다. 이것은 그들에게 복음을 전하는 우리의 능력이 미래의 교회를 지탱하는 핵심이 될 것이라는 뜻이다.[30]

네 번째 특징은 일상생활-그리고 언제나 점점 더 중요해지는 것-은 **우리가 두려운 시대에 살고 있다는 의식**이다. 마틴 리스(Martin Rees)는 유언비어를 퍼뜨리는 근본주의자가 아니다(그는 영국의 왕실 천문학자이며 케임브리지대학교 교수이다). 그는 『우리의 영적 시대』(*Our Spiritual Century*)에서 암울한 장면을 보여준다.

> 나는 지구상의 현대문명이 금세기 말까지 존속할 것이라는 예상은 반반이라고 생각한다…. 금세기에 지구상에서 일어나는 일들은 상상컨대 언제나 복잡하고 미묘한 형태들로 가득한 영원에 가까운 것과 오로지 기초적인 물질로 가득한 것들 간의 차이를 만들어 낸다.[31]

---

30 이에 대한 부가적인 설명을 위해서는 다음을 참조하라. Drane, *Do Christians Know How to Be Spiritual?*, pp. 90–120.
31 Martin Rees, *Our Final Century* (London, Heinemann, 2003), p. 8.

리스의 책은 우리를 우울하게 한다. 그는 지구 종말 시나리오가 연출되는 모든 가능한 방법을 열거하는데, 그것들은 훨씬 더 끔찍하다. 왜냐하면, 그 장면들은 정부나 범죄자의 고의적 행동이라기보다 인간의 실수와 연관되기 때문이다. 그런데도 전 세계 도시의 거리를 배회하는 무분별한 살인자들의 존재는 인간 실종의 연약함을 우리에게 상기시킨다. 그리고 개인적인 안전 이슈를 넘어서 지구의 미래에 관한 중대한 질문들이 있다. 비록 어떤 사람들은 여전히 지구 온난화의 실상에 대해 질문하지만, 한 세대 전에 그 모든 징후는 거의 예측할 수 없는 방식들로 계절의 변화에 따라 어떤 현상이 기후에 발생한다는 것을 나타낸다.

전 세계적으로 정치가들은, 만일 우리가 이 이슈를 계속 무시한다면, 우리가 매일 직면하는 적대적인 물리적 조건들은 말할 것도 없고 두어 세대 안에 세계 경제의 심각한 붕괴에 직면하게 될 수도 있다는 사실을 인식한다. 우리가 세계 몇몇 지역의 급증한 인구증가 현상을 추가할 때, 많은 사람이 이 현상을 글로벌 혼돈의 전조로 보는 것은 조금도 이상하지 않다. 몇몇 대중적 인식과는 달리, 젊은 세대는 자신들이 이런 현상에 가장 영향을 받는다는 사실을 알게 된다.

비록 1915년에 태어난 사람들이 여러 가지 주요 다발성 외상들을 갖고 살았을지라도 오늘날 20대의 우울증 정도는 그들보다 10배나 높다. 10대와 20대의 20%가량이 우울증으로 인해 고통을 겪는데, 일부 연구원들은 그 수치를 50%까지 추정한다. 이런 명백한 증가 현상은 어느 정도 높은 단계의 정신질환 관련 보도에 기인할 수도 있다. 비록 그것만으로 모든 것을 설명할 수는 없지만, 어쨌든 그 통계만이 유일하게 의학적으로 진단하고 치료하는 우울증을 포함한다.

더욱이 많은 사람이 비참함을 느낀다. 어린아이조차 그 영향을 받는데, 1980년대 아동 정신과 환자들보다 '정상적인' 초등학생들 가운데 현격하게 더 높은 수준의 불안감이 나타난다.³² 이런 널리확산되는 점증하는 공포감은 많은 그리스도인이 인식하는 것보다 더 큰 도전이다. 왜냐하면, 기독교가 종교 간 갈등을 조장하고 환경파괴를 촉진하는 데 부분적으로 중요한 역할을 했다고 널리 알려졌을 뿐 아니라, 우리가 이런 상황에 대해 말할 수 있는 어떤 의미심장한 종말론을 주장하지 않는 것처럼 보이기 때문이다. 앨런 록스버그(Alan Roxburgh)와 프레드 로마눅(Fred Romanuk)이 지역 교회에 관해 말한 것은 (그 이상은 아닐지라도) 장엄한 신학적 규모에 적용된다.

> 신자들이 사용해야 하는 가장 중요한 통화는 희망이다.…. 많은 신자 가운데 희망계좌는 적고 희망의 벽장은 비어간다.³³

적절한 성경적 종말론에 대한 재조명은 현대 그리스도인들에게 우선순위이다. 전 역사에서 지구는 도전적인 철학적 정치적 이해들 가운데 안정을 유지해 왔다.

현재 그런 근본적인 확실성조차 도전을 받고 있는데, 사람들이 거의 모든 것에 의문을 품고 있다는 사실이 놀랍지 않은가?

4. 역사적 관점

어떻게 사람들이 현재 진행되고 있는 문화변화를 경험하는지를 확인하는 것은 충분히 쉬운 일이다.

---

32 이 모든 것에 관한 통계자료는 다음을 참조하라. Jean M. Twenge, *Generation Me* (New York, Free Press, 2006), pp. 105-9.
33 Alan J. Roxburgh and Fred Romanuk, *The Missional Leader* (San Francisco, Jossey-Bass, 2006), p. 16. 『선교적 교회의 리더십』(CLC 刊).

그러나 문화변화의 전반적인 맥락을 고려하고 현재 우리의 불안에 대한 이유를 확인하는 데 도움을 줄 수 있는 더 큰 그림이 있을까?

현재 문화변화에 관한 대화에서 용어의 다양성이 너무 크므로 폭넓은 합의를 끌어내는 방법을 찾기가 쉽지 않기에, 나는 모던/포스트모던의 괴리라는 프레임으로 문화변화를 설명하는 것이 가장 유용한 방법이 될 수 없다는 점을 이미 지적했다. 그러나 우리가 문화변화에 어떤 표식을 붙이든지 현재의 삶이 과거의 삶과 매우 다르다는 것을 부인하지 않을 것이다.

다니엘 핑크(Daniel A. Pink)는 『온전한 새 마음』(A Whole New Mind)에서 문화변화를 바라보는 대안적 방법을 제안한다. 내가 확신하건대, 그는 현재 교회가 직면하는 도전에 대한 중요한 통찰들을 제공한다. 다른 문화 분석가들과 마찬가지로 그는 서구 문화가 발전한 세 단계의 시대-농경 시대, 산업화 시대 그리고 정보화 시대-를 언급하지만, 지금 우리가 진입하고 있는 개념화 시대(conceptual age)라는 네 번째 시대를 추가한다. 비록 그의 주안점이 연속적으로 이어지는 이 다양한 시대들의 직선적 형태를 다루는 것으로서 북반구 문화에 관한 것이지만, 이런 분류는-조건부로-수세기 동안 전 세계적 동향을 조명하는 데 사용될 수 있다.

물론 실제로 문화변화는 결코 직선적으로 제한된 형태로는 진행되지 않았다. 더욱이 '서구 문화'로 명명되는 단일체의 개념은 자체적으로 모호한 범주이다. 어떤 나라도 하나의 문화가 아니라 다양한 문화를 갖고 있으며, 지리적으로 인접한 나라들에는 서로 다른 문화들이 존재한다. 외부 세계와 어떤 연관성도 없는 아미시와 그들의 원초적 생활양식이 현대 소비주의의 모든 세련된 형태들과 공존하는 펜실베이니아주 농촌은 이에 대한 두드러진 실례를 보여준다.

이런 특수한 문화적 소수집단들을 넘어서 미국 정도 크기의 국가들은 다양한 문화들을 포함하며 보는 장소에 따라 그것은 농촌사회도 될 수도 있고 동시에 산업사회 또는 지식경제(information economy) 중심의 사회도 될 수 있다. 일부 남반구 국가들이 북반구에서 수세기에 걸쳐 일어났던 문화변동을 이 세대에서 경험하는데, 영국에서도 마찬가지이다. 하지만 이런 요건들을 갖춘 핑크의 분류법은 여전히 유용한 반영적 도구를 제공한다.

농업 시대(Agricultural Age)는 결국 가장 원시적인 수렵 채집 조상들로 거슬러 올라가는 일종의 농촌경제를 언급한다. 계절의 순환과 계절에 따라 충분한 일조량이 가능하고 적절한 생활양식을 결정하는 농업 시대는 자연과 조화를 이루며 살아가는 사람들의 세상이었다(또한, 지금도 그런 세상이다). 비록 그런 사회는 봉건적 색채를 띠었지만, 그런 삶의 방식(말하자면 낚시와는 별개로 농사를 짓는)은, 대개 일터가 가정이었기에 일반적으로 평등 사회였다.

농업사회에는 모두가 할 일이 있으며, 각자 하는 일에 따라 사회적 분화가 있지만, 아이들을 포함하여 각 가족 구성원에게 창의적이고 가치 있는 역학이 있다. 여기서 각자가 가진 기술들은 (어떤 기술이든 상관없이) 가족의 경제적 번영에 중요한 공헌으로서 가치가 있기에, 가족 구성원이 다른 가족들을 부양하려고 '일하러 간다'라는 생각은 말이 되지 않는다. 이와 함께 사람들이 같은 일을 하며 서로서로 살며 함께 일을 하므로 자연적인 우호적 결속력이 형성되는 광범위한 공동체 의식이 있었다.

이런 문화적 상황에서 예배는 일상생활의 일부였고, 기존의 공동체 의식을 반영했다. 뉴잉글랜드 농촌과 스코틀랜드 산악지대처럼 서로 멀리 떨어진 지역들이나 중간에 많은 지역에서 이런 특성을 띤 장소들을 찾아내는 것은 아직 가능한 일이다. 여기서 사람들이 매일 함께 일하며 살아가는 곳에서 주일날 교회에서 일어나는 일들은 이렇게 공유하는 삶을 축복하는 역할을 한다. 실로 우리가 지금 예배로 인정하는 것은, 이런 형태의 문화적 상황에 그 기원을 두고 있다.

예배는 이미 서로 알고 있는 사람들을 위한 것이다. 그들은 주중에 함께 살며 일하기 때문에 교회에서 교류할 필요가 없으며, 신자들은 도시 교회들이 매우 중요하다고 생각하는 교회에서 음식을 나누거나 예배 후에 함께 커피를 마시는 것 같은 관행들에 대해 강렬하게 저항할 수 있다. 그러나 다른 문화적 상황에 처한 교회들이 이처럼 동일한 예배 형태를 반복할 때, 그들은 즉시 자신들이 큰 도전에 직면한다는 사실을 발견한다.

18세기 초 영국으로 거슬러 올라가는 **산업 시대**(Industrial Age)의 생활양식은 자연계의 리듬과는 단절되었고 경영주들이 통제하는 근무시간에 따라 재조직되었다. 이것은 소위 석탄에서 추출한 가스제조를 통해 인공조명의 발명을 이룬 산업혁명의 초창기 생산품에 의해 촉진된 변화였다. 그러나 이 변화는 산업공정의 발전이 가져온 인간관계의 더욱 광범위한 변화와 비교할 때, 단지 표면적이었다. 산업혁명은 석탄과 철광석에 의해 추진되었다. 분명히 광산과 공장을 중심으로 형성된 석탄산업과 철강산업은 다른 기술들 이상으로 체력이 중요했다.

이 산업들은 필연적으로 남성 노동자들을 선호했으며, 그 과정에서 공장의 대량생산 구조는 제품을 구매하는 소비자들을 위해 새로운 제품을 요구하는 한편(그리고 새로운 제품을 생산하는 데 도움을 주는), 여성들이 기여할 수 있는 것들을 무시했다. 산업혁명에서 남성이 노동자와 생산자가 되어야 하며, 여성은 가정주부와 소비자가 되는 것이 정상적인 것처럼 보이는 상황이 주목받았다.

따라서 가족들은 아는 사람이 없는 도심지로 이주하여 기존의 공동체 의식도 없는 곳에서 생존 가능한 그들만의 공간을 만들 수밖에 없는 상황에 직면하여, 더욱 사적인 생활양식과 함께 산업혁명이 낳은 핵가족이 탄생했다. 물론 많은 가난한 여성(그리고 아이들까지도)은 결국 탄광 노동과 공장 노동 때문에, 핵가족이 일반적인 상황을 묘사하지는 않는다. 모든 경영주가 공동체를 지탱하는 것의 중요성에 눈이 멀었던 것은 아니었다. 어떤 경영주들은 공장 주변-마을 전체나 도시-에 시범 마을들을 만들었다. 그러나 일반적으로 산업화 시대와 연관된 도시화는 전통적 존재방식의 종말로 귀결되었다.

이 상황에서 노동자는 공장 소유주가 선호하는 종교를 채택하거나 반발하는 경향을 보이면서 예배는 종종 정치적 쟁점이 되었다. 이것은 (적어도 영국에서는) 다른 작은 집단들을 포함할 뿐 아니라 가장 현저하게는 감리교인, 회중교인 그리고 침례교인으로 대표되는 새로운 교회 형태들을 통해 기독교 예배의 본질이 다른 방식으로 재정의되는 상황을 불러왔다. 이들 모두는 불이익을 받아온 사람들의 필요(좁게는 종교적인 필요뿐 아니라 교육적 필요)를 채우는 교회를 제시했다.

산업화 시대는 200년 이상 서구사회에서 존속하였으나, 1980년대 말에는 **정보화 시대**로 대체되기 시작했다. 컴퓨터의 발명에 이어 범세계적인 통신망(worldwide web)의 발전은 자연이 순환하는 영향을 덜 받으며 '노동시간'의 인위적 구조와 상관없는 연중무휴의 일터를 만들었다. 이런 세상에서 컴퓨터가 전화와 연결되는 곳이면 어디든지 일은 가능했다. 중공업이 요구하는 기술들은 공룡 시대의 것들처럼 보였다. 왜냐하면, 지식과 정신적 민첩성이 미래의 핵심 열쇠가 되었기 때문이다.

신체적 이동성은 갑자기 전혀 새로운 의미를 지니게 되었으며, 이 시기의 대중 운동들은 산업화 시대에 도시로의 이동과 필적했다. 파편화된 관계에서 벗어나는 것은, 대개 잃어버리는 것보다 얻는 것으로 간주될 수 있었기에, 이미 전통적 가족구조는 붕괴국면에 들어갔고, 이것은 과거보다 훨씬 손쉬운 이동을 가능하게 만들었다. 이 시대에는 친구가 새로운 가족이 되는 세대였다-그리고 수많은 TV 프로그램은 그런 주제들을 만들어 냈다. 이런 상황에서 종교 예배에 정기적으로 참여하는 것은 드문 일이 되었지만, 예배가 여전히 사람들의 삶에 연루되는 한 종교적 신앙은 매우 개인적인 선호도의 문제가 되었다.

부분적으로 이것은 이 시대의 증가하는 유동성에 기인했으며, 사람들이 교회에 가려고 꽤 먼 거리를 이동하는 상황에서 발생한 폭발적인 선택의 다양성에 기인했다. 의무는 소비주의로 대체되었고, 규칙 및 규정들은 예배하는 신자들의 개인적 웰빙을 위한 관심에서 밀려났다. 이런 변화는 특히 복음주의적 상황에서 유래한 찬송들과 기독교 음악들을 보면 쉽게 기록을 찾을 수 있다. 이것들 가운데 다수가 하나님에 관해 거의 언급하지 않고 대개 개인의 내적이고 외적인 삶의 질에 관해 강조한다.

어떤 교회들은 소비주의 문화에서 교회는 사람들의 시간을 앗아가는 다른 것들과 경쟁하며, 그런 시장에 대해 대응해야 한다는 것을 깨달았다. 그러나 대다수 교회는 농업 시대나 산업화 시대의 사회적 조건들이 여전히 우세하고, 사람들은 여전히 선조들의 교회에 자연스러운 충성을 보여 준다고 추정하기 때문에, 그런 (소비주의 문화에 대항하는-역주) 방식을 실행하지 못했다. 그 당시 일어났던 상품 소비에서 경험 소비로의 변화는, 비록 그것이 '대안적 영성'(alternative spirituality)에 대한 확고한 인기와 전통교회의 호소에 관한 관심의 결핍이 핵심일지라도, 대다수 교회는 여전히 그 변화를 이해하지 못했다.

마치 그리스도인의 자연적 거처가 되어야 하는 영성 시장에서 그들이 몸부림치는 이유를 설명할 수 있듯이, 교회는 '세속화'의 이념적 구성을 비난하는 것으로 그런 변화를 일축하는 경향을 보였다. 그 결과, 그리스도인들은 '세속화'가 본래 그것을 제안했던 몇몇 동일한 사회과학자들에[34] 의해 심각하게 의문이 제기되고 있는 또 다른 모호한 범주라는 사실을 놓칠 뿐 아니라, 그들 역시 이 상황에서 그들 자신의 선교적 전망과 연관된 핵심 질문을 놓친다.

사람들이 교회의 삶에 참여하지 않는 이유는 본질적으로 신앙이나 종교적 경험-혹은 세속화-과 연관된 것이 아니다. 복음이 우리가 알고 경험하는 것과는 매우 다른 사회의 필요를 채우기 위해 생소한 환경에서 포장된 이국적 산물인 것처럼 보이므로 사람들의 삶의 실재와 단절된 교회의 제도화된 성격에 뿌리를 두고 있다고 주장하는 많은 나라에서 제공된 상당한

---

34 David Martin, *On Secularization: Towards a revised general theory* (Aldershot, Ashgate, 2005), pp. 108–19.

증거가 있다. 호주 작가인 로버트 갤러거(Robert Gallagher)는 지혜로운 경고성 조언을 한다.

> 너무 많은 교회가 기독교 신앙에 본질적인 문화적 관심사를 포함하지 않는다…. 만일 그들이 교회를 포용하려면 신자들의 경험, 태도 그리고 그들에 대한 성찰에 기반해야 한다.[35]

양극화는 온전한 이야기가 아닌 종교적인 이야기와 세속적 이야기를 대조시키는 언어에 내포될 뿐 아니라, 그것은 전혀 실제 이야기의 일부도 아닐 것이다. 나는 21세기를 맞이하며 하버드대학교 경영학 교수인 조셉 파인(B. Joseph Pine)과 제임스 길모어(James H. Gilmore)의 『체험경제』(Experience Economy)를 읽은 기억이 있다. 이 책에서 그들은 기업가를 희망하는 사람들에게 21세기 비즈니스는 번창하고 최상의 수익을 올리는 것이라고 조언했다. 그들은 소비주의 문화에서 사람들이 추구하는 것을 제시한다.

> 배우고 성장하며, 개발하고 개선하며, 고치고 개혁하는 경험…. [이런] 변혁은 기업가가 되기 원하는 사람을…. 윤리적, 철학적 그리고 종교적으로 '새로운 인간'(new you)으로 바꾼다…. 우리는 지역적이고 전통적인 예배 장소의 한계 밖에서 영적 성장을 찾으려는 사람들을 본다….[36]

이즈음 이 책이 교회가 추구해야 할 비즈니스에 대한 엄청난 설명은 내게 충격을 주었다. 그러나 소수의 교회 지도자들이 확실히 '영적'이지만

---

35 Robert L. Gallagher, '"Me and God, we'd be Mates": toward an Aussie contextualized Gospel', in *International Bulletin for Missionary Research*, 30/3 (2006), p. 127. Cf. also M. B. ter Borg, 'Some ideas on wild religion', in *Implicit Religion*, 7 (2004).
36 B. Joseph Pine and James H. Gilmore, *The Experience Economy* (Boston MA, Harvard Business School, 1999), pp. 163-4, 183.

'종교적'이지 않으면서 교회에 소속되지 않은 공동체 지도자들이 흔히 주장하는 관심에 대해 부분적으로 설명할 가능성을 엿볼 수 있다. 자신들이 느낀 그 모델로 이 책의 독자들을 유도한 저자들 또한 그런 기업들의 설립에 도움을 주었다는 것과 삶의 질을 고양하는 경험을 추구하는 사람들을 위한 최고의 변혁적 도구로서 신적 은혜의 개념을 신약성경에서 발견했다는 것은 분명히 아이러니한 것 이상이다.[37]

현재 북반구가 경험하는 것들과 비교하여, 이 세 가지 문화적 패러다임과 연관된 생활양식과 도전 모두 언뜻 보기엔 단순하고 손쉬운 것으로 드러난다. 물론 농업은 여전히 존재하지만, 영국은 더이상 인구 전체를 먹일 만한 충분한 식량을 생산할 수 없으며, 미국조차도 다른 나라에서 엄청난 양의 식품을 수입한다. 비록 대규모 작업을 요구하는 탄광과 철강 산업 같은 중공업은 거의 사라졌지만, 산업 노동은 여전히 존재한다. 이런 직업들은 모두 인도와 중국 그리고 다른 아시아 국가들로 이전되었고, 현재 남아있는 공학기술 관련 공장들은 수입 소재에 의존한다.

더욱이-그리고 놀랍게도-정보기술은 최고조에 다다른 것처럼 보이고 정보기술 분야와 연관된 일들은 대개 중공업 중심 국가들로 수출되었다. 이런 일들이 일어나는 상세한 이유는 나라마다 다양하지만, 이런 경향은 북반구에 속한 국가들에 널리 퍼져있다. 다니엘 핑크는 이런 시대를 **개념화 시대**(Conceptual Age)라고 부른다. 이런 사회구조의 변화는 직장을 잃은 많은 사람에게는 특히 고통스러운 일이다. 그러나 그런 시대는 서구인에게 예전보다 훨씬 좋은 상황에서 도래한다. 억만장자가 되는 것은 너무 흔한 일이어서 아무도 상관하지 않는다. 그렇게 부유하지 않은 사람들조차도 바로 앞 세대보다는 훨씬 부유하다.

지난 10년 동안 주요 성장산업들 가운데 하나는 보관창고 서비스 산업이었다. 사람들은 현재 사용하지는 않지만 버리기에는 아까운 물건들을

---

[37] Ibid., p. 206.

보관하는 창고를 대여할 수 있다. 우리는 너무 많은 물건을 소유하기 때문에 일반적으로 방의 크기는 내 조부모들이 살던 시대의 두 배나 되며, 한 사람이 어느 때보다 더 많은 집을 소유하고 있다!

이것은 모두 약속의 땅(Promised Land), 즉 북반구 사람들이 사는 나라에서 이루어지는 것처럼 보일 것이다.

왜 그렇게 많은 사람이 영주권 신청이 거부될 경우 모든 위험을 감수하고 불법적인 수단을 통해 필사적으로 그 나라에 정착하려 하는가?

그 기저에 잠재된 문화적 실재는 매우 상이하다. 파라다이스는커녕 많은 사람이 경제적으로 부유하기는 하지만, 개인적으로 불안정한 생지옥에 갇히게 된다. 이것은 단지 개인적 사안이 아니다. 전 문화는 점점 더 불확실해지고 문화가 제공하는 신념이 있는지 혹은 실로 믿을 만한 것이 있는지를 더이상 알지 못한다. 백 년 전에 우리 선조들은 자신감으로 가득 차 있었다. 세계는 문자적으로 그들의 발밑에 있었고, 서구세계의 팽창과 세력기반을 멈출 수 있는 세력은 없는 듯했다.

비록 오늘날 제국주의와 식민주의 시대는 아득히 먼 기억이지만, 경제적 팽창은 세계 시장의 착취와 소비주의의 수출을 통해 계속되었다. 그러나 과거에 서구인들이 통찰력의 우월성(그들이 전파했던 복음전도의 열정을 설명하는)을 정말로 확신했던 반면, 우리 문화는 중대한 자신감의 상실을 겪었다. 왜냐하면, 특히 20세기 초에 유지된 세계 평화에 대한 약속은 공허한 것으로 드러났으며, 시간이 지나갈수록 모든 끔찍한 공포는 이전의 비인간적 만행 이상의 것이었기 때문이다.

1960년대까지 천년 넘게 서구정신을 지탱하던 자신감으로 가득 찬 세계관이 전적으로 신뢰를 상실하지는 않았지만, 결정적으로 낡은 것처럼 보였다. 오늘날 우리가 좋아하는 스웨터의 실타래가 풀리면서, 풀린 지점을 찾아내기 점점 더 어렵다고 느낀다. 우리는 현재의 형태로는 사용하기 부적절하지만, 너덜너덜해진 실들에도 좋은 재료가 많다는 사실, 즉 계몽주의에 관한 것들이 모두 나쁘지는 않다는 사실을 자각하고 있다.

먼저 현대 의학과 항생제와 마취제 혹은 특이하게 잠재력을 최대한 끌어내지 못하는 사람들의 삶을 지속적으로 변화시킬 글을 읽고 쓰는 능력과 교육을 받을 기회 없이 우리는 어떻게 될까?

마찬가지로 서구의 기술 발명인 범세계적 통신망의 문제에 대해서 상상할 수 있을까?

물론 역사적 팽창주의의 종교적 측면은 기독교 왕국(Christendom)이었다. 실로 기독교 왕국은 서구 제국주의의 원초적 형태였다. 기독교 왕국에 대한 신자들의 질문은 최근의 관련 글들-기독교 왕국은 무엇이며, 혹은 여전히 존재하는지 그리고 좋은 것인지 아니면 나쁜 것인지-에 지배적으로 제기되었다. 다양한 견해들이 있는데, 기독교 왕국에 관해 글을 쓴 어떤 저자들은 깊은 자기반성을 하며, 과거의 지나치게 사치스럽게 보일 수 있는 것들에 대해 후회한다.

반면에 (다른 교회 전통에 속한) 저자들은 대개 비판에서 면역되어 후기 기독교 왕국 세대를 위한 잠재적인 구원자로 자신을 과시한다. 물론 현실은 그렇게 단순하지 않다. 내가 보기에 우리는 모두 어느 정도 우리의 역사적 실재에 대해 힘겨워하는 듯하다. 우리가 힘겨워하는 어떤 것들은 거의 정당화되지 않는데, 특히 나는 진심으로 우리 선조들이 목표했던 높은 비판 수준에 대해 양면적인 태도를 견지한다. 교회가 문화를 지배하던 시기에 교회를 관장하던 사람들이 복음에 대한 충실한 반성 없는 활동에 관여하거나 그런 활동을 묵인했다는 것은 이론의 여지가 없는 사실이다.

우리는 십자군 운동, 종교재판, 노예무역 그리고 이어지는 분석에 따라 19세기와 20세기 초의 선교 운동에 대해 생각해 볼 수 있다. 그러나 이런 실패들을 강조하는 것은, 교회가 이기적이고 오만한 경우에도 교회의 운명은 항상 판단의 오류를 저지르기 쉬운 보통 사람들의 손에 달렸다는 것을 그저 목격하는 것이다. 더욱이 이런 사건 중 많은 사건은 종교와는 무관한 정치·경제적인 이유로 인해 일어났다. 만일 교회가 문화에 덜 순응했다면 더 나았겠지만, 그것이 인간의 본성이다. 내 생각에는, 만일 내가 동일한 역사적 상황들 가운데 처했다면, 어떻게 해서든 동일한 행위를 통해 공모했을 가능성이 농후하다는 강한 느낌이 든다.

1990년대에 나는 유명한 중국 선교학자인 레이몬드 펑(Raymond Fung)과 여러 차례 함께 일했다. 그가 세계교회협의회(WCC) 전도위원회 총무로 일하던 시기에 우리 두 사람의 강의를 통해 배우고 도전을 받으려 전 세계에서 모인 교회 지도자들을 위해 에큐메니컬 복음전도 학교(프로그램들-역주)에서 협력했다.[38] 한 예로, 3주 동안 각 강의에 30~40명의 지도자가 참석했다. 우리가 참석자들을 만나기도 전에 모든 사람은 아닐지라도 북반구 교회에서 온 참석자들은 그들의 선조들이 다른 나라에서 온 참가자들을 대개 착취했고 억압했다고 믿는 가운데 매우 무거운 죄책감과 후회를 당연히 표명했다. 때때로 이것은 당연한 일이었다.

이 프로그램에서 가장 기억되는 순간들 가운데 하나는 1991년 6월 17일 스코틀랜드에서 일어났다. 그날은 데클레르크(F. W. De Klerk)의 남아공 백인 정부가 마침내 혐오스러운 인종차별 정책(apartheid)을 폐지하기로 중대한 결정을 한 날이었다. 그 WCC 모임의 참가자들 가운데는 남아공 주변 국가에서 온 여러 흑인 지도자와 함께 남아공 성공회의 한 백인 감독이 있었다. 그날 밤 우리의 예배는 모든 참석자가 나무 주변에 무릎을 꿇고 못을 박는 동안에 '말할 수 없는 탄식'(롬 8:26)을 하며 기도한 것은-예기치 않았지만-우연의 일치였다.

그 모임에 참여한 많은 사람이 눈물을 흘렸는데, 그 눈물은 과거에 그리스도의 이름으로 자행된 잔혹 행위들에 대한 슬픔의 눈물이었지만, 또한 고통을 당한 많은 아프리카 흑인들이 백인들을 끌어안은 용서와 기쁨의

---

38 이런 사건에 대한 레이몬드의 주제는 그의 *Isaiah Vision* (Geneva, WCC, 1992)과 그가 제네바에 있는 그의 책상에서 발행한 복음전도에 관한 월간 편지에 나타났다. 그중 일부는 *Evangelistically Yours* (Geneva, WCC, 1992)로 출판되었다. 이 행사에서 내가 직접 강의한 내용은 *Faith in a Changing Culture* (London, HarperCollins, 1997)의 핵심 내용을 형성했다.

눈물이었다.
 당연히 비록 우리 백인들이 전혀 남아공에 온 적이 없거나 남아공 정부와 신학적이나 정치적 견해들은 나눴던 적이 없더라도, 우리는 어떤 점에서 책임을 통감했다. 나는 나중에 레이몬드가 우리에게 상기시켜 준 것을 기억한다. 그것이 정당한 슬픔이기는 하지만 기독교 왕국과 나머지 세계와의 관계가 모두 부정적인 것이 아니었으며, 우리는 성장하면서 자책하는 것을 멈추어야 한다.
 그는 서구의 모험가들이 이타적인 봉사를 통해 다른 사람들의 삶을 개선한 긍정적인 많은 측면을 지적했고, 교육을 받을 수 있도록 도움을 주고 그의 세대의 중국인이 결코 경험할 수 없던 기회를 준 북반구 그리스도인들에게 그도 큰 빚을 졌다는 사실을 강조했다.
 이 주장에 대하여 좀 더 냉소적인 다른 평론가들은 다른 나라들이 과학기술의 혜택을 받는 그 시점에 서구인들이 과학기술의 성취에 대해 의문을 제기한다는 것(그리고 환경보호라는 명목하에 과학기술의 성취를 축소하려고 애쓴다)에 주목했다. 또한, 우리가 지금 식민지 시대에 불평하는 것과 같은 종류의 이기심에서 비롯된 것이 아닌지 궁금해했다. 그도 그럴 것이 우리는 우리 문화유산에 담긴 공통적인 자신감의 결핍으로 인해 고통당하고 있다. 내가 여기서 말하려고 하는 것은, 기독교 왕국을 감추지 않고-삶의 가장 중요한 것처럼-그것이 모든 점에서 총체적 재난이라기보다 혼합된 축복이라는 사실을 지적하는 것이다.
 그러나 현재 우리 문화 전반에 걸쳐 경험하는 불안이 앞서 그 길을 간 사람들의 태도와 완전히 단절된 것이라고 가정하지 않아야 한다. 20세기에 관한 「**이코노미스트**」(*The Economist*)의 마지막 이슈에 나온 부고 기사에는 단 하나의 항목이 있었다. 하나님! 신을 믿는 것, 사람들이 '신을 국가 종교의 신으로 만들고,' '개혁가들이 신을 사유화하고' 그리고 '그리스도인은 무슬림에게 뺨을 돌리지 않고 칼을 들이댔기' 때문에 신은 죽었으며, 그 결과는 '냉소적이고 의심하며 반권위주의적인 서구'였다고 「이코노미

스트」는 시사했다.[39]

이 눈에 띄는 주장은 내가 보기에 기독교 변증론과 관련하여 특히 중요해 보이는 것, 즉 현재의 자신감 상실(적어도 거리의 보통 사람들이 인지하는)은 어떤 철학적 이해의 위기라는 큰 문제보다는 실제적인 우려에 더 기초하고 있다는 점을 강조한다. 이에 대해, 신학자 토마스 오든(Thomas Oden)은 중요한 점을 지적한다.

> 어떤 이론이 아니라 실제 현대 **역사**가 모더니티의 이념을 죽이고 있다. 모더니티는 단순히 우리가 위아래로 끊임없이 움직이고 있다는 것을 지속해서 가르쳐 주는 한편, 실제 후기 모더니티는 점점 더 잔혹하고 야만적이며 악의에 찬 역사이다.[40]

물론, 모든 사물이 서로 연결되는 이유는, 인류를 위해 더 나은 경험을 전수하는 데 실패한 세계관이 궁극적으로 우주에 대한 합리적 이해에 근거하기 때문이다. 그런 합리성은 영성을 포함하여 인간 번영에 관한 선택을 하는데 타당한 근거로서 의문시되었다. 과거에 이런 깨달음은 원시적이고 터무니 없다고 간주하며 무시했던 견해를 진지하게 받아들이는 것이 합리적이란 환경을 조성하는 데 큰 역할을 했다.

우리가 대중매체의 확장과 저렴한 여행 산업의 성장을 유발하고 인간의 질주하는 본능적 호기심이 포함된 인식, 즉 우리 문화 외에 다른 문화에 대한 확장된 인식을 가질 때, 새로운 형태의 세계화된 영성이 뿌리를 내리고 자라나는 토양을 구비한다.

그렇지만 자의식적으로 영적 해결책을 찾는 모든 사람에게, 더 많은 해결책이 두려움으로 마비된다. 특히, 젊은 세대가 직면하는 도전은 앞에서

---

39 *Economist*, vol. 353, no. 8151 (31 Dec. 1999), p. 135.
40 Thomas C. Oden, *After Modernity – What?* (Grand Rapids MI, Eerdmans, 1990), p. 51.

언급되었다. 교회 분석가들은 생년월일을 기준으로 개인을 식별하는 언어를 다른 사회 평론가보다 더 열정적으로 채택했다. X세대, Y세대, 밀레니얼 세대 그리고 다른 번지르르한 라벨을 붙인 용어들은 오늘날 대다수의 청년 사역자들에게 익숙할 것이다. 그러나 젊은 세대의 삶의 현실은 그보다 더 복잡하다. 일부 연구원들은 이 범주를 나이와 전혀 연관되지 않는 사물을 바라보고 정보를 처리하는 특정 방법을 대표하는 것으로 여긴다.

이 책을 쓰는 동안, 나는 풀러신학교의 동료들과 모임을 했다. 그 모임에서 우리는 21세기 신학교육의 본질, 특히 효과적인 학습의 주요 책임이 학생들에게 있는지 아니면 교수들에게 있는지를 논의했다. 한 40대 교수는 10년 전에 대학원 교육을 마친 후 시간이 흐른 지금까지 변화가 있다고 언급했다. 과거에 (학부와는 구별된) 대학원은 성숙한 성인들만 입학할 수 있다고 여겼지만, 오늘날 자신의 경험으로 볼 때 성숙함은 나이와 관련된 것이 아니라고 말하며, 많은 사람에게 청소년은 30대까지 확대되는 것 같다고 주장했다.

다른 학자들은 20세기에 청소년(adolescence)과 십대(teenage)가 인생의 주요 단계로 인정되었듯이, 아마도 21세기에 우리는 청년기(young adulthood)를 도전과 기회에 직면한 분리된 단계로 여길 것으로 예측했다. 우리가 어떤 용어를 사용하든, 발달심리학 교과서들이 전통적으로 십대 시절을 규정했던 불안과 공포 그리고 정체성과 관계에 관한 불확실성을 그들보다 나이 든 많은 사람에게서 발견하는 것이 그리 어렵지 않다.

특히, 젊은 사람들은 교회와 그들의 부모 세대가 찾을 수 있는 매력적인 '대안적' 영성과 연결하기 쉽다고 생각하지 않는다. 삶의 불연속성을 다루는 그들의 방식은 더 기본적이고 자연적이기까지 하다. 심리학자 진 트위지(Jean M. Twinge)는 청년의 삶에 관한 연구에서 독자들에게 "젊다고 해서 항상 불안, 우울증, 자살 충동 또는 약물 치료를 받을 위험이 높은 것은 아니다"라고[41] 상기시킨다.

밤새도록 술집과 클럽에서 보낸 후 거리에서 깨어나는 젊은이들의 반사회적 행위에 관해 나이 든 사람들과 시민 당국자들은 으레 불평을 늘어놓는다. 그러나 우리는 왜 그렇게 많은 사람이 주말만 되면 술에 취하고 마약을 투약하려고 자주 거리로 나가는지 물어볼 필요가 있다. 쾌락주의적 행위는 항상 행복한 행위가 아니라, 인간 실존에 대한 근본적인 질문들에 관한 깊은 불확실성이라는 가면을 쓰고 종종 나타난다. 지독한 고통으로 가득 찬 삶에서, 적어도 술과 마약은 단지 짧은 시간만이라도 인생의 냉혹한 현실에서 벗어날 가능성을 제공한다.

존 쇼어(John Shore)는 자신의 저서 『펭귄, 고통 그리고 전부』(Penguins, Pain and Whole Shebang)에서 교회와 어떤 연결이나 개입도 없이 그리스도인이 된 자신의 놀라운 경험을 얘기한다. 또한, 그는 최근 회심한 어떤 사람이 생각하는 하나님이 사물을 보시는 방식에 관해 이야기한다(그 책의 풍자적인 부제는 Why do the things I do, by God[하나님이 개입하는 이유]이다). 이런 사색 과정에서 그는 '희망이 없는 사람은 인간이기보다 등물이거나 항상 동물이 된다'라고[42] 언급하며 심오한 실재를 분명히 지적한다. 거리의 사람들(또는 정치가들)이 인간 이하의 행동을 할 때, 우리 문화에 관한 중대한 어떤 것, 즉 미래를 잃어버렸다는 느낌을 받으며 희망의 상실로 인한 괴로움을 토로한다.

특히, 그리스도인에게 두 가지 도전이 두드러지게 제기된다. 먼저, 신학적 질문이 있다. 희망은 복음의 핵심이지만, 기독교 전통은 우리가 사는 21세기를 위한 어떤 유용한 종말론을 갖고 있지 않은 것처럼 보인다. 여전히 그들이 그리스도인들 가운데서 공감대를 찾을지라도, 19세기 후반과 20세기 초에 유래한 이 주제에 관한 견해들은 일반 대중적 관심사와는 전

---

41 Jean M. Twenge, *Generation Me* (New York, Free Press, 2006), p. 105.
42 John Shore, *Penguins, Pain and the Whole Shebang* (New York, Seabury Books, 2005), p. 46.

혀 무관하다. 그러나 우리 대다수는 어떤 신앙의 종말론적 차원을 인정하는 것에 대해 당혹스럽게 여겼다. 아마도 그 이유는, 실제로 우리가 종말론에 관해 아무런 생각도 갖고 있지 않기 때문일 것이다.

우리는 종말론에 관심을 가져야 할 필요가 있다.

의미 있는 21세기 종말론은 무엇으로 이루어지는가?

그러나 그 밖에 여기서 제기되는 선교적 질문도 있다. 만일 때로 파괴적 탐닉을 수반하는 쾌락주의가 오늘날 많은 사람이 직면한 삶을 다루는 방법이라면, 어떤 의미에서 그런 행동과 의례들은 실제로 그들이 추구하는 영성이다.

그런 행동과 의례가 변혁되고 구속된다는 것은 어떤 의미를 내포하는가?

이것은 어리석은 질문이 아니다. 사실 나는 여러 해 전에 윈저(Windsor)에서 열린 콘퍼런스의 강연에서 이 이슈를 제기하기 시작했는데, 그 이래 이 이슈를 계속하여 숙고했다.[43] 이 주제는 우리가 현대 문화의 다양한 양상에 관해 다루어야 한다고 확신하는 핵심 선교적 질문으로서 이 책에서 다시 언급될 것이다.

만일 이 세상이 하나님의 세상이며 하나님께서 세상에서 일하신다는 것을 믿고(하나님의 선교) 더 나아가 이 믿음의 가장 명백한 결과를 받아들인다면 ― 하나님께는 접근 금지구역이 없기에 ― 그것은 특히 온전한 인간이 되려는 우리의 모든 몸부림 가운데서도 하나님을 발견할 수 있다는 것을 의미한다. 핵심은, 이것이 ― 하나님과의 관계 그리고 우주와 사회와 우리 자신과의 ― 관계에 관한 질문이라는 것이다. 이 주제는 다음 장들에서 반복적으로 나타날 것이다.

---

43 John Drane, 'Contemporary culture and the reinvention of sacramental spirituality', in Geoffrey Rowell and Christine Hall (eds), *The Gestures of God: Explorations in sacramentality* (London, Continuum, 2004), pp. 37–55.

제2장

공동체

이 장에서 나는 우리 모두가 경험하는 삶과 우리가 살아가는 보다 넓은 맥락에서 우리의 위치를 발견하는 가운데 문화변화의 영향을 보다 자세하게 숙고하기 원한다. 우리가 열망하는 그렇게 많은 것들처럼, '공동체'는 매우 정확하게 정의하기 쉽지 않다. 우리는 공동체를 경험하고 공동체를 알아가며, 공동체를 상실하면서 그 부재로 인해 고통받는다. 그러나 공동체가 무엇인지 확인하는 것은 대체로 훨씬 더 어려운 문제다.

그러나 분명한 것은 전 세계 수많은 사람은, 효율적인 공동체를 만들고 유지하는 능력을 상실했기 때문에 자신들의 삶이 궁핍해진다고 느낀다. 영화, 소설 그리고 TV는 많은 사람이 느끼는 소외감을 반영한다. 사람들이 공허한 삶 속에서 자신들이 속한 장소를 발견하고자 다른 사람들의 인생 이야기와 연결을 통해 의미를 찾듯이, 연속극과 리얼리티 TV 쇼프로그램에 대한 우리의 집착은 소외감의 중요한 일부다. 생명을 부여하는 관계가 번성할 것이라는 희망은 상존한다. 하지만 결국 우리는 그런 프로그램에 참여하는 다수의 사람이 풍요롭게 되기보다 피해를 보거나 혹은 거부감을 느낄 것이라는 사실을 안다.

그리고 그런 프로그램이 자기 삶의 모습을 정확히 보여주기 때문에, 우리는 매우 열정적으로 그것을 시청한다. 시청자들은 일반적인 방식뿐만 아니라 의미 있는 관계를 형성하고 유지하는 것이 불가능해 보이는 것이 허구가 아니라 우리 자신의 힘겨운 일상을 반영하기 때문에 거부당한 사람들과 함께 고통을 겪는다. 현재 전 세계적으로 다양한 노래와 춤 경연대회에 나오는 경쟁자들은 사실 시청자들을 위한 의례적 희생양이다. 그들은 우리의 희망과 열망을 전달하며, 우리는 그들이 실패하거나 거부당하는 것을 보며 그들의 몰락이 어떻든지 우리의 일상의 몸부림이 조금은 견딜만하다는 의미를 부여한다.

이러한 불연속적 느낌은 더글라스 쿠플랜드(Douglas Coupland)의 소설 속 등장인물인 아베(Abe)가 잘 포착한다. 아베는 '삶을 잃어버린 사람들은 삶이 없는 다른 사람들과 시간을 보내는 것과 같다. 그들이 내 삶을 형성한다'라는 이유로, 그의 삶에 실체를 부여할 것이라는 주장을 하며 기업 세계에 합류하기 원하는 그의 동기를 설명한다.[1] 서술자로서 쿠플랜드는 감동적인 논평을 덧붙인다.

> 더 좋은 점은 그가 동료를 갖게 될 것이라는 사실이다.

이런 현상은 더이상 북반구 국가에 국한되지 않는다. 오늘날 다양한 이유로 공동체의 성격은 빠르게 변하고 있다. 북반구 사람들이 다른 대륙의 토착문화 유산에 대해 부러운 시선으로 바라본 것은 그리 오래되지 않았다. 그것은 부상하는 세대에게 수세기 동안 변하지 않는 순조로운 방식으로 선조들의 지혜를 전수한 친밀한 가족집단이다. 경제적인 용어로, 토착종족들의 상대적인 빈곤은 삶과 일을 통합하는 모든 양상으로 인해 훨씬 더 보상을 받는 것 같았다. 물론 여전히 가난하게 살아가는 공동체들이 있지만, 그들의 미래의 생존 가능성은 늘 줄어든다.

가장 큰 위험 중 하나는 다양한 형태의 세계화인데, 세계화가 가장 현저하게 나타나는 분야는, 미디어와 인터넷을 통해 전 세계적으로 확산하는

---

1 Douglas Coupland, *Microserfs* (London, Flamingo, 1995), p. 313.

아이디어와 특정 개인이 즐기는 것보다 더 매력적으로 보일 수 있는 다른 생활방식에 관한 지식이다. 최근 옛 동구권 국가들을 포함하여 유럽연합(European Union)의 확장을 통해 일종의 경제적 이주 현상이 유발되었다.

그리고 여러 곳에 산재한 소외된 사람들이 더 나은 삶을 위한 새로운 기회를 찾듯이, 남미에서 미국으로 이동하는 인구의 지속적인 흐름은 단지 글로벌 현상들 가운데 작은 일부다. 경제적 이주는 여러 방향으로 움직인다. 동에서 서로, 남에서 북으로 움직이며, 여기에는 다중적인 지역 편차가 있다. 이와 함께 그리고 다소 역설적으로, 부유한 북반구에서 경제적으로 성공한 사람들은 다른 사람들이 벗어나려고 애쓰는 검소하고 단순한 삶의 방식을 더욱 동경하고 있다.

이 두 운동에는 대단히 이상적인 낭만주의가 나타난다. 가난한 사람들은 자신들이 믿는 것처럼 부유한 나라들이 반드시 약속의 땅이 아니라는 사실을 발견한다. 어떤 사람이나 그의 친척이 갱단에게 빌린 돈을 갚지 못해 21세기의 노예가 되는 경우, 그 나라는 그들에게 결코 파라다이스일 수 없을 것이다. 또 어떤 사람들은 현지어를 하지 못하고 문화구조와 시스템을 이해하지 못하는 나라에서 친구도 없이 외로운 상황에 직면한다. 역으로, 자신들이 열대우림에 사는 부족과 같다고 생각하는 부유한 사람들은 곧바로 일상의 경험이 제한적이라고 생각할 것이다.

그러나 그것이 그런 고립된 지역의 제품을 의약품과 소위 '대체' 치료제로 활용하여 삶을 더 단순하게 만들려는 그들만의 시도를 방해하지는 않는다. 우리가 이런 현상에 남반구의 많은 국가, 특히 아프리카에서 전 세대를 휩쓸어 공동체에 파괴적인 충격을 주는 AIDS라는 현실을 추가할 때, 우리가 서로 연결되어 있으며 생명을 부여하고 양육하는 방법에 관한 전반적 질문은 단지 지역적인 질문이 아니라 세계적으로 연결된 관심사임이 분명하다.

그리고 우리가 갈등을 유발하는 종교적 논쟁들을 언급하기도 전에, 어떤 사람들은 공동체 안에서 다른 사람과 함께 하려 하지 않으며, 세계의 통합에 대한 어떤 형태도 반대하는 극단으로 나갈 것이라고 이 사안은 상기시킨다.

1. 공동체, 문화, 변화

이 모든 것에 비추어 오늘날 우리가 직면하는 일련의 중요한 질문이 공동체에 대한 재정의라고 제안하는 것은 과장이 아니다. 현재 북반구에서 일어나는 관계의 파편화는 정상적인 삶의 일부로 여겨진다. 어떤 사람들은 그들의 선조들이 평생동안 누린 공휴일보다 한 해에 더 많은 섹스 상대를 마주한다. 그런데도 인정받고 몰두할 수 있다고 깊이 확신하기에, 그들은 여전히 집요하게 새로운 관계구축을 지속한다.

제1장에서 나는 다니엘 핑크의 분류-농업 시대, 산업 시대, 정보 시대, 개념화 시대라는 네 단계의 개념[2]을 사용하여 문화변화에 주목했다. 앞에서 언급했듯이, 어떤 곳에서는 이런 다양한 방식이 여전히 다소 원시적 형태로 존재하는 한편(특히 농업 시대와 산업 시대), 다른 곳에서는 한 시대의 특징들이 다른 시대의 요소들과 함께 지배적으로 공존한다. 그런데도 서구 문화(그리고 전 지구적으로 변화하는 문화) 이야기의 일반적 개관인 핑크의 분류는, 특히 우리의 공동체 경험이 변화된 방식들과 연관된 핵심 이슈를 반영하는 유용한 모델을 제공한다.

특히, 이 모델은 각 시대의 변화하는 가족의 형태에 따라 잘 나타난다. 농업 시대의 특징들 가운데 원시 가족은 구성원에게 가족의 재생산과 생존을 위한 안정적 상황뿐 아니라 경제적 안전, 고용, 사회화 그리고 교육을 제공하는 공동체의 초석이었다. 산업 시대는 노동자와 그들의 가족이 일자리를 얻을 수 있는 곳으로 이주하는 과정에서 공동체의 종복이 되는

---

[2] Daniel Pink, *A Whole New Mind* (New York, Riverhead Books, 2006).

핵가족 형태로 재구성되면서 도시 거주민을 조성했다.

이런 가족구조는 공장에서 생산되는 물건과 그 물건을 일종의 소비기반을 창출하고 유지하는 역할은 물론 가족 내에서 성 역할의 합리화와 구별을 요구했다. 어떤 사람도 무엇이든 꿈꾸는 대로 될 수 있다는 암묵적 약속을 제시한 정보화 시대는 가변적인 노동 형태들이 가족 구성원들 간에 결속력을 약화하고 종종 가족이 시장성 있는 상품이 되었고, 다양한 사회적 상황은 가족 구성원이 개인화된 공동체를 만드는 주체가 되어야 했다. 이제 이전의 가족 중심 세대와는 달리 대개 혼자 살아가는 사람들이 증가하는 개념화 시대에서 우리는 기본적인 가족 개념이 재정의되는 것을 보고 있다.[3]

물론 공동체 변화에 대한 이런 묘사는 일반적이며, 대세를 거스르는 구체적인 사례를 생각해 내는 것은 전혀 어렵지 않다. 영국이나 미국 같은 선진국에서도 이 네 가지 형태들은 우리가 어렵게 찾아볼 필요도 없다. 그러나 공동체의 상태에 대한 거시적 분석으로서 이 모델은 몇 가지 중요한 통찰들을 제공한다. 독신과 일인 가구의 엄청난 증가는 지금 발생하는 현상들을 설명하는 가장 명백한 징후다. 2001년 당시 영국의 인구통계는 일인 가구가 32%이며, 인구의 25%가 독신인데, 여성 독신 인구가 남성보다 약간 많다고 보고했다.

그러나 그 당시 영국 인구통계는 10년 이내에 40%가 일인 가구가 되며 독신은 50%로 증가할 것이라고 예상했다. 인구의 25%만이 일인 가구지만, 40% 이상이 독신이라는 통계를 제시한 2000년 미국의 인구통계도 비슷한 경향을 보였다. 이런 현상은 분명히 미국인이 달리 관계가 없고 성격 유형만큼 경제적 요인들로 인해 다른 사람과 거처를 공유하는 강한 성향에 기인한다. 아무리 살펴봐도 오늘날 사람들은 어느 때보다 더 외롭다.

---

3   이에 대한 더 넓은 논의를 위해서는 다음을 참조하라. John Drane and Olive M. Fleming Drane, *Family Fortunes* (London, Darton, Longman & Todd, 2004), pp. 1-41.

이런 경향은 긴 노동시간의 결과인데, 관계를 형성할 시간이 없거나 관계를 형성하려고 애쓰는 것이 너무 피곤하기 때문이다.

많은 사람이 경험하는 외로움은 종종 '자유의 다른 측면이고 자신을 우선시하는 성향'이 될 수 있다.[4] 허구의 인물인 브리짓 존스(Bridget Jones)는 (여성뿐 아니라 남성도) 30대에게 반향을 불러일으킨다. 왜냐하면, 그녀의 이야기가 그들의 삶의 현실을 묘사하기 때문이다.[5] 현재 미국의 주요 도시에서 타인과의 신체적 접촉을 갈망하는 사람들에게 성적인 관계 없이도 껴안는 기회를 제공하는 '껴안는 파티'(cuddle parties)에 참가 신청하는 것이 가능하다.[6] 한편, 관계 형성 단계로 들어가는 많은 사람은 기껏해야 그 관계가 몇 년 이상 지속하지 않을 것이라고 예상하며, '초혼'(starter marriage) 개념은 더는 토크쇼 농담이 아니라 그냥 많은 개인을 위한 방편이다.[7]

지금 우리가 경험하는 외로움은 분명 단순히 친구가 없다는 것 이상의 감정이다. 외로움은 우리의 삶의 기대와 공동체에 대한 기대의 엄청난 변화다. 1970년대에 사회학자 피터 버거(Peter Berger)와 그의 동료인 브리짓 버거(Brigitte Berger)와 한스프리드 켈너(Hansfried Kellner)는 1960년대 문화적 대변동의 원인과 증상인 개인적 소외를 묘사하는 방식으로 '고향을 잃은 사람들'(the homeless mind)이라는 문구를 고안했다.[8]

그들은 모더니티의 다양한 징후가 보여주는 영향을 추적하며(그것들 가운데 가장 현저한 징후인 기술, 관료 그리고 시스템과 구조의 소름 돋는 합리화) 서구인들에게 영향을 끼친 요인으로서, 더이상 사회적 '집'이 어떤지 알 수 없는 형이상학적 위기를 묘사한다.

---

4   Jean M. Twenge, *Generation Me* (New York, Free Press, 2006), p. 115.
5   Helen Fielding, *Bridget Jones's Diary* (London, Picador, 1997).
6   http://www.cuddleparty.com
7   Pamela Paul, *The Starter Marriage and the Future of Matrimony* (New York, Random House, 2003); Kate Harrison, *The Starter Marriage: A Novel* London, Orion, 2005).
8   Peter L. Berger, Brigitte Berger and Hansfried Kellner, *The Homeless Mind: Modernization and Consciousness* (New York, Vintage Books, 1974).

이 획기적인 연구는 자신의 정체성을 더이상 확증할 수 없는 상황에 대처하려 애쓰는 개인에게 괴로움을 주는 심리학적 고통을 강조할 뿐 아니라, 전통적 기관 구조에 대한 몇 가지 중요한 결과를 주목했다. 과거에 문화적 기관들은 존경받았으며 좋은 삶의 본질적 요소를 형성한 믿을만한 토대로 여겨졌다. 개인은 그런 제도적 기관에 관여하여 삶의 목적을 발견했다. 그들은 광범위한 공동체와 연관하여 성취 가능한 역할을 발견하려고 (그런 기관에서) 일할 뿐 아니라, 더 넓은 상황에서 공동체의 삶에 참여하므로 개인의 삶에 의미를 부여했다.

30년 전, 과거의 문화적 규범에 관한 이런 심오한 질문을 하는 사람들은 오직 소수에 불과했다. 오늘날 그런 환멸이 서구인들 가운에 널리 퍼져있으며, 제도적 기관의 몰락이 삶의 모든 측면에서 발견된다. 최근 나는 영국 농촌 케임브리지셔(Cambridgeshire) 지역 퍼브(술을 비롯한 여러 음료와 흔히 음식도 파는 대중적인 술집-역주)의 미래에 관심을 가진 사람들을 우연히 만났다. 그 지역 주민들이 줄곧 자신들의 사적인 장소(직장이나 집을 불문하고)에 머물며, 넓은 공동체에 대한 모든 헌신적 태도를 잃어버린 결과 그들의 사업이 급락했다. 퍼브를 오가며 다른 사람들과 어울리는 헌신조차 없는 환경에서 종교 기관들이 훨씬 더 고통을 당하는 것은 놀랍지 않다.

특히, 종교 기관을 포기하는 것은, 신앙보다 시민 생활이 더 본질적인 것으로 보이는 것처럼 정치적, 재정적 혹은 다른 기관을 포기하기보다 더 쉽기 때문이다. 비록 아동 학대 같은 논쟁에 대해 이전 세대 교인들의 행위가 확실히 도움이 되지 못할지라도, 다원주의의 영향 역시 이런 몰락에 부분적으로 작용했다. 그 결과, 오늘날 과거의 종교적 기관이 그냥 무관한 것이 아니라, 수용하기 어렵고 믿기 어려운 것으로 여겨지게 되었다. 동시에 피터 버거는 '인간은 제도적 지원 없이는 존재의 지속적인 불확실성(또는 원한다면 자유)을 견딜 수 없다'라고 지적한다.[9]

---

9   Ibid., p. 187.

그리고 이념적으로 '집 없고' 소외된 사람들은 기관을 포기하지 않는 경향이 있지만 '이차적 기관'을 개발하여 새로운 기관들을 조직한다. 영적인 용어로 표현하면, 이런 기관은 소위 여전히 가능한 내적 자아와 관심사라는 재료들로만 구성된다. 이 재료들은 오늘날 많은 영적 경관의 특징인 여러 치료요법과 신비체험이라는 새로운 강조점을 설명하는 데 도움이 된다.[10] 우리는 나중에 이 주제를 다시 다룰 것이다. 그렇지만 먼저 우리는 공동체의 붕괴에 대한 덜 신비한 측면들을 생각할 필요가 있다.

2. 교외와 도시로의 이동[11]

농업 시대에서 산업 시대와 정보화 시대를 거쳐 개념화 시대로 넘어가는 탄도는 교외에서 도시를 거쳐 교외(suburb)로 그리고 다시 도시로 돌아가는 이동 현상으로 어느 정도 묘사될 수 있다. 비록 교외 생활방식이 정보화 시대보다 다소 일찍 출현했지만, 개념화 시대와 도시 생활 선호도 간의 연계성처럼, 농업 시대와 산업 시대의 상호연관성은 반박의 여지가 없다. 비록 압도적인 전 세계적 인구이동이 확고하게 도시로 집중되고 있지만, 문화변화의 다른 양상들처럼 오늘날 여러 곳에서 동시에 이런 변화가 일어나고 있다.

유엔인구기금(United Nations Population Fund)에 따르면, 아시아와 아프리카 도시에 사는 인구는 매주 약 100만 명씩 증가하고 있다. 그리고 2030년까지 전 세계 도시 거주자는 50억 이상 혹은 대략 세계 인구의 60%에

---

10 물론, 이것은 전체 이야기가 아니다: cf. John Drane, *Do Christians Know How to Be Spiritual?* (London, Darton, Longman & Todd, 2005), pp. 1–89.
11 이 주제에 대한 박식한 신학적 성찰을 보려면 다음을 참조하라. Eric O. Jacobsen, *Sidewalks in the Kingdom: New Urbanism and the Christian Faith* (Grand Rapids MI, Brazos Press, 2003).

달할 것으로 예상한다.[12] 산업사회 도시 게토의 삶은 항상 힘들며, 영국의 산업혁명 당시 농촌에서 도시로 이주한 가정의 어린아이까지도 열악한 환경에서 긴 시간 일할 수밖에 없었을 정도로 그들이 겪은 어려움은 전설적이었다. 유사한 산업화 과정에 있는 전 세계 많은 나라에 이런 환경이 만연하며, 오늘날 이런 현상은 남반구의 급속한 산업화 가운데 살아가는 많은 사람의 삶의 실상이다.

그러나 그들이 일상에서 직면하는 모든 어려움에도 불구하고 슬럼 거주민은 강한 공동체 의식을 가진 경우가 빈번하다. 따라서 공동체의 본질이 각각의 경우마다 다를 수 있지만, 농업 시대와 산업 시대의 삶의 방식들은 인간 정신이 번창할 수 있는 환경을 유지하는 능력을 부여한다.

북반구에 존재하는 공동체들이 처음으로 약화하기 시작한 것은 교외 지역의 부상이었다. 비록 교외 생활에 대한 실험들이 있었지만, 교외 생활방식이 확대되기 시작한 것은 제2차 세계대전 이후였다. 그 이유를 살펴보는 것은 어렵지 않다.[13] 영국의 많은 도시에서 비즈니스뿐 아니라 가정은 폭격으로 파괴되거나 손상을 입었으며, 다른 곳에서도 사람들은 비좁고 비위생적인 상태에서 살고 있었다.

사람들을 위해 새롭고 더 나은 집을 짓는 것보다 새로운 시작을 경축하는-수년간 전쟁의 궁핍을 보상할-더 나은 방법이 있는가?

또한, 이때는 신뢰할만한 대중교통이 개선되며 자동차 보유가 늘어나서 사람들이 반드시 직장과 가까운 곳에 살 필요가 없던 시기였다. 1950~1960년대에 이런 요인들은 토지 가용성과 현금으로 땅을 살 수 있는 상황과 맞물려 대규모 인구이동으로 나타났다. 사람들은-시골 기분을 유지하면서도 발전하는 환경에서 사는 한편, 도심과 도시 주변의 직장을

---

12 UNFPA, *State of World Population 2007: Unleashing the potential of urban growth* (New York, United Nations, 2007).

13 Cf. F. M. L. Thomson, *The Rise of Suburbia* (Leicester, Leicester University Press, 1982); C. M. H. Carr, *Twentieth Century Suburbs* (London, Routledge, 2001).

유지하는-최고의 세상에 살 수 있다는 가능성을 보았다. 북미에서 교외의 확장을 위한 특별한 촉매들이 영국 상황과 일치하지는 않지만, 같은 기간 두 나라에는 유사한 발전이 일어났다.[14]

서구 문화는 맑은 공기와 넉넉한 공간에서 자녀들을 양육하는 걱정 없는 시골의 낭만적인 이미지를 항상 홍보했고, 현대적 편의시설들을 구비하고 있는 교외의 건축 디자인은 모든 약속을 보여주었다. 농촌 생활의 환상을 유지하기 위해, 더 쉽게 직선적으로 건설할 수 있는 도로들은 의도적으로 구불구불하게 건설되었고 숲이라는 느낌을 주기 위해 나무를 심었다. 그리고 도로 끝에는 반사적인 막다른 공간을 창출했다. 비록 자동차는 성공적인 교외 생활을 위해 거의 필수적이었지만, 어떤 지역의 도로들은 의도적으로 보도(pedestrian paths)로 사용될 수 없었고 오직 차도로만 제한되었으며, 수풀로 둘러싸인 지역이 보도로 사용되었다.

종종 도시의 하급 주택에서 살던 이런 지역의 초창기 주민들에게 그 모든 것은 의심스러운 것처럼 보였다. 그리고 그들이 한때 형성한 공동체를 잃었지만 새로운 공동체를 만드는 방법과 커뮤니티를 만드는 방법을 항상 알지 못했다는 것을 깨달으면서, 종종 그렇게 되어갔다. 1960년대에 정확히 이런 상황에 부닥친 몇몇 친척들이 생각난다. 당시 그들이 고마워한 한 가지-자신의 사적 공간을 소유하는 것-는 당연히 공동체를 만드는 것이었는데, 그들은 자신들이 상상하고 바라던 것보다 그것이 쉽지 않은 설계의 일부임을 이해하지 못했다. 사람들의 모든 상호작용은 다른 혼잡한 장소에서 발생하는 경우가 아니라 의도적으로 이루어져야 하기에, 집 주위에 산재한 많은 장소는 공동체 형성을 저해한다.

교외에는 도시에서 볼 수 있는 분명한 표지판 같은 것이 없고-(영국 교외의 많은 개발단지처럼), 모든 사람은 거의 같은 것처럼 보이는 교외의 도로가

14　미국 교외 지역에 관해서는 다음을 참조하라. Robert Fishman, *Bourgeois Utopias: The rise and fall of suburbia* (New York, Basic Books, 1987); Dolores Hayden, *Building Suburbia: Green Fields and Urban Growth 1820–2000* (New York, Pantheon, 2003).

끝없는 로터리와 교차로로 구성되어 길을 찾는 것이 어려울 수 있다. 도로 형태가 단지 방향감각만 제공하기 때문에, 길을 찾는 것조차 어려울 수 있다. 그런데도 이런 환경에서 자동차가 없는 삶은 극도로 열악한 삶의 질을 반영하기에, 더 젊었을 때 이 지역으로 이사한 많은 주민은 이런 이유로 인해 그 이후의 삶에서 자신들이 고립되고 고독하다는 것을 깨닫게 된다. 그러나 우리는 다른 사람들과 우리를 격리하려고 점점 더 많은 사적인 공간을 끈질기게 만든다.

오늘날 가족 구성원이 차지할 수 있는 개인적인 공간의 크기를 강조하고 집과 이웃집 사이의 공간에 따라서 교외 주택에 대한 광고와 매매가 이루어진다. 우리는 아이들을 위해 부모뿐 아니라 형제자매와 분리된 충분한 공간을 요구하며, 다른 일의 형태에 부응하기 위해 어떤 건축가들은 한 개 이상의 '주(主)' 침실(master bedroom)을 갖춘 집을 지어 부부가 더는 같은 침실을 공유할 필요 없이 서로 방해받지 않고 자신만의 삶을 위한 자유를 누리게 한다.

이런 경향은 우리의 가장 친밀한 관계 안에서도 공동체를 약화하는 현대적 삶의 양상들을 다루는 방식으로 부상하고 있다. 많은 부부의 주요 의사소통 방법이 냉장고 문이나 부엌 조리대에 붙여놓은 휘갈겨 쓴 메모지나 핸드폰 메시지다. 부부가 앉아서 얼굴을 마주 보고 대화를 나눌 때, 긴 대화를 나누는 데 피곤을 느끼거나 종일 누가 더 힘들게 일했는지 그리고 누가 집안일을 할 차례인지를 놓고 언쟁을 벌이는 것으로 한정된다. 시간이 고갈된 상태에서 우리가 친밀하게 낭만적인 시간을 보낼 수 있는 시간은 사회가 강요하는 삶의 방식에 대한 단기적 해결책인 주말로 제한된다.

그러나 물론 그런 일이 자주 일어나기는 하지만, 마치 그것이 의미 있는 공동체를 파괴하기 위해 특별한 목적으로 고안된 듯이 보일 수 있다. 북반구 전역을 휩쓸고 있는 것처럼 보이는 공포감은 공동체 상실에 부정적인 영향을 주는 또 다른 요인이다. 왜냐하면, 그것은 사람들이 과거에 다른 사람들과 만날 수 있던 공공장소를 피하게 만들기 때문이다. 그래서 우리는 어느 때보다 자신만의 사적 공간에서 시간을 보내며, 전반적인 삶의 질을 향상해야 하는 공간에 쉽게 격리된다.

이런 상황은 모든 연령대에 영향을 준다. 아이들은 사고와 납치 같은 불상사의 공포로 인해 집에 갇히는 한편, 운전을 할 수 없는 노인들은 다른 사람들을 만나러 가는 것이 어렵다는 사실을 알게 된다. 한편, 부모는 사람들과 어떤 상호관계도 없이 운전하여 집과 직장을 오가며, 자신만의 사적 공간이라는 보호막에서 대부분 시간을 보낸다. 어떤 교외 주택은 뒤뜰이 도로와 맞닿아 있어서 안방(일반적으로 밀폐된 비밀스러운 정원을 마주 보고 있음)에서 바로 차고로 나가게 되어서 사적인 공간 밖으로 나가지 않고도 바로 차를 운전하여 도로로 나가도록 설계되었다.

시민을 위한 공간이 있는 도시의 거리와는 달리, 교외는 낯선 사람들을 차단하도록 설계되었고, 교외에 나타나는 낯선 사람은 항상 잠재적 범죄자로 간주할 수 있다. 그러나 사실 수많은 주택 디자인은 모든 사람이 모든 사람에 대해 낯선 사람임을 확증한다. 왜냐하면, 만일 사람들이 의도적으로 그렇게 생각하지 않는다면, 아무도 다른 사람을 만나지 않을 것이기 때문이다. 어디에서나 볼 수 있는 '마을 방범대'(neighborhood watch) 제도는 공동체 부재의 확고한 표시다. 아무도 다른 사람을 알지 못하기에 낯선 사람을 확인하여 소외시키는 관료적 시스템을 구축하는 것이 필요했다.[15]

본래 교외 주택단지 건설을 주도한 많은 조건은 더는 존재하지 않으며, 따라서 다른 삶의 방식에 대한 새로운 개방성이 나타난다. 이런 징후들 가운데 하나는, 사람들이 다시 도시로 돌아오는 것이다. 도시들이 창의적인 방식으로 재건되고 있다. 오래된 공장과 창고가 아파트로 개조되고, 이런 재건과 함께 다른 형태의 주택들이 서서히 생겨난다. 사실상 거주 인구가 없던 장소에 활기찬 이웃이 들어오고 있다.

---

15 Cf. Alan J. Roxburgh and Fred Romanuk, *The Missional Leader* (San Francisco, Jossey-Bass, 2006), p. 156.

그러나 이런 상황에서 과거의 공동체 개념에 대한 또 다른 도전은, 새로운 이웃의 형태와 모습 그리고 지역의 이웃과 관계를 맺는 방식이다. 다른 이들과 함께 존재하지 않고서는 도시 안에 사는 것이 불가능하기에 도시는 외로운 사람들에게 항상 매력적이다. 당신이 그들 중 누구인지 모르더라도, 그 사람들의 일부라는 단순한 사실은 그 자체로 더 큰 집단에 속해 있다는 소속감을 줄 수 있다.

그러나 낯선 사람들을 만나는 이런 기회가 도시 생활이 제공하는 매력만은 아니다. 도시에서는 전형적인 도시 광장(city square and piazzas) 거리의 삶이든 보다 아늑한 분위기의 현대적인 카페이든 모든 사람이 속한 공적 공간에 접근하는 것이 가능하다. 또한, 도시는 대개 현대적 시민예술 작품들과 오래된 건물들이 풍기는 건축미와 더불어 시각적으로 자극적인 환경을 제공한다.

그리고 도시가 갖는 매력은 한 지역이 일정 한계에 도달할 때, 그 장소는 (대개) 활기찬 지역경제를 포함하여 자체로 임계질량을 창출한다. 교외에서는 가게를 찾으려고 수마일을 가야 하지만, 도시에서는 주변에서 쉽게 가게를 발견한다.

그러나 서구 도시로의 인구이동은 과거의 도시적 생활방식으로 돌아가는 것이 아니다. 부분적으로 학교와 같은 시설 부재로 인해 도시의 삶은 대개 성인들로 구성된 '도시 종족들'(urban tribes)의 출현이라는 특징을 보여주고 있다. 비록 이 용어가 최근 몇 년 널리 사용되었지만,[16] 전통적인 가족관계를 넘어서는 새로운 형태의 공동의 유대감이라는 경향은 이미 1970년대에 피터 버거와 그의 동료들에 의해 밝혀졌고, 그들은 이런 현상을 묘사하기 위해 '종족'이라는 단어를 사용했다.[17]

---

16 See Michel Maffesoli, *The Time of Tribes: Decline of Individualism in Mass Society* (Thousand Oaks CA, Sage, 1995); Ethan Watters, Urban Tribes (New York, Bloomsbury, 2003).
17 Berger and Kellner, *The Homeless Mind*, p. 214.

현재 우리가 특정 관심사, 신념 그리고 윤리적 가치를 채택하는 다양한 하부문화에 따라 우리의 사회적 정체성을 규정하는 것처럼, 1960년대에 거의 모든 주변인 가운데서 시작된 대항 문화 운동(counter-cultural movement)이 사회에 널리 퍼졌다. 에단 워터스(Ethan Watters)는 천 명 이상의 이런 '종족들'에 대한 연구조사에 근거하여 도시와 연관된 새로운 종족주의를 광범위하게 서술했다.

비록 그의 인터뷰 대상자들이 대개 20-30대지만, 그들의 종족적 생활 방식은 나이보다는 도시 상황에서 새로운 삶을 조성할 필요에 대한 일관된 요인들과 함께 태도와 관점에 따라서 정의된다. 이런 유형의 종족은 대개 중요한 친구나 친척 같은 기존의 네트워크 없이 개인이 같은 지역에 살고 있다는 것을 우연히 발견하면서 거의 즉흥적으로 출현한다. 출현이라는 어휘는 실제로 사회적 실재를 묘사하는 좋은 방법이다.

기하학과 혼돈이론(chaos theory)에 기원을 둔 출현의 개념은, 복잡한 조직이란 한 지도자에 의해 촉진된 거대한 계획이 아니라 상대적으로 겸손한 구성원의 집단적 행동의 결과로 구축되는 현상을 확인하는 방법이다.[18]

워터스는 피터 버거의 '고향을 잃은 사람들'의 개념을 이렇게 확신한다. 그의 출발점은 오늘날 많은 사람이 '표지판 없이 항해하는 삶의 도전에 직면한다'라는 자각이다.[19] 그러나 파편화된 개인주의 문화로 인해 그들이 의미를 만들어 낼 수 있는 유일한 방법은 같은 상황에 놓인 사람들과 어울리는 것이며, 새로운 준거틀(frame of reference, 세계관-역주)을 창조하는 상호관계에서 그런 어울림은 새로운 목적과 정체감을 제공할 수 있다. 기독교적 관점에서 그는 한 이야기에 관한 탐구로 이것을 확인한다:

---

18 창발 이론(emergence theory)의 입문서에 관해서는 다음을 참조하라. John H. Holland, *Emergence: From Chaos to Order* (Oxford, Oxford University Press, 2000); Steven Johnson, *Emergence: The connected lives of ants, brains, cities, and software* (New York, Penguin, 2001); Richard Pascale, Mark Millemann and Linda Gioja, *Surfing the Edge of Chaos* (New York, Random House, 2001).
19 Watters, *Urban Tribes*, p. 8.

삶은 마음에 담아두기에는 너무 복잡하며, 이것이 우리가 이 시대를 살아가는 다른 사람들의 이야기를 알아야 하는 이유이다. 우리가 우리 존재에 일관성과 의미를 부여할 수 있는 것은 오로지 이 문화적 내러티브의 공유를 통해서이다. 만일 문화적 어휘들 가운데 그 이야기들을 묘사하는 원형적 이야기가 없다면, 우리 자신의 삶에서 중요한 것들은 보이지 않고 이해되지 않는다.[20]

이런 즉흥적인 그룹들은 상호 책무를 통해서뿐 아니라 의미 있는 새로운 내러티브를 구축하므로 많은 사람이 잃어버렸거나 절대 잃어버리지 않은 구조와 훈련을 제공한다. 이런 내러티브는 연례적인 캠핑 여행처럼 겉보기에는 소소한 것이나 채식주의 생활양식처럼 매우 진지한 것 혹은 박탈당하고 소외된 사람들을 위한 사회적 행동에서 나올 수도 있다. 비록 그것이 북반구 도시들의 인구재편이 일어난 초기일지라도, 이 과정은 미래에도 끊임없이 지속할 것처럼 보이고, 20세기 전반기의 민주적 시민사회 구조들에서 유래한 형태들보다 공동체 정신에 대한 다른 이해를 제공한다.

점증하는 고독감과 개인주의가 사회적 응집력을 위협한다는 주장이 종종 제기된다. 왜냐하면, 현재 우리는 지난날 다른 사람들을 도운 자발적 단체에 덜 참가하기 때문이다.[21] 그러나 자신들이 이런 상황에서 살고 있다는 것을 발견한 사람들은 종종 좀 더 젊었을 때 교외에서 도시로 이주하며, 교외 단지들이 선의의 시민 당국자들에 의해 조성되었다는 것을 알게 되면서 교외 생활의 결핍을 깨닫게 되었다. 이에 대한 일반적인 반응은, 문제의 원인을 제공한 요인이 어떻게 해결책을 제공할 수 있으며, 새로운 형태의 상호 책무가 요구될 것인가에 대한 질문이다.

---

20 Ibid., p. 10.
21 Cf. Robert D. Putnam, *Bowling Alone: The collapse and revival of American community* (New York, Simon & Schuster, 2000).

최상의 경우, 이런 부상하는 '종족' 행위가 다른 모습의 책임감으로 보일 수 있다. 새로운 형태의 책임감을 창조하는 방법은, 공동체의 작동방법을 결정하는 제도적 구조가 아닌 친교에서 비롯된 지지를 제공하는 고대의 뿌리로 돌아가는 것이다. 물론 같은 마음을 품은 친구들의 네트워크는 내성적이고 자기중심적이 되는 가능성을 갖고 있지만, 워터스의 리서치는 많은 집단이 그 가능성을 인식하고 그것을 피하려는 의도적인 단계들을 밟고 있다는 사실을 보여주었다. 워터스의 조사 대상자들의 응답은, 그들이 희망 없이 방종 하는 만큼 헌신적으로 다른 사람들을 돕는 것으로 나타났다는 사실을 보여주었다.

왜냐하면, '우리의 삶의 도덕적 가치는 우리가 참여하는 활동의 성격이 아니라 다른 사람들과의 우정과 공동체의 지지에 달려있기' 때문이다.[22]

3. 교회, 공동체, 선교

당신은 사람들이 의미 있는 공동체에서 단절될 뿐 아니라 필사적으로 더 나은 방법을 발견하려고 애쓰는 상황에서, 교회가 현재 경계선을 넘어서려는 사람들과 중요한 접촉점을 형성하는 것이 상대적으로 단순한 사안이라고 생각할 것이다. 만일 교회가 스티븐 코트렐(Stephen Cottrell)이 권고하는 곳과 같았다면, 그럴 수 있을 것이다.

> 당신이 가치 있고 사랑받는다는 것을 알며 당신의 질문들이 진지하게 다루어지고, 당신이 적절한 속도로 잠재력을 발휘하며 성장할 수 있는 안전하고 확실한 상황[에서]…. [교회는] 사람들이 공동체의 일부가 되며, 그 공동체

---

22 Watters, *Urban Tribes*, p. 38.

내에서 자신을 이해하는 데 도움을 [주어야 한다.]²³

불행하게도 문제는 그렇게 단순하지 않다. 1970년대 후반 피터 버거는 종교 기관이 다른 시민 단체들보다 더 고투하고 있다는 타당성 있는 주장을 했다. 많은 사람은 종교를 수년 동안 다른 관점으로 보았고, 현재 거의 모든 전통적인 제도적 기관에 대한 엄청난 불신이 있다. 이것은 어떤 점에서 적어도 정치와 금융 등의 세계보다 덜 심각하다는 의미에서 교회에는 좋은 소식이다. 더욱이 복음의 핵심 가치들이라는 측면에서 교회는, 자신들이 영적으로 단절되어 있으며 새로운 집을 찾으려 한다는 사실을 발견한 사람들의 실존적인 열망을 교감하는 위치에 있어야 한다.

당신이 이에 관해 생각해 보면, 예수님은 전통적 가족관계에 의해서가 아니라 믿음, 삶의 방식 그리고 윤리적 헌신의 네트워크를 통해 결합한 도시 종족과 같은 자들을 모았다. 예수님은 자신의 가족에 관한 질문을 받았을 때, "누구든지 하나님의 뜻대로 행하는 자가 내 형제요 자매요 어머니이니라"(막 3:35)고 응답했다. 예수님은 1세기 갈릴리에서 벌어진 도시재건이라는 상황에서 사역하고 있었다. 이것은 1세기의 즈거틀(세계관)에서 볼 때 오늘날 도시의 갱생과 비교하여 많은 유사점을 갖고 있었다.²⁴

물론 우리가 씨름하고 있는 현실은 그것보다는 더 도전적이다. 그렇게 많은 전통적 기관들이 논란을 초래한 이유 가운데 하나는, 그 기관들이 그들의 핵심 가치를 부정하는 것으로 드러났기 때문이며, 이 점에서 교회도 예외가 아니다. 30년 전쯤에 나는 미국인이 쓴 『붐비는 신도석과 외로운 신자들』(*Crowded Pews and Lonely People*)이라는 흥미로운 제목의 책을 받은 기억이 있다. 그 책의 저자인 마리온 제이컵슨(Marion Leach Jacobsen, 전 세대의

---

23 Stephen Cottrell, *From the Abundance of the Heart: Catholic Evangelism for all Christians* (London, Darton, Longman & Todd, 2006), p. 37.
24 Cf. Richard A. Batey, *Jesus & the Forgotten City: New Light on Sepphoris and the Urban World of Jesus* (Grand Rapids, Baker, 1991).

기독교 교육가였고 공격적인 대중 선동가는 확실히 아니었다)은 다음과 같이 기록했다.

> 우리 교회들은 겉으로는 만족하고 평화롭게 보이지만 내적으로는 누군가에게 자신을 사랑해 달라고 외치고 있는 신자들로 가득 차 있다…. 바로 그들처럼-[우리는] 혼란스러워하고 좌절감을 느끼며 종종 겁에 질리고 죄책감을 느끼고 있고 종종 가족들 안에서도 소통할 수 없는 사람들이다. 그러나 교회 안의 다른 사람들이 행복하고 만족스럽게 보이기에 어떤 사람은 평균적인 교회 모임에 나타나는 자족하는 그룹 앞에서 좀처럼 자신의 절실한 필요를 인정하려는 용기를 내지 못한다.[25]
>
> 놀랍게도 그동안 거의 변화가 일어나지 않았다. 최근에 어떤 사람이 '우리 교회는 너무 많은 모임이 있고 실제적인 교제는 없습니다'라고 내게 말했다. 저널리스트 존 쇼어(John Shore)는 다음과 같이 물으면서 이런 현상을 오늘날 교회의 선교적 이슈로 간주한다.
>
> 왜 그렇게 많은 그리스도인이 아주 불쾌하고 비열한가?
>
> 그래서 기독교가 대부분 비판적이고 편협하며 그리스도인이 아닌 사람에 대해 짜증 나게 잘난 체하는 것처럼 보인다. 그리스도인들은 그리스도인이 된 것에 관해 잘난 체하는 데 너무 바빠서 친절함을 망각한다.[26]

사람들이 교회를 떠나는 이유에 대한 여러 경험적 리서치는 동일한 경향을 강조했다. 어떤 이유이든 우리가 알고 있는 교회는 사람들이 실제로 수용되기 어렵다고 느끼는 장소인 것처럼 보인다.[27] 이 주장에 대해 교

---

25 Marion Leach Jacobsen, *Crowded Pews and Lonely People* (Wheaton IL, Tyndale House, 1975), p. 41.
26 John Shore, *Penguins, Pain and the Whole Shebang* (New York, Seabury Books, 2005), p. 69.
27 Cf. William D. Hendricks, *Exit Interviews* (Chicago, Moody Press, 1993); Philip J. Richter and Leslie J. Francis, *Gone but not Forgotten* (London, Darton, Longman & Todd,

회 지도자들의 전형적인 태도는 마이클 리들(Michael Riddell), 마크 피어슨(Mark Pierson) 그리고 캐시 커크패트릭(Cathy Kirkpatrick)이 **그들의 책** 『탕자 프로젝트』(*The Prodigal Project*)에서 잘 묘사했다.

교회는 급증하는 불만에 대한 책임을 수용하지 않고 오히려 비그리스도인의 진실성에 대해 의문을 제기한다.[28]

그러나 이 같은 반응은 거부의 형태다. 나는 이런 일을 직접 경험했기 때문에, 그 사람들에게 큰 연민을 느낀다. 2000년에 내 아내와 나는 20년 이상 함께했던 스털링의 한 교회를 떠나 스코틀랜드 북동부의 애버딘(Aberdeen)으로 이사했다. 두 도시 간의 거리는 그렇게 멀지 않지만(120마일 정도), 교회생활의 측면에서 우리는 다른 행성으로 이주한 것 같았다. 우리가 이사하기 얼마 전에 아내는 스털링 시에 거주하는 꽤 많은 사람을 교회로 초청하는 매우 성공적인 크리스마스 행사를 준비했다.[29]

이 행사에 관한 뉴스는 애버딘에 있는 몇몇 교회 지도자들에게 알려졌고, 그들은 2000년 오순절 주일에 수천 명이 거리로 나와 경축하는 대규모 기독교 행사로 막을 내리는 밀레니얼 프로젝트를 기획하고 조직하도록 내 아내를 초청했다. 이 프로젝트는 지역의 서점에서 주관하는 스토리텔링 워크숍, 빙상 경기장에서 청소년 행사, 유명한 학자들의 강연 시리즈를 포함하여 많은 행사를 포함했다. 이 프로젝트는 감독들과 다른 교파 지도자들로 구성된 지역의 에큐메니컬 팀의 비전이었지만, 우리는 이내 지역 차원에서 교회는 매우 다르다는 것을 발견했다.

내 아내가 성취한 것들과 우리 둘이 선교적으로 진취적인 지도자들에게 얻은 세계적인 명성에 비추어 볼 때, 지역 교회들이 선교사역을 돕는 협력

1998).
28 Michael Riddell, Mark Pierson and Cathy Kirkpatrick, *The Prodigal Project: Journeying into the emerging church* (London, SPCK, 2000), p. 11.
29 이 이야기는 Olive M. Fleming Drane, *Clowns, Storytellers, Disciples* (Oxford, BRF, 2002), pp. 211–18에 자세히 설명되어 있다.

사역자로 우리 중 하나 혹은 우리 둘을 모셔가려고 줄을 섰을 것이라고 예상했을 것이다. 그런 일은 일어나지도 않았을 뿐더러 그들 대부분은 공개적으로 적대적이었다. 한 교회는 우리를 교회 구성원으로조차 여기지 않았기에, 자신들의 사역에 합류하는 것을 생각조차 하지 말라고 우리에게 말했다.

이 전에 나는 교회로 '진입하는' 것이 얼마나 어려운지 믿을 수 없었다. 재정적인 어려움을 겪고 있는 교회가 가능한 한 많은 사람을 환영하지 않을 것이라는 생각은 아직도 나를 놀라게 하는데, 특히 그들이 무보수로 사역할 수 있는 경우라면 더욱 그렇다.

그러나 만일 예배 공동체의 일원이 되기 원하는 사람들이 그런 정도의 저항에 직면한다면, 그런 교회들이 이전에 기독교 신앙을 갖지 못한 사람들과 연결될 어떤 기회가 있을까?

나는 이 문제에 대해 다른 사람들에게 이야기하며, 이런 적대감이 일반적인 현상이며 실제로 많은 그리스도인의 태도에 깊이 각인되어 있다는 것을 깨달았다. 새 신자들에 대한 관대함은-그들에게 우호적인 모습을 보이기는커녕-그들의 레이더에조차 잡히지 않는다. 만일 이 모든 것이 조금 과하게 방종인 것처럼 들린다면, 나만이 그런 태도에 관심을 두고 있지 않다는 것을 주목해야 할 것이다.

경험이 풍부한 성인 교육자인 제프 애슬리(Jeff Astley)는 이 현상을 신자들의 영적 양육과 연관된 주요 이슈로 인식하며, 많은 그리스도인 가운데서 발견될 수 있는 일종의 반감(disaffection)은 '소비자의 사소한 불만'(dissatisfaction)의 문제가 아니라 심각한 결점에 관한 심각한 불평(complaint)이라고 주장한다. 그는 '솔직하게 교회는 그저 너무 많은 폐기물을 갖고 있다"라고 덧붙인다.[30]

---

[30] Jeff Astley, *Ordinary Theology* (Aldershot, Ashgate, 2002), pp. 36–7.

이런 견해는 진지한 학자들의 주장이다. 여기서 나는 모든 교회가 그렇지는 않으나, 우울하게도 많은 교회-교파들과 신학적 신조들-가 그렇게 보인다는 사실을 언급하고자 한다. 아마도 신자들도 경험할 수 있는 소외감과 거부감에 대해 해명할 수 있는 많은 설명이 있을 것이다. 그러나 교회 공동체의 삶의 측면에서 이 모든 것은 매우 간단하지만, 도전적인 이슈이다.

만일 복음이-사랑과 희락과 화평과 오래 참음과 자비와 충성과 온유와 절제(갈 5:22-23)는 말할 것도 없고-용서와 수용과 공동체에 관한 것이라면, 너무 자주 판매되는 제품과 실제로 배달된 물건 간에 심각한 신뢰 차이가 존재한다.

만일 정기적으로 예배에 참석하는 신자들이 하나님 나라의 가치들을 발견하는 데 실패한다면, 의미 있는 공동체를 찾는 잃어버린 많은 사람이 교회 안에서 그런 공동체를 발견할 기회가 있겠는가?

우리가 교회를 좋아하든 아니든, 오늘날 소비주의 문화에서 사람들이 그리스도를 믿는 것이 그들의 삶을 풍요롭게 할 수 있다는 것을 인식하도록 만들기 위해 교회가 단순히 교인으로 존재하는 것 이상의 행동을 해야 한다는 사실을 깨닫는다.

그러나 마케팅이 물건보다 더 나을 때 무슨 일이 일어나는가?

신학적 충실함뿐 아니라 사회적 통합의 중요성은 신약성경의 중심이다. 의미 있는 선교와 제자의 질적 관계를 직접 연결한 분은 예수님 자신이다 (요 13:35). 사람들이 교회와 연결되는 많은 이유가 있지만, 그들이 교회에 정착하도록 격려하는 것은 오직 한 가지인데, 그것은 친구를 찾는 것이다.

칼 뷰크너(Carl W. Buchner)의 주장은 모든 인간관계에 기초가 되는 메시지를 전달하기 때문에 자주 인용된다.

> 그들은 당신이 말한 것을 잊을 수 있지만, 당신이 그들을 어떻게 느끼게 했는지는 절대 잊지 않을 것이다.

물론 예수님은 제자들에게 이런 상황을 어떻게 다루어야 하는지를 가르쳤다(눅 10:10-12).

그런데도 교회 안에는 여전히 복음의 핵심인 공동체를 숙고하려고 애쓰는 많은 선한 사람이 있다. 우리가 의미 있는 공동체를 형성하는 데 있어서 명백한 부정적 요인은, 과거에 교회는 참된 공동체였으나 이제는 그렇게 여길 수 없다고 가정하는 경향이다. 예배에 모이는 사람들이 단지 같은 시간에 같은 장소에 있다는 이유로 자동으로 공동체 구성원이 된다고 생각하기 쉽다.

농촌 공동체에서는 사람들이 함께 살며 일했고, 주일날 교회에서 일어난 일은 단지 기존 관계망의 또 다른 측면이었듯이, 그것은 항상 역사적인 사실이었다. 산업혁명이 일어나던 시기에 노동자들은 대개 기존의 공동체에서 예배하려고 고용주들이 지은 교회에 모였는데, 그 당시에도 유사한 공동체가 형성되었다. 새 신자들의 지속적 유입(대부분 교외에서 탈출하는)은 이런 형태에 영향을 미칠지라도 지금도 농촌처럼 이런 방식이 분명히 통하는 지역이 여전히 있다.

그러나 일반적으로 예배와 공동체의 일상생활 간에 내재하는 매우 긴밀한 연계성이 사라졌으며, 교회 안의 많은 사람은 오직 친밀한 타인들로 서로를 알 뿐이다. 이 상황에서 분명히 예배에 참석하는 사람들이 일반적인 공동체가 아닐 때, 그들을 공동체라고 상상하는 것은 역효과를 낳는다. 그들이 공동체라고 주장하고 서로를 더 잘 알아야 한다고 느끼기 때문에 죄책감을 유발하게 될 것이다. 우리는 공동체를 경축하기 전에, 먼저 공동체를 형성하려고 노력해야 한다.

우리가 예배 스타일에 관한 논쟁을 떠올리든 아니면 모든 사람이 정해진 형태를 맞추어야 하는 과도한 합리적 구조들과 위원회들에 대한 불만족과 그에 따른 기대들을 떠올리든, 오늘날 교회의 삶에 존재하는 큰 불안은 공동체의 결핍에서 발생한다.

패스트 푸드 매장에서 일어나는 대다수 절도 사건들은 자신들이 받은 처우에 대해 불만을 품은 고용인들에 의해 저질러진다. 교회의 삶에서 맥도날드식 관행들이 다른 사람들과의 비인간적이고 모욕적인 관계를 통해 복음의 핵심 가치를 훼손하는 분노하는 사람들을 만들 수 있다는 것을 곰곰이 생각해 볼 만하다. 사도들의 주 관심은 신자들이 서로를 세우고 믿음을 양육하는 교회를 만드는 것이었고, 이런 유대감(코이노니아)을 훼손하는 행위가 교리적 차이들보다 더 해로운 것으로 여겨 졌다는 사실은 주목할 만하다.[31]

현재 모든 계층의 사람들의 일상생활에 피해를 주는 소외, 분열 그리고 개인적 상실감을 효과적으로 다루는 방법을 발견하는 교회는, 참된 '그리스도의 몸'이 될 자격을 갖춘 양육을 위한 처소가 될 뿐 아니라, 시민사회에 중대한 공헌을 할 것이다.

4. 영적 공동체의 재창조

교회갱신을 위한 어떤 모델들이 있을까?

교회가 침체하고 있지만, 어떤 교회들은 성장하고 있기에, 그 대답은 긍정적이다. 교회에 환멸을 느껴 다른 교회로 떠난 신자들로 인해 어떤 교회들은 성장한다(수평 이동으로 인한 교회 성장-역주). 대개 이런 신자들은 교회에 대한 환멸을 그대로 품고 계속하여 교회를 옮겨 다닌다. 다른 교회들이 성장하는 이유는, 교회와 멀리 떨어진 지역에서 살고 있지만 특별한 교회 프로그램을 찾는 신자들을 끌어모으기 때문이다. 그런 교회들이 제공하는 특별한 사역은 매력적인 자녀 돌봄이나 특별한 형태의 설교, 혹은 특별한 삶의 방식이나 다른 여러 가변적인 조건들에 부합하는 예배와 모임 시간

31　Cf. 고전 5:1-5; 요한일서.

만큼 다양할 수 있다.

그러나 이 모든 것들은 한 주제에 대한 변형이며, 그들은 기존의 모임 형태가 교회의 삶에 중심일 것이라고 당연시한다. 비록 현대적인 예배 형태를 대표하는 일종의 승리주의가 인생의 질문들에 대해 영적 대답을 찾는 사람들에게는 진정으로 호소할 것 같지 않을지라도, 그런 생각 자체로 잘못된 것은 아니다. 이것은 오늘날 문화 가운데 교회가 직면하는 고투에 대한 부정의 형태가 될 수 있을 뿐 아니라, 사람들이 경험하는 현실과 지금 우리가 모두 처리하려고 애쓰는 엉킨 것을 이해하지 못한다. 이것은 교회와 연관된 경험이 없는 사람들에게만 영향을 주는 이슈가 아니다.

최근에 나는 한 교회 콘퍼런스에서 어떤 노래도 부르지 못하는 한 교단 지도자의 아내 옆에 서 있었다. 그녀는 그것을 이렇게 표현했다.

'이것은 내 삶이나 다른 사람의 삶의 방식도 아닙니다.'

이런 고려사항과는 전혀 별개로, 많은 전통적 교회는 소속과 공동체에 대한 근본적 문제를 제기하는 데 어려움을 보여준다. 분명히 이같은 형태를 띤 많은 교회는 자신들이 결핍되었다고 생각하는 부분들을 보완하려고 가정 모임과 같은 활동들을 추가해야 할 필요를 느끼는 이유를 설명한다. 그러나 이 외에 전통적 방식들과 더불어 기독교 공동체의 활성화는 이미 교회의 영향권 내에 속하지 않는 사람이나 과거에 교회에 대한 경험이 없는 사람에게 의미가 있을 것 같지는 않다는 것이 분명하다. 마지막 장에서 간략하게 언급되는 켄달시(Kendal)의 영적인 삶에 대한 폴 힐라스(Paul Heelas)와 린다 우드헤드(Linda Woodhead)의 연구는 이에 대한 전형적인 예를 보여준다.[32]

비록 켄달시가 그들이 속한 기관(랭커스터대학교)과 인접해 있기에 연구 대상 지역으로 선정되었을지라도, 켄달시는 보통 사람들의 영적 관심의 단편을 보다 광범위하게 보여줄 수 있는 레이크 지역(Lake District, 영국 북서

---

[32] Paul Heelas and Linda Woodhead, *The Spiritual Revolution* (Oxford, Blackwell, 2005).

부의 호수 지역-역주) 주변에 있는 매우 전형적인 전통적 소규모 공동체다. 그들의 연구조사에 근거하여(2년 동안 수행된) 그들이 '총체적 환경'(holistic milieu)이라고 부르는(다양한 영적 '대안들') 것이 '회중적 영역'(전통교회)보다 더 긴밀하게 사람들의 영적 열망과 부합한다고 결론을 내렸다.

이어서 그들은 회중적 영역이 계속 감소하고 총체적 환경이 증가함에 따라 이 두 영역이 21세기 중반 이전에 거의 같은 규모가 될 수 있을 것이라는 의견을 제시했다.[33] 교외에서든 도심에서든 다른 사람들에게 접근하기 위해서는 우리의 공동의 노력을 통해 개인적 의미를 찾으려는 동기를 고려하여 공동체 자체의 본질에 대한 완전히 새로운 사고가 있어야 한다. 나는 '개인적'이라는 단어보다 '공동의'(corporate)라는 형용사를 의도적으로 사용했다.

비록 피터 버거의 '고향을 잃은 사람들' 현상이 여전히 현실에 만연하지만, 그의 첫 리서치 이래로 변화된 것들 가운데 하나는, 오늘날 '고향을 잃은 사람들'은 의미 탐구가 전적으로 개인주의적이고 내향적일 필요가 없다. 개인뿐 아니라 사람들과 환경 간에 그리고 사실 우주와의 본질적인 상호연관성에 대한 인식과 더불어 관계적 요소를 포함해야 한다는 사실을 잘 알고 있다.

할라스와 우드랜드는 이 접근이 새로운 제2의 기관의 출현을 통해 시작되었다는 견해를 제시했는데, 이 기관은 주요 기관들[전통적인 제도적 기관]과 취약한 자원을 갖고 있는 개인적 성향의 고향을 잃은 사람(homeless self) 간에서 "중도적 방안"(middle way)을 탐구하는 시도이다.[34] 영국 성공회의 선교형 교회(Mission-Shaped Church)[35]에 관한 보고서에 따르면, 영국 성

---

33 Ibid., p. 149.
34 Paul Heelas and Linda Woodhead, 'Homeless minds today?' in Linda Woodhead (ed.), *Peter Berger and the Study of Religion* (London, Routledge, 2002), p. 43.
35 Church of England General Synod, *The Mission-Shaped Church* (London, Church House Publishing, 2004).

공회와 영국 감리교회는 교회의 '새로운 표현들'(Fresh Expressions)의 설립을 촉진하기 위해 두 교단의 역량을 결집했다.[36]

비록 켄달시가 회중적 영역 내에서 매우 다양한 신학적이며 교회론적인 표현들에 관한 사례들을 제시했지만, 그것들은 모두 최근에 한 감독이 내게 묘사한 대로 '교회에 대한 낡은 표현들'이었다. 거기에는 분명히 '이머징 교회'로 입증될 수 있는 것이 없었다. 이 용어의 사용은 기독교 평론가들과 학자들 사이에서 매우 다양한 반응들을 불러일으키는 경향이 있으며, 나는 이 용어가 다양한 문화적 상황에서 사람들에게 분명히 다소 미묘한 의미를 띠는 것이라고 가장 먼저 인정하고 싶다.[37]

이 점에서 이 용어는 오늘날 다른 많은 언어로 영적 탐구의 양상들을 묘사하는 데 있어서 정의(definition)의 문제를 공유한다. 이 용어는 때로 기존 상황에서 관습적으로 존재하던 형태와는 다른 교회의 삶의 혁신적 형태를 묘사하는 것으로 적용된다. 이런 방식으로 이 용어를 채택할 때, 사실상 그것은 재고처럼 보이는 물건을 새롭게 포장해서 내놓는 마케팅 표어가 된다. 캐스터 브루윈(Kester Brewin)은 이런 접근을 통해 잠재적 결핍을 강조한다.

> 내가 이런 '이머징 교회' 프로젝트에 대해 제기하는 문제는, 그들이 여전히 몇몇 문화의 양상들을 '끌어모으고'(train spotting, 기차역에 가서 기차 종류나 철도 노선을 수집하는 취미-역주) 교회를 그것에 끼워 맞춰 최신식으로 만들려는 것이다. 나는 '이머전트 교회'(Emergent Church)의 강조점이 유행하는 것들을 끌어모으기보다 기차 자체가 되며, 문화를 교회 안으로 수입하여 교회를 '멋지게' 만들기보다 '신적 속성을 배태'(wombs of the divine)하게 되고 교회가 완전히 현지 문화 안에서 상황화(rebirth)되어야 한다고 주장하기 원한다···. 나

---

36 http://www.freshexpressions.org.uk
37 For a more extensive discussion of this taxonomy, see John Drane, 'Editorial' in *International Journal for the Study of the Christian Church*, 6/1 (2006), pp. 3–11.

는 이러한 것들이 지속되지 않는 혁명을 촉발하고 단지 전술적인 변화를 가져올 것을 두려워하여 조심스럽게 전진해야 한다고 생각한다.[38]

앞에서 지적했듯이, 그는 지금 우리가 가진 조각들을 단순히 재배치하는 것을 넘어서 기독교 공동체의 형태들을 묘사하려고 '이머전트'라는 용어를 제안한다. 그러나 '이머전트'라는 용어가 특히 북미에서는 '이머징'을 대신하여 널리 사용되고 있으며, 따라서 대화 가운데 또 다른 모호함을 제기하기 때문에, 이 용어는 논점들을 거의 명확하게 규명하지 않는다.[39]

나는 또한 회중으로서 교회라는 전통적 틀 안에 머무르는 혁신에 대해서는 그보다 덜 비판적이라고 말하고 싶다. 복음이 문화에 뿌리내리려면 문화에는 어떤 공통된 맥락이 있지만 오늘날 부활한 전통주의의 형태를 포함하여 문화에는 다양한 형태가 있다는 사실을 인식해야 한다. 어쨌든, 브루원이 주장하는바, 완전히 백지에서 시작하여 진실성을 담보하기 위해 변화하는 현대의 문화적 환경 가운데 표현될 수 있는 참된 제자도를 재구상하려는 시도를 통해 작동하는 '이머징 교회' 안에는 분명히 확인 가능한 요소가 있다.

용어의 명료성 결핍은 그 용어가 표현하는 실재에 대한 분리된 평가들로 귀결되었다. 즉, 이머징 교회 옹호자들이 그것을 촉진하는 중요한 자원을 투입하는 만큼, 전통적 교회 지도자들은 이머징 교회를 참된 신앙의 적

---

38 Kester Brewin, *The Complex Christ: Signs of emergence in the urban church* (London, SPCK, 2004), p. 70.

39 'Emergent'의 정확한 의미 자체는 불분명하다. 이는 일반적으로 근본주의-복음주의적 맥락 내에서 새로운 형태의 교회를 실험하는 미국인들에게서 시작된 것으로 보인다. 이는 보다 급진적인 학자들, 예컨대 마커스 보그(Marcus Borg)와 같은 신학자가 *Jesus: Uncovering the life, teachings, and relevance of a religious revolutionary* (San Francisco, HarperSanFrancisco, 2006)에서 언급했듯이, '이머징 기독교'('교회'가 아님)라는 용어를 사용하는 것을 피하는 방법이다. 그러나 더 세계적이고 신학적으로 다양한 상황에서 활동하는 다른 사람들은 'emerging'이라는 단어가 미국에서 상업 브랜드가 되었고 차별화된 정체성을 확립하는 방식이기 때문에, 'emergent'라는 단어와 거리를 두기 원하는 것 같다.

으로 간주한다. 캔터베리 대주교인 로완 윌리엄스(Rowan Williams)는 현대 문화에는 교회 됨의 새로운 방법들이 있으며 요구되는 것은 상호 동반자 협력을 통해 기존의 일과 새로운 일을 통합하는 '혼합경제'(mixed economy)라는 관점을 촉진하는 (교회의) 새로운 표현들(Fresh Expressions of Church)이라는 계획에 상당한 신학적 무게를 두는 한편, 미국 신학자인 돈 카슨(Don Carson)은 이머징 교회 운동을 복음의 왜곡으로 일축했다.[40]

그러나 그 주장들이 실제로 같은 것을 언급하는지는 불확실하다. 비록 그런 준거틀(이머징 교회의 세계관-역주)에서 그들의 주장이 실질적인 신자들의 실천을 고려하지 않고 대개 미국 '이머전트' 운동의 지도자인 브라이언 맥라렌(Brian McLaren)의 저술에 전적으로 초점을 둔 다소 독단적인 분석을 제공할지라도,[41] 돈 카슨의 비판은, 다른 진영들의 '포스트 복음주의'(postevangelicalism)로 명명할 수 있는 주장에 대한 것처럼 보인다.[42]

다른 한편, 로완 윌리엄스는 복음과 전통과 문화가 다음과 같은 근본적 질문들을 함께 다루기 위한 진정한 선교적 참여를 촉진하는 데 관심을 두고 있다:

어떻게 우리는 현대 포스트모던 문화에서 예수님을 신실하게 따를 수 있을 것인가?

새로운 문화적 환경들을 위한 포도주 가죽 부대들은 어떤 모습일까?

어떻게 복음과 문화의 대화가 대화 파트너들 양자를 확증하고 도전할 창조적인 대화를 가져올 수 있는가?

---

40 D. A. Carson, *Becoming Conversant with the Emerging Church* (Grand Rapids MI, Zondervan, 2005).
41 Especially Brian D. McLaren, *A New Kind of Christian* (San Francisco, Jossey-Bass, 2001); see also his *A Generous Orthodoxy* (Grand Rapids MI, Zondervan, 2006).
42 Cf. Dave Tomlinson, *The Post-Evangelical* (London, Triangle, 1995; revised North American edition: Grand Rapids MI, Zondervan, 2003).

이머징 교회에 대한 이런 이해가 중요한데, 그 이유는 그것이 정확하게 '고향을 잃은 사람들'의 개념을 암시하는 주변부의 제한된 장소(liminal place, 이 용어는 라틴어 *limen*에서 유래하며 그 의미는 '문지방'[threshold]이다)에 위치하기 때문이다.

영국 성공회에서 오랫동안 성공적인 이머징 교회의 지도자들 가운데 하나인 벤 에드손(Ben Edson)은[43] **리미널리티**(liminality)라는 용어를 맨체스터 시의 도시 종족들 가운데서 그들의 사회적 상황을 이해하는 방식으로 채택했으며, 인류학자 빅터 터너(Victor Turner)가 '**커뮤니타스**(communitas)라고 불렀던 용어를 제시하면서 그는 이 용어가 이머징 교회에 대해 숙고하는데 유용하다는 것을 발견한다. 터너에게 커뮤니타스는 제한기에 있는 주변인들의 공동의 삶을 특징짓는 일종의 경험을 묘사하는 방식이다.

커뮤니타스가 제한적인 상황에서 생기기 때문에 포스트모더니티(자체적으로 리미널리티의 문화)와 연관된 교회는 당연히 자신이 제한적 상황에 있다는 것을 발견한다.[44]

이 모든 것은 교외에 사는 많은 사람이 경험하는 고독감과 연관될 뿐 아니라 도시 종족들의 부상을 상기시킨다. 또한, 그것은 최고의 한계상황에 처한 인물(liminal person)로서, 제자들에게 본보기를 보여주어 따르게 한 예수님의 사역의 핵심 측면들과 연결된다(요 20:21). 확실히 리미널리터에 대한 터너의 묘사는 성경적 인물을 쉽게 모델링할 수 있었다.

예언자들과 예술가들은 한계에 처한 주변부의 인물이라는 경향을 띤다…. 이들은 현재의 지위를 고수하고 역할극과 관련된 진부한 표현에서 벗어나 실제로 또는 상상 가운데서 다른 사람들과 활력적인 관계를 맺으

---

43 http://www.sanctus1.co.uk
44 Ben Edson, 'An exploration into the missiology of the emerging church in the UK through the narrative of Sanctus1', in *International Journal for the Study of the Christian Church*, 6/1 (2006), p. 31.

려고 열정적이고 성실하게 노력하는 사람들이었다.[45]

에디 깁스(Eddie Gibbs)와 라이언 볼저(Ryan Bolger)는 『이머징 교회』(*Emerging Churches*)에서 9개의 이머징 교회의 핵심 표지 가운데 하나로 '예수님과 동일시'(identifying with Jesus)를 포함한다.[46] 그러나 이것은 단순히 많은 표지 중 하나가 아니라 다른 8개의 표지를 결정짓는 근본적인 토대이며, 이머징 교회가 기독교 공동체와 관련된 광범위한 논의를 확산하고 있는 가장 중요한 공헌들 가운데 하나라고 주장할 수 있다.

그들이 제시하는 다른 핵심 표지들 또한, 예수님의 사역의 근본적 특징들이었다. 세속적 공간의 변혁, 공동체로 살아내기, 낯선 사람들에 대한 환대, 관대한 섬김, 생산자로서 참여, 창조하는 피조물, 지체로서 지도자 그리고 고대와 현대 영성의 통합. 예수님은 믿음의 대상이 아니라 따라야 할 본보기로서 이머징 교회의 중심이다. 이것은 대다수 평론가가 인식하는 것보다 더 큰 변화다. 그것은 예수님의 전 생애 이야기를 그의 탄생과 죽음에 관한 진술들 사이에 있는 단일 문장으로 요약하는 역사적 신조들을 훨씬 넘어서는 것이다!

또한, 그것은-그렇더라도-어떻게 역사적 예수가 신앙의 예수를 위한 필수적 기초가 되며, 예수님이 실제로 살았고 사역을 했다는 확실한 정보를 제공하므로 신약성경의 복음서들이 본질적으로 전기적(biographical)이라는 견해를 확고하게 지지하는가에 관한 20세기의 모든 논쟁적 주장들을 초월한다.[47] 특히, 이머징 그리스도인들은 하나님 나라에 관한 예수님

---

45 Victor Turner, *The Ritual Process* (Chicago, Aldine, 1969), p. 128.
46 Eddie Gibbs and Ryan Bolger, *Emerging Churches* (Grand Rapids MI, Baker Academic, 2005).
47 '역사적 예수 탐구'가 제기한 문제에 대한 조사와 요약을 보려면 다음을 참조하라. Gregory W. Dawes (ed.), *The Historical Jesus Quest* (Louisville KY, Westminster John Knox Press, 1999). 그리고 고대 전기로서의 신약 복음서에 대해서는 다음을 참조하라. Richard A. Burridge, *What are the Gospels?*, 2nd edn (Grand Rapids MI, Eerdmans, 2004); Richard J. Bauckham, *Jesus and the Eyewitnesses* (Grand Rapids MI, Eerdmans, 2006).

의 가르침을 진지하게 다루므로, 예수님이 다른 사람들과 관계를 맺으시는 방법을 배우기 원하며, 그들이 할 수 있는 한 예수님을 본받아 따르기 원한다.

더욱이 그것은 그냥 과거로 돌아가는 것이 아니라 현재의 살아있는 실재다. 요점은 '예수님이라면 어떻게 하실까?'(What would Jesus do?)라는 유명한 범퍼 스티커(bumper sticker) 문구가 아니라, '예수님은 무엇을 하시는가?'(What is Jesus doing?)라는 보다 정교한 신학적 질문이다. 예수님의 삶과 죽음과 부활과 깊이 연관된 신학적 의미들에 중점을 두기보다는 이런 식으로 예수님의 이야기를 하는 것은 기독교적 사고의 거대한 패러다임 전환을 의미한다. 그러나 미묘하지만, 매우 중대한 차이는 하나님의 사역을 이해하므로 복음의 부르심을 이해하는 방식으로서 소위 하나님의 선교(missio Dei, 'mission of God')라는 성경적 개념에서 나온다. 비록 하나님의 선교라는 용어가 만들어지기 전인 20세기 중반, 1932년에 처음으로 선교란 교회의 프로그램이라기보다 하나님의 활동으로 이해되어야 한다고 제시한 신학자는 칼 바르트(Karl Barth)였다.[48]

많은 사람이 느끼는 것으로서, 종교 기관에서 소외되었으나 영적 의미와 목적을 위한 실존적 탐구를 포기하지 않는 본질적 가능성을 고려해 볼 때, 교회가 행하는 것에 관해 묻는 것을 멈추고 하나님이 하시는 것에 새로운 초점을 가지고 나가는 것은 신학적으로 필요할 뿐 아니라 실용적이고 합리적이다. 실로 이 세상은 하나님의 것이며, 하나님은 이 세상에서 일하신다는 개념과 하나님이 일하시는 세상과 의도적으로 세상과 타협하는 것을 분별하라는 부르심에 참여한다는 교회 됨의 개념은 많은 이머징 교회의 기초다. 이 모든 것이 우리에게 다른 방식의 사고를 요구하며 현재 우리가 인식하는 것보다 더 넓다.

---

48   David J. Bosch, *Transforming Mission* (Maryknoll NY, Orbis, 1991), pp. 389-93.

우리는 지금까지 해온 것보다 더 철저한 방식으로 이 사고의 기저에 놓인 근본적인 신학적 질문을 제기해야 한다.

그것은 여기서 다룰 수 있는 것보다 더 큰 질문이며, 단지 그것을 명명하는 것은, 왜 그래야 하는지를 보여줄 것이다.

간단히 말해서, 그리스도 중심의 신앙 공동체 됨의 의미를 위한 모델을 어디에서 찾는가?

물론 우리가 전통적인 교회론적 이해들을 통해 그 해답을 찾을 수 있다. 비록 그런 이해들이 교파적 전통에 따라 매우 다양할 수 있지만, 이런 논의에 반영되는 주요 요소들은 분명히 성경과 전통으로 충분하다.

성격유형과 개인적 선호도(내 의견으로)처럼 역사는 큰 역할을 담당한다. 대개 역사는 독립적으로 형성적 영향이라기보다는 우리가 성경과 전통을 보는 견해를 침해하는 부수적인 고려사항으로 간주했다.

마지막 장에서 언급되듯이, 문화적으로 말하면 오늘날 기독교 왕국 시대는 끝나고 그리스도인들은 사회에 참여하는 다른 방식을 찾아야 한다는 폭넓은 인식이 있다. 우리는 실질적으로 기독교 왕국의 끝이 우리의 모든 교회론에 깊이 스미는 핵심적인 역사적 요소를 제거한다는 사실을 종종 인식하지 못한다. 이런 경향은 개혁주의 전통과 성공회 전통 그리고 가톨릭 전통에 나타나는 것처럼 전통적인 자유교회(감리교회, 회중교회, 침례교회 등)의 교회론에도 동일하게 나타난다.

우리가 전통적인 교회론 내에서 교회를 정의할 때마다, 이런 전통적인 형태들은 자체적으로 콘스탄틴주의(Constantinianism)의 현현이며 많은 경우 그 구조들은 로마제국의 통치방식(governance)과 거의 같으므로, 항상 기독교 왕국 형태의 교회를 추구한다.[49]

---

49 이에 대한 자세한 내용은 다음을 참조하라. John Drane, 'From Creeds to Burgers: religious control, spiritual search, and the future of the world', in James R. Beckford and John Walliss (eds.), *Theorising Religion* (Aldershot, Ashgate, 2006), pp. 120–31. Also in abridged form in George Ritzer, *McDonaldization: The Reader*, 2nd edn (Thousand Oaks

이머징 교회가 교회론보다 기독론을 우선시할 때, 대부분 교회 지도자들이 인정하는 것보다 현 상태에 대해 훨씬 더 전복적이다. 더욱이 그것은 예수님의 인성에서 우리의 뿌리를 재발견하고 제자도와 하나님 나라에 대한 그의 급진적 이해에서 기독교 공동체를 재형성하도록 우리를 초대하므로 성경의 본질로 돌아가도록 요청한다는 점에서 전복적이다. 내가 (다른 몇몇 사람들과 달리) 이렇게 말하는 것은, 로마제국과 중세 시대 그리스도인들이든 종교개혁자들이든 우리가 과거 세대 그리스도인들에 대해 냉소적이고 부정적인 태도를 보여야 한다는 의미는 아니다.

뒤늦게 깨달은 것은 놀라운 일이며, 우리가 선조들과 다르게 행동했을 것이라고 생각하도록 우리 자신을 속이는 것은 너무 쉽다. 논란의 여지가 있지만, 지금 우리가 기독교 역사에서 부정적인 것들로 보는 그것들은 실제로 우리가 처한 상황과는 매우 다른 문화적 상황에서 참된 신앙의 상황화였다. 동시에 우리가 기억해야 할 것은 복음이 근본적으로 과거보다는 미래를 지향한다는 것이다. 레이 앤더슨(Ray Anderson)은 '어떤 세기가 우리의 신학을 위해 규범적인가?'라는 도전적인 질문을 제기한다.[50]

그 질문에 대한 그의 대답은 더욱더 급진적이다. 왜냐하면, 그는 어떤 한 세기(1세기조차)도 규범적일 수 없다고 부정하기 때문이다. 그는 대신 어떤 참된 성경 신학에는 항상 미래를 조망하는 '종말론적 우선권'(eschatological preference)이 존재해야 하며, 종말론적 우선권은 '성령의 해방적 실천(liberating praxis)을 기반으로 성경적이고 신학적인 사역의 패러다임'을 제공한다고 주장한다.[51]

    CA, Pine Forge Press, 2006), pp. 197–202.
50 Ray S. Anderson, *The Shape of Practical Theology* (Downers Grove IL, InterVarsity, 2001), p. 104.
51 Ibid., p. 112.

5. 대안적 미래 꿈꾸기

이제 마지막으로 우리는 오늘날 문화적 상황에서 이것이 어떻게 보일지를 물어야 한다.

우리의 선조들이 유지했던 전통적 기반이 더이상 신뢰할 만하고 실제적이지 않은 것처럼 보이는 시대에 예수님에 대한 우리의 지식과 복음의 종말론적 방향이 새로운 소속감을 찾기를 열망하는 세대를 어떻게 양육할 것인가?

바꿔 말하면, 폴 힐라스(Paul Heelas)와 린다 우드헤드(Linda Woodhead)가 주장한 '중도적 입장'(middle way)의 노선을 따라서 복음 중심의 제2의 기관으로 기능할 새로운 종족 공동체는 어떤 형태일까?[52]

1) 유기적으로 연결된 공동체

오늘날 과거 어느 때보다 세상 속에서 개인적 외로움과 우주와의 상호연관성에 대해 인식이 더욱 증대되고 있다. 영적으로 복음 공동체는 전통적인 교파적 형태들과 상관없이 예수님을 따르는 것 같다. 사람들이 교회에 오는 것은 신학적 확신 때문이 아니라 지역의 상황에서 편안함을 느끼기 때문이듯이, 이미 우리는 이런 성향을 교회의 전통적 형태를 통해 보고 있다. 미래의 제자 세대들은 교파에 대해서는 덜 관심을 가질 것이다. 그것은 그들이 교파를 거부하기 때문이 아니라, 모든 전통적 형태를 규범적인 존재방식과 메시지의 부분적 통찰로 간주하기 때문이다.

영적 훈련은 구성원의 출신을 고려하지 않고 전 영역에 걸쳐 채택되며 신실한 제자도를 표현하는 새로운 방식으로 통합될 것이다. 이것은 신학

52　이에 대한 자세한 내용은 다음을 참조하라. John Drane, 'Maturity in the emerging church', in Steven Croft (ed.), *Mission-shaped Questions: Defining issues for today's church* (London, Church House Publishing, 2008), pp. 90-101.

전통 전반에 걸쳐서 일어날 뿐 아니라 시공간을 넘어서 일어나는 것으로 보기에, 성경 그리고 현대 예술가들과 화가들과 음악가들의 통찰들과 더불어 켈트 성인들이 제시한 통찰은 중세 수도원 운동에서 유래한 개념들과 완벽하게 융합될 것이다.

그러나 만물의 유기적 통일성을 위해 전통적인 성·속 분리를 극복하듯이, 연결성에 관한 탐구는 명시적으로 '종교적' 사안들로 보이는 것들에 국한되지 않고 개인의 내적 발달뿐 아니라 사회정의와 환경보호의 영역으로 확장될 것이다. 이런 온전함(wholeness)의 선구자이며 상징인 예수님을 따르는 것은, 신실함이란 조직의 멤버십에 의해 정의되는 것이라기보다 주님과 함께 걷는 것으로 입증된다고 확신하는 사람들과의 진정한 여정을 위한 공간을 창출할 것이다.

내게 이 주제는 현 세계에서 기독교 선교와 관련된 핵심 사안이라고 보이기에, 다음 장에서 이에 관해 더 이야기할 것이다.

2) 영적이고 성육신적인

광범위한 문화가 기독교 왕국의 규범들에서 벗어났듯이, 다양한 기독교 집단들은 의미 있는 문화에의 참여로부터 점차로 퇴거했다. 기술 발명품들과의 모든 접촉을 피하는 아미시(Amish)와 같은 집단이나 섹스를 금지하여 수적 감소를 초래한 쉐이커(Shakers)는 극단적인 것처럼 보일 수 있으나, 이와 동일한 경향이 다른 많은 집단 가운데서 나타날 수 있다.

'세상에 있지만, 세상에 속하지 않는다'(in the world, but not of it)는 성경 구절은, 하나님이 사실상 세상을 포기하셨다고 믿고 대신 천상의 세계로 퇴거하였기 때문에 광범위한 문화와 연결되는 것을 두려워한 많은 사람을 위한 일종의 주문이 되었다.[53] 이런 고립주의는 논쟁의 소지가 있지만, 현

---

53 신약성경에 '세상'이라는 개념이 문화(그 자체로 영적으로나 윤리적으로 중립적임)를

실은 너무 명백하며, 교회 밖의 많은 무신론이나 불가지론보다 교회의 선교에 분명히 더 심각한 해를 입혔다. 왜냐하면, 20세기 전반에 걸쳐 공적 광장에서 기껏해야 그리스도인의 목소리는 줄어들었고 대부분 전달되지 않았다는 것이 분명하기 때문이다.

우리는 오늘날 많은 소수집단이 이런 사고방식을 갖고 있다는 사실을 다행으로 여겨야 한다. 교회가 진정으로 성육신적으로 예수님과 같이 된다는 의미를 재발견하듯이, 하나님의 선교에 대한 새로운 강조는 이런 사고방식을 형성하는 데 큰 역할을 했다. 이 세상은 하나님의 것이므로 하나님에게 접근이 허용되지 않는 곳은 없기에, 그리스도인들은 가장 적대적인 문화에서조차 하나님의 역사를 발견할 수 있다는 사실을 재차 확인할 수 있었다.

이와 함께 문화의 일부 측면이 복음의 이름으로 도전받을 필요가 있다는 새로운 인식이 있다. 이는 사물을 우리 자신의 개인적인 선호와 편견의 프리즘이 아니라 신적 관점에서 볼 수 있는 영적 분별의 중요성에 대한 새로운 의미를 만들어 낸다.

3) 포용과 환대(손대접)

공동체로 다른 이들을 환대하는 것과 포용적인 공간을 창출하는 것에는 차이가 있다. 포용적인 것은 해방과 위협 모두가 될 수 있다. '우리를 반대하지 않는 자는 우리를 위하는 자니라'(막 9:40)는 말씀에 따라, 예수님은 자신에게 오는 어떤 사람이라도 품으셨으며, 그 과정에서 종교 기관에 제공한 그를 비판할 명분을 종교 기관에 제공한 사람들뿐 아니라 결국 그를 배반한 자도 품었다(눅 7:31-34).

기술하기 위해 사용된 것이 아니라, 세계관을 지칭하는 방식에 대한 오해에 기초한 견해이다. 그것은 복음의 근본 가치에 반대되는 것이었다. 예를 들어, 롬 12:2; 약 4:4; 넓게는 요일을 참조하라.

우리는 우리보다 더 큰 집단에 포함되어야 하므로, 오늘날 종족동맹이 부상하고 있다. 지금 이것은 과거 세대가 필요로 했던 것보다 더 중요하다. 왜냐하면, 문화가 낯선 사람들에 대한 의심을 불러일으키기 때문이다. 이들은 우리가 인식하지 못하는 도시 외곽의 침입자들이 아니라, 일터와 학교에서 매일 보는 사람들이다. 우리 내면의 삶이 무너지고 있는 이때, 우리는 다른 사람들로부터 자신을 보호하기 위해 점점 더 많은 법적 장벽을 만들고 있으며, 이로써 우리가 인간으로서 번영하기 위해 실제로 필요한 지원 네트워크를 스스로 박탈하고 있다.

이것이 예수님을 따르는 사람들이 문화적 규범에 도전해야 하는 자리 중 하나이다. 왜냐하면, 현재 정부가 격려하고 박수를 보내는 종류의 의심은 실제로 복음에 어긋나기 때문이다. 낯선 자들을 환영하는 것은 사회적 필요이자 성경적 원리다.

오늘날 정기적으로 성체성사(Eucharist)를 기념하고 자신들 이외에는 어떤 이들도 성체성사에 참여하지 못한다고 주장하는 낯선 동반자들(strange bedfellows)인 로마 가톨릭교회와 플리머스 형제단만큼 다양한 교회들이 준수하는 성례전적 제약보다 더 참된 하나님 나라의 모습은, 모든 자가 초대받은 큰 잔치(눅 14:15-24)이다. (1세기처럼) 21세기의 진정한 복음적 공동체의 중심이 되는 식별표시는 환대일 것이다. 환대는 받는 사람들뿐 아니라 주는 사람들을 변함없이 축복하는 은사다. 크리스틴 폴(Christine D. Pohl)은 환대(손대접)에 관해 다음과 같이 말한다.

> 의도적으로 주의를 기울이지 않으면 손대접은 우리 삶이나 교회에 어떤 모양으로도 일어나지 않을 것이다. 손대접은 대부분 잊혔고 수많은 현대의 가치들과 충돌하기 때문에, 우리는 의도적으로 손대접에 대한 헌신을 키워나가야 한다…. 손대접은 우리가 그 일에 점점 친숙해짐에 따라 덜 어려워지고 더 '자연스러워'진다. 은혜의 선물이 쉽게 설명할 수 없는 방식으로 그 안에 녹아든다. 우리는 우리 자신을 줄 때 성취감을 경험한다. 하지만 그것

은 설명하거나 예측할 수도 없다.[54]

4) 고대(과거)와 미래

이와 함께 오늘 세계에서 복음의 상황화에 도움을 줄 수 있는 보다 실험적 실천뿐 아니라 역사적 전통에서 배우는 개방성과 가치가 있어야 한다. 실로 상황화에 관한 한, 실험적 실천과 역사적 전통은 밀접하게 연관될 것이다. 왜냐하면, 우리 자신이 새로 만든 형태의 영적 표현을 선호하여 과거 세대의 지혜를 무시해서는 안 된다는 인식이 문화 전반에 걸쳐 확산되기 때문이다. 어떤 이들에게는 현대 상황화의 형태가 항상 안 좋은 것이기 때문에 그들은 돌아보는 것을 좋아할 것이다:

'신앙'은 성도들에게 단번에 주어진 것이 아니었는가?

다른 이들은, 각 세대가 **자체적으로**(*ab initio* for itself) 교회를 재창조해야 한다고 믿으며, 이를 불안하게 여길 것이다. 오늘날 영적으로 잃어버린 바 된 나그네들을 위한 이야기의 중요성은 이미 이 장에서 언급했고, 대부분 현대적인 삶의 주제로 선정되었다. 『X세대』(*Generation X*)라는 소설에서 더글라스 쿠플랜드(Douglas Coupland)는 롤러코스터 같은 삶에서 탈출하여 가능한 한 더 깊은 삶의 의미를 명상하기 위해 사막으로 들어간 친구들의 삶을 묘사한다.

그들 중 하나인 클레어는 침묵을 깨며 일종의 고립되고 약간은 멋진 순간들을 경험하는 삶을 사는 것은 건강하지 않다고 말한다.

우리의 삶이 이야기되지 않으면 삶을 살아낼 방법이 없을 거야.

나는 네 말에 동의해.

---

54 Christine D. Pohl, *Making Room: Recovering Hospitality as a Christian Tradition* (Grand Rapids MI, Eerdmans, 1999), p. 171.

대그가 클레어의 말에 동의한다. 우리는 이것이 바로 우리 셋이 우리의 삶을 뒤로하고 사막으로 온 이유, 즉 이야기를 하는 과정에서 우리 자신의 삶을 가치 있는 이야기로 만드는 것임을 알고 있다.[55]

이것이 정확하게 예수님이 행하셨던 방법인데, **그것은 인간 삶을 온전하게 형성하기 위한 활력적 공헌으로서 그들 자신의 개인적 이야기들을 확증하면서, 사람들을 하나님 나라라는 더 큰 이야기 속으로 초청하시는 것이었다.** 무한한 가능성뿐 아니라 고대의 뿌리를 가진 그 이야기 안에서 살아가므로 신실한 제자들은 희망을 제시할 뿐 아니라 부서지고 무의미한 삶을 살아가는 사람들을 위한 더 위대한 미래를 구현할 수 있다. 로버트 웨버(Robert Webber)는 복음의 고대-미래 축 개념을 통해 미래의 교회도 과거의 교회가 되어야 할 필요성을 설득력 있게 확인했다.[56]

특정 기독교 공동체가 역사적 전통과 그 행동방식을 반영하는 정도는 여러 환경에 따라 다양하겠지만, 교회의 기독론적 기원에 충실한 것이 결코 과거를 전적으로 포기하는 것과 관련되지 않는다. 만일 어떤 이들이 예전을 선호하는 고대의 실천을 채택하면서, 우리 자신의 가장 소중한 몇몇 합의(예전적 전통-역주)를 남겨 놓는 새로운 형태의 영적 공동체의 출현을 촉진하려 한다면, 그것은 기존 교회 지도자들에게 영감을 주는 리더십이 필요할 것이다.

21세기를 위한 '종말론적 선호와 역사적 선례'(Eschatological preference and Historical Precedence) 간의 적절한 균형은[57] 뜻밖에 쾌적한 미지의 영역으로 우리 모두를 잘 인도할 수 있을 것이다.

---

55 Douglas Coupland, *Generation X* (London, Abacus, 1992), p. 8.
56 Cf. Robert E. Webber, *Ancient-Future Fait*h (Grand Rapids MI, Baker Academic, 1999); *Ancient-Future Evangelism* (Grand Rapids MI, Baker Academic, 2003); *Ancient-Future Time* (Grand Rapids MI, Baker Academic, 2004).
57 Ray S. Anderson, *The Shape of Practical Theology* (Downers Grove IL, InterVarsity, 2001), p. 106.

5) 창조적 상상력(Creating and Imagining)

다니엘 핑크(Daniel Pink)는 개념화 시대의 험난한 바다를 항해하는 데 필요한 사람들은 '창조자들과 공감자(creators and empathizers), 패턴 인식자(pattern recognizers) 그리고 의미 창출자…. 예술가, 스토리텔러, 돌봄 제공자, 상담가, 큰 그림을 그리는 자(picture thinkers)'라고 제시한다.[58] 이것은 말할 것도 없이 예수님에 대한 정확한 묘사이다.

이런 진술들이 내포하는 일종의 자발성은 사회학자 리처드 플로리다(Richard Florida)가 전 세계의 문화와 도시 재생에 있어서 '창의적 계층'(creative class)이라고 부르는 사람들이 행하는 일들에 관한 연구와 관련될 뿐 아니라 에단 워터스(Ethan Watters)가 연구 조사한 도시 종족들 가운데서 자연적으로 나타난다.[59]

그러나 창조성은 배경, 교육, 혹은 경제적 지위에 의해 제한되지 않는다. 오히려 기독교적 관점에서 창조성은 하나님의 기본적 속성이다. 창조성은 성경에 나오는 첫 번째 신적 속성이기에 하나님과 공동 창조자가 된다는 것은, 남성과 여성이 하나님의 형상으로 창조되었다는 주장이 의미하는 바를 드러낸다(창 1:27). 복음 중심적인 공동체는 인간과 하나님의 창조적 만남이 일어나는 공간이 될 수 있다.

도시 상황의 재형성을 동반하는 문화변화의 한 측면은 의도적으로 '제3의 공간'(third space)인 창조적 장소들이 전례 없이 늘어나는 것이다. 온라인 저널 「제3의 공간」(In Third Space)은 이런 사고구조를 '관습적 범주들을 초월하는 개념적 영역…. 혼합성과 유동성(hybridity and fluidity) 상태'로 규정한다.[60] 좀 더 쉽게 말하면, 카페 체인인 스타벅스는 고객들이 일(일반적으로 관계가 고도로 구조화되고 맥도날드화된 공간)과 집(흔히 고립과 지루함이 표

---

[58] Daniel H. Pink, *A Whole New Mind* (New York, Riverhead Books, 2006), p. 1.
[59] Richard Florida, *Cities and the Creative Class* (New York, Routledge, 2005).
[60] http://www.inthirdspace.net/main.html

준이 된 공간) 어딘가에 존재하는 새로운 공동체를 창출하고 즐기며 시간을 보낼 수 있는 제3의 공간의 경험으로 홍보하며 이 용어를 적용했다.

스타벅스가 커피 머그잔에 담은 '내가 보는 방식'(the way I see it)이라는 금언(wise sayings)은 일상을 넘어서 그들의 대화를 고양하는 어떤 것을 고객에게 제공하므로 삶의 의미와 목적을 끊임없이 추구한다는 것을 강조하는 데 일조한다. 스타벅스는 이것을 '아주 다양한 개인들 가운데 개방적이고 정중한 대화를 촉진하는 방식'으로 묘사한다.[61] 내가 처음으로 스타벅스 머그잔을 보고 사람들과 커피를 마시며 대화를 나눌 때, 나는 즉시 다음과 같은 생각을 했다.

'교회가 이런 것이 아닐까?'

또는 아마 신학적으로 더 정확하게 표현하자면, '이것은 우리가 교회라고 생각하는 경계선 밖에서 일어나는 일이지만, 실제로 이것이 교회가 아닌가?'

차이를 만들기 원하는 그리스도인들은 이미 그들이 존재하는(전형적인 도심지와 농촌 지역들) 그런 공간들 안에서 일하거나, 공동체를 찾으려는 외로운 사람들을 위한 만남의 공동기반이 없는 곳에서 교회 밖 사람들이 그런 공간(전형적인 교외 지역들)을 만드는 데 도움을 주므로 제3의 문화공간의 일부가 될 수 있다. 예수님은 당시의 문화에서 제3의 공간을 어떻게 점유하는지를 알았으며, 항상 자연스럽게 사람들과 마주치는 상황에서 활용했다. 제3의 공간은 제자들이 양육되고 잃어버린 자들이 대화의 참여자로 초대된 장소였다.

이런 공간이 없이는 신앙 안에서 서로를 세워주는 사도적 명령을 따르기 어렵다. 우리가 물려받은 패러다임은 주일 예배의 모델로 하는 구조를

---

61 http://www.starbucks.com/customer/faq_qanda.asp?name=whitecup. 내가 아는 한, 이 말이 새겨진 머그잔은 현재 모든 국가에서 사용되지는 않지만, 다음 사이트에서 모두 접근할 수 있다. http://www.starbucks.com/retail/thewayiseeit_default.asp?cookie%5Ftest=1

제시했으나, 제자도의 모델을 제공할 수 있는 제3의 공간은 거의 없다.

뮤지컬 **시카고**(Chicago)에 〈미스터 셀로판〉(Mr Cellophane)이라는 노래가 있다. 이 노래는 아무도 자기를 주목하지 않는다고 느낀 한 사람의 외침이다. 마치 그의 존재가 아무에게도 별 관심을 받지 못하듯, 그 또한 눈에 보이지 않는다. 그 노래의 후렴에 흐르는 가사는 이렇다:

> 미스터 셀로판, 그게 바로 내 이름이어야 했어. 미스터 셀로판
> 당신은 나를 꿰뚫어 볼 수 있고, 내 옆을 지나갈 수 있지만 내가 거기 있다는 것을 결코 알 수 없기 때문이야…
> 절대로 알 수 없어 내가 거기 있다는 걸…

이 노래는 애처로운 절규로 끝맺는다.

> '제가 당신의 시간을 많이 빼앗지 않길 바랄게요.'

미스터 셀로판은 오늘날 아무도 알아보지 못하고 알아주지 않은 하찮은 인간군상이라고 느끼는 수백 만의 외롭고 상실감으로 가득한 상처 난 영혼들을 대변한다. 샤론 달로즈 팍스(Sharon Daloz Parks)는 "인간으로서 우리는 '모두 주목받을'(seen) 필요가 있다"라고 말한다.[62] 하지만 그보다 하나님의 형상(*imago Dei*)으로 창조된 인간인 우리는 우리 자신을 위해서가 아니라 하나님을 위해서 가치 있는 존재로 여겨져야 할 자격이 있다. 그 어딘가에는 복음 공동체가 어떤 것인지를 알려주는 단서가 있다.

---

[62] Sharon Daloz Parks, *Big Questions, Worthy Dreams: mentoring young adults in their search for meaning, purpose and faith* (San Francisco, Jossey-Bass, 2000), p. 128.

제3장

선교

다른 많은 전통적 용어와 함께 '선교'라는 단어는 오늘날 정의하기 힘든데, 나는 선교라는 단어를 사용하는 이유에 대해 자주 질문을 받았다. 어떤 사람들에게 선교는 제국주의, 강요, 침략에 대한 너무 많은 이미지와 기독교 왕국 확장이라는 부정적인 측면들을 떠올리게 한다. 이것이 때때로 다른 사람을 무력으로 협박하든 강제적인 '회심'을 통해서 길들이든 그리스도인들이 교회의 선교를 추구하는 방식이었다는 사실을 부인할 수 없다. 또한, 의도적으로 '그리스도를 영접하는 결단'을 하도록 복음을 듣는 사람을 설득하는 심리적 조작 기술을 사용한 복음 전도자들의 호소는 그에 못지않게 학대적인 방식이었다.

스티븐 코트렐(Stephen Cottrell)은 이 설명만으로는 충분하지 않다는 듯이 '선교'가 성경적 단어가 아니라고 상기시키면서, 대신 하나님이 행하시는 일을 말하라고 우리에게 독려한다.[1] 이 모든 것에도 불구하고, (어쨌든) 나는 여전히 그리스도인이 선교적 사명을 가진 사람이라고 말하는 것에 만족한다. 선교라는 단어 자체는 교회 내에서 사용되는 것 이상 훨씬 더 넓게 통용되고 있으며, 신앙 공동체를 포함한 다른 많은 단체가 중요한 목적

---

1   Stephen Cottrell, *From the Abundance of the Heart* (London, Darton, Longman & Todd, 2006), p. xi.

과 가치를 설명하는 편리하고 간단한 방식이 될 수 있다.

분명히 소위 다양한 '사명선언문'(mission statements)은 무의미할 정도로 싱겁지만(많은 교회의 사명선언문을 포함하여), 그것은 선교라는 용어를 완전히 포기하기보다는 힘을 실어 주고 열정을 불어넣고 이해를 추구하는 초대이어야 한다. 그리스도인들이 협의적으로 규정된 이익집단에 의해 자신의 전통적 언어가 장악되는 것을 허용할 때, 그들 자신을 위해서나 궁극적으로는 복음을 위해서도 도움이 되지 않는다.

1. 개인적인 이야기

선교학에 대한 내 개인적인 경험은 내가 '스코틀랜드교회협의회'(Scottish Churches Council) 선교위원회 의장으로 초청된 1980년대 중반에 시작되었다. 그 당시 지역과 국내의 로마 가톨릭교회도 참여하고 여러 개신교 교파에 의해 설립된 스코틀랜드교회협의회는 스코틀랜드 교회의 공식적인 에큐메니컬 본부 조직이었다.[2] 당시 나는 스털링대학교(University of Stirling)에서 전혀 알려지지 않은 비교적 젊은 교수로서 종교학을 가르치고 있었는데, 왜 내가 그 역할을 맡도록 초청을 받았는지 그리고 왜 내가 그 직책을 수락했는지에 대해 종종 궁금했다.

나는 두 번째 질문에 대한 대답을 알고 있다. 나를 초청한 사람은 다른 대학교의 신학 교수였고 스코틀랜드에서 매우 존경받는 인물이었다. 그래서 내가 초청된 것이 너무 예상치 못한 일이라 하나님께서 개입하셨다고 생각했다. 그 후의 사건들은 내 초기 평가를 확증하는 것처럼 보였지만, 내가 그것을 깨닫기 전에 많은 일이 일어났다. 만일 내가 그 위원회가 당

---

[2] 이 조직은 1990년에 로마 가톨릭 신자들을 정회원으로 포함하는 스코틀랜드 교회의 공동 행동(Action of Churches Together in Scotland)으로 대체되었다.

시에 다소 빈사 상태였다고 말한다면-다른 많은 교회 위원회처럼 이 그룹도 훌륭한 역사와 많은 잠재력도 갖고 있었지만, 방향을 잃어버린 것처럼 보였다-그 위원회의 본래 구성원 중 누구도 내가 의장이 되는 것에 동의하지 않았을 것이라고 생각했다.

처음 몇 번의 회의 후에 나는 가능한 한 품위 있게 그 위원회를 폐쇄하거나 아니면 20세기 후반 교회의 선교가 직면하는 현실적 문제와 연결되도록 그 위원회를 새롭게 만들어야 한다고 생각했던 것을 분명히 기억한다. 하지만 선교에 관해 아는 것이 전혀 없다는 사실을 깨달으면서, 무엇보다 나 자신이 도전에 직면했다. 내가 배운 방식은 우리의 모든 선교 활동을 소개하는 몇몇 주요 특징들을 강조하기 때문에 자세히 상기할 만한 가치가 있다.

1980년대 영국 정부는 '정원 축제'(garden festival)라는 개념을 통해 버려진 산업 용지를 재활성화하고 복구하기 위한 전국적인 운동을 시작했는데, 특히 여러 주요 도시들이 비전을 갖고 그 목적을 위한 모금을 하는 것이 가능했기 때문이었다. 그 취지는 대규모 공원 용지를 조성하고, 테마파크의 일부 기능(놀이기구와 엔터테인먼트)을 추가한 후에 여름 시즌에는 상업지역으로 운영하다가 테마파크 기구를 해체하고 조경을 하여 재활성화된 장소를 지역 사회에 환원함으로써 오염된 부지를 정화하자는 것이었다.

이 행사 중 하나가 1988년 글래스고우시에서 계획되었는데, 행사가 시작되기 몇 년 전에 나는 그 행사 관계자들이 나를 행사 발표자로 초청했다. 그해에 행사 관계자들은 우리가 시민들의 관심을 끌기 원하는 제품을 알리는 공개행사로 그 발표를 활용하도록 격려했다. 교회들은 이 행사의 가능성을 재빨리 파악했고, 글래스고우 가든 페스티벌이 진행된 몇 달 동안(내 기억으로는 3월부터 10월까지) 가장 먼저 자리를 잡고 운영된 곳 중 하나는 기도와 예배를 위해 교회들이 세운 임시 건물들이었다.

따라서 위원회가 이 행사를 통해 더 많은 그리스도인의 모임에 기여할 수 있는 선교적 계획이 될 수 있을지 의문을 품는 것은 당연했다. 마침 성서 공회 총무였던 그 모임의 회원은 1988년을 스코틀랜드 성경의 해로 정하자고 제안했다.

그렇게 해서 1986년 어느 가을날 아내와 함께 이 회사를 운영하던 최고 경영자를 만났다. 몇 가지 이유로 그 회의는 인상적이었다. 특히, 우리가 그의 사무실이 있는 임시 건물에 도착할 무렵, 현장이 진흙탕이 될 정도의 폭우를 뚫고 운전하여 회의 장소에 도착했다는 사실이 기억에 남는다. 줄담배를 피우는 그 회사 대표의 사무실 내부는 짙은 담배 연기로 가득 차 있었는데, 공공장소에서 금연을 시행하기 며칠 전에 그런 일이 있었다. 나는 우리가 요구해야 할 사항이 무엇인지 전혀 확신할 수는 없었지만, 성경에 관한 이 특별한 프로젝트를 교회들이 기념할 수 있는 코너가 어딘가에 있을 수 있다고 잠정적으로 제안했다.

나는 다음 질문을 준비해야 했는데, 그 질문은 (예상대로) 왜 아직도 어떤 사람은 성경에 조금이라도 관심을 두는지 그리고 더 유난히 왜 온종일 돈을 만지던 사람들이 열성적인 그리스도인들이 강요하는 그 일을 해야 하는지에 관한 질문이었다. 그 대호는 적당한 날짜를 찾는 것으로 바뀌었기 때문에 그 질문은 정당했고 대답은 분명히 만족스러웠다. 그날의 프로그램이 이미 정해졌고, 우리가 다른 기독교 축제들을 고려하면서, 그 프로그램도 가든 페스티벌이 진행되는 시간대에 포함되었기 때문에, 부활절은 가능한 날짜가 아니었다.

오순절은 그다음으로 가장 가능성 있는 날이었다. 그 회사 대표는 오순절에 관해 전혀 들어본 적이 없어서 신약성경 사도행전에 나오는 첫 번째 오순절 사건에 관한 이야기를 듣고 흥미를 느꼈다(행 2:1-42). 그는 의자에 몸을 기대어 담배에 불을 붙였고, 그가 우리를 빈손으로 돌려보낼 것을 두려워하고 있을 때, 그는 그냥 한 구석에서 경축하는 것 이상의 주제가 될 수 있다는 생각을 피력하면서 모든 엔터테인먼트를 위한 프로그램을 진행하기에 넉넉한 예산과 함께 120에이커(약 15만평)나 되는 행사부지를 우리에게 제공했다.

나는 터무니없는 어리석음이나 신성한 통찰력이라는 일종의 확신을 가지고 우리가 전혀 문제 없이 이 일을 전달할 수 있다고 그에게 확신을 주었다. 집으로 운전하면서 내가 무슨 짓을 했는지, 특히 이 소식을 위원회에 어떻게 알릴지 궁금해하던 기억이 난다. 우리는 선교적이기를 원했으나, 다소 눈에 띄지 않게 그 일을 했다.

그리고 이것은 우리 중 누구도 꿈꿔왔던 것보다 훨씬 더 컸다!

놀랍게도 누군가가 전체 행사를 위해 기금을 제공하려 했기 때문에 위원회는 이 소식을 반겼다. 그러나 우리가 해야 할 작은 일이 있었다. 정원 축제가 방문객들에게 개방되는 기간 동안 매일, 그들은 140시간 동안 프로그램들을 진행해야 했으며, 우리는 일반 방문객들이 접근할 수 있고 수용할 수 있는 기독교적인 형태로 이 프로그램을 제공해야 했다. 사람들이 입장료를 내고 들어가는 것은, 우리가 전통적인 교회보다 조금 더 매력적인 것을 제시해야 한다는 것을 의미했다.

왜냐하면, 이 행사는 주일날 진행될 예정이었으며, 처음부터 정원 축제에서 주일을 보내는 사람이라면 (의식적이든 아니든) 교인들이 아니었기 때문이었다. 그러나 축제가 열릴 무렵, 오후 3~4시경 중앙 광장에서 열리는 축하예배는 말할 것도 없고, 우리는 120에이커 부지에 설치된 20개 이상의 행사 장소에 가능한 한 모든 종류의 예술 미디어를 사용하여 140시간 동안 프로그램을 제공하는 70명이 넘는 개인과 그룹을 확보했다. 행사 당일 47,000명이 넘는 인파가 몰려들어 정원 축제가 열린 전 시즌 동안 단일 최대 방문객을 기록했는데, 이후에 위원회는 영국 정부가 수여하는 상을 받았다.

내가 선교에 관해 알고 있는 대부분은 그 경험에 뿌리를 두고 있다. **하나님의 선교**는 단지 화려한 신학적 구성물이 아니라, 정말로 사실이라는 것을 가르쳐주었다. 실로 하나님은 세상 속에서 일하시며, 특히 그리스도인이 보기에 매우 살아가기 힘든 환경에서조차 일하신다. 그보다, 실로 우리가 말하는 것처럼 복음이 중요하고 하나님이 진정으로 일하시는 분이라면, 우리는 대승적 차원에서 생각할 필요가 있다고 말하면서 내 관심을 끌어낸 사람은 자칭 불신자인 회사 대표였다.

또한, 나는 교인들이 더 넓은 문화에 참여해야 한다는 일종의 편집증(paranoia)이 사실은 그리스도인으로서 공적 영역으로 나가는 것에 대한 자기 유도적인 두려움이라는 것을 깨달았다. 우리가 가끔 상상할 수 있는 것처럼, 다른 사람들은 반기독교적이지 않다. 하지만-이것은 중요한 요점이다-나는 여러 면에서 이전의 내 경험과는 전혀 다른 문화적 상황에서 무슨 일이 일어나고 있는지 들을 준비가 되었기 때문에 유일하게 그런 깨달음을 얻게 되었다.

그것은 예수님이 제자들을 보내시면서 주신 교훈을 따른 것을 깨달은 후에 오로지 내가 되돌아본 것이었다. 좋은 소식을 전하라고 둘씩 보내시며, 복음을 전하기 전에 영접할 때까지 기다리고 영접하는 집으로 들어가 축복하라는 것이다(눅 10:1-12). 나도 그런 공간에서 복음이 실제로 어떻게 보일지 냉정하게 고민해야 했다.

나는 시공간을 초월하여 복음은 같지만(하나님이 같으시므로), 복음이 상황화되는 방법은 다양하고 단지 교회의 메시지를 포착하는 연결 도구로 문화를 사용하는 것 이상으로 훨씬 더 많은 것들과 연관된다는 사실을 이미 이론적으로는 알고 있었다. 그러나 실용적인 측면에서 이를 해결하는 것은 더 창조적인 상상력을 요구했다. 나는 우리의 기억을 일깨우는 마틴 퍼시(Martyn Percy)의 유명한 구절을 좋아한다.

> 오순절의 교훈은, 신학(또는 기독교)이란 항상 방언으로 전달되므로 각자가 자신의 언어로 이해할 수 있다.[3]

---

3 Martyn Percy, *Engaging with Contemporary Culture* (Aldershot, Ashgate, 2005), p. 13.

이 경우 언어는 예술의 형태로 구현되어야 했다. 이것이 내가 경험을 통해 배운 또 다른 교훈이다. 왜냐하면, 교회는 우리가 가끔 인정하는 것보다 훨씬 더 재능과 열정을 갖고 있다는 것이 내게 분명해졌기 때문이다. 그러나 때로 이런 종류의 선교를 위해 중요한 재능을 가진 그리스도인들은 지역 회중에게서 소외되는 것을 발견한다. 왜냐하면, 그들이 할 수 있는 것이 항상 주일 예배의 규칙적인 형태와 맞는 것은 아니기 때문이다.

그런 사람들이 모집되면서 (이미 사역에 있어서 어릿광대의 가치를 탐구하고 있었던) 아내는 엄청난 재능을 가졌으나 교회가 주는 거부감이나 오해받는다고 느끼는 사람들을 상담하는데, 많은 시간을 할애했다.[4] 우리가 문화에 관한 질문에 귀를 기울일 때, 복음을 전혀 듣지 못하는 사람들과 함께하는 여정을 위한 새로운 가능성과 함께 전통적인 교회론에 대한 새로운 도전을 제공할 수 있을 것이다. 또한, 광범위한 문화가 교회분열의 이유에 대한 전이해가 없이도 가장 넓은 의미에서 '그리스도인' 됨을 훨씬 더 수용할 수 있기에, 나는 선교가 에큐메니컬적으로 더 잘 수행된다는 것을 발견했다.

마지막으로, 놀랍게도 나는 제시된 의제들이 모험적이고 창조적이며 선교를 중심으로 이루어진다는 것을 전제로 한다면, 전통적 사역 방식을 바꾸기 위해 교회의 관료체제를 바꾸는 것이 가능하다는 것을 알게 되었다. 오순절 주일은 확실히 전통적 절기이지만, 글래스고우의 로마 가톨릭 대주교는 자신과 성도들이 오순절 행사에 참여할 수 있도록 그 시간을 조정했다.

마찬가지로 문제가 된 해의 오순절 주일은 에든버러에서 스코틀랜드 교회 총회가 열리는 주일이고 한 도시에서 다른 도시로 사람들을 수송하려고 코치들이 배치되었다. 다른 교단들도 평소의 예배 형태와 비슷한 방식을

---

4   어릿광대 사역에 관해서는 다음을 참조하라. Olive M. Fleming Drane, *Clowns, Storytellers, Disciples* (Minneapolis MN, Augsburg, 2004).

취했다. 그 경험이 내 사역에 미친 영향을 아무리 강조해도 지나치지 않을 것이다. 그것은 포스트모던 문화에서 선교에 대한 내 이해에 영향을 주었고, 전통교회가 아직 그리스도를 알지 못하는 사람들과 함께 복음의 좋은 소식을 나누는 창조적인 방향으로 나아가면서 그들의 영향과 관련하여 낙관주의적 태도를 낳았다.

또한, 그것은 수용 가능한 것에 대해 매우 협의적으로 정의하는 경향을 띠는 학문적 신학 공동체 안에서 나 자신이 소외되는 것을 발견하기 시작한 지점을 보여주었으며, 영국 학계에서 이론가이자 실천가가 되는 것이 (특히, 만일 당신이 신학적으로 성공한 것처럼 보인다면) 취약한 위치에 처하게 한다는 것을 발견했다. 심지어 '복음주의자'로 자신을 선전하는 사람들조차 교회 건물의 한계를 넘어서지 못하고 복음 전도를 해부하고 분석할 대상으로 여기는 경향이 있다.

2. 출발점

만일 내가 어떤 학문적 경력에 대한 전망을 원했다면, 그런 활동을 내 학문적 관심과는 분리해야 한다는 친구들의 친절한 조언에도 불구하고, 나는 이미 문화변화와 상황화에 관해 성찰하며 집필 작업에 들어섰다. 또한, 그 행사는 내 아내의 사역에도 깊은 영향을 미쳤는데, 이 장에서 내가 말하고 싶은 것은, 우리 둘이 최근의 책에서 펼쳐놓은 실을 엮는 것이다.

모든 것에 대한 거대이론을 설명하려는 노력은 항상 어려움이 따르기 마련이어서, 비록 우리 둘이 여러 콘퍼런스에서 내가 알고 있는 한두 개의 형성적 아이디어(formative ideas)를 근거로 강연할 때, 꽤 많은 사람이 우리의 강연에 관해 흥분했더라도, 내가 여기서 만들려는 접촉점이 이 주제에 관한 최종적 발언은 아니라고 예상한다. 이 주제를 반영하는 책은 아내가 쓴 『영성으로 가는 길』(Spirituality to Go)과 내가 쓴 『교회의 맥도날드화』

(*The McDonaldization of the Church,* CLC刊)와 『그리스도인과 영성』(*Do Christians Know How to Be Spiritual?*)이다.[5]

　이 책들은 아내와 내가 열정을 가지고 쓴 책이기 때문에 불가피하게 일부 동일한 주제들이 나타나기는 하지만, 시리즈를 구성하려고 의도적으로 쓴 것은 아니다. 그러나 사람들이 서점과 세미나에서 이 세 권의 책이 어떻게 연결될 수 있는지를 묻기 시작했을 때, 나는 그 질문에 대한 가능한 대답에 대해 숙고하기 시작했다. 그렇게 하여, 나는 오늘날 교회 앞에 열린 선교적 가능성에 대한 새로운 이해를 형성하기 위해 함께 엮을 수 있는 세 가지 특정한 요소들을 확인했다.

　첫 번째 책『교회의 맥도날드화』에서 내가 제안한 7개의 집단인 절망적인 가난한 자, 쾌락주의자, 전통주의자, 영적 탐구자, 공동의 성취자, 세속주의자 그리고 냉담한 자는 선교에 관해 생각할 수 있는 유용한 틀을 제시했다.

　『그리스도인과 영성』에서 나는 '영성'과 '영적' 이 두 용어가 더 넓은 문화에서 사용되는 세 가지 주요 방식인, 생활양식, 훈련 그리고 열정을 식별하는 스펙트럼을 제시했다. 그리고 기독교 신앙과 현재 서구사회의 고유한 것으로 보이는 영적 의미에 관한 탐구를 연결하기 원하는 사람들이 직면하는 도전을 식별하는 방법으로 그 스펙트럼을 채택했다.

　『영성으로 가는 길』의 부제는 '일상생활을 위한 의례와 성찰'(rituals and reflections for everyday life)인데, 이 책은 우리가 행하는 모든 일상적인 것들이 의도적인 영적 성찰과 실천의 초점이 되는 일련의 방법들을 제시한다.

---

[5] Olive M. Fleming Drane, *Spirituality to Go: Rituals and Reflections for Everyday Living* (London, Darton, Longman & Todd, 2006); John Drane, *The McDonaldization of the Church* (London, Darton, Longman & Todd, 2000); John Drane, *Do Christians Know How to Be Spiritual? The Rise of New Spirituality and the Mission of the Church* (London, Darton, Longman & Todd, 2005).

나는 이 개념들에 관해 생각하면서, 그것들이 연결될 수 있을 것이라는 생각을 하기 시작했고, 그 과정에서 일련의 가능한 연결이 있을 뿐 아니라, 그것이 21세기를 위한 몇 가지 선교의 전략적 측면을 재상상하는 데 사용될 수 있다고 생각했다.

이에 대해 더 자세하게 살펴보기 전에, 원래 내가 설명했던 7개 집단에 대한 견해를 생각해보자. 『교회의 맥도날드화』를 쓸 때, 나는 이 특정 분류 체계의 유용성과 그 밖의 다른 경우에 관해 숙고하는 데 많은 시간을 사용했다. 그날의 기분에 따라 제안된 장은 포함되거나 쓰레기통에 버려졌다. 내가 선입견을 갖게 된 이유는, 책에 나오는 다른 모든 것과는 달리, 이들 집단이 별개로 존재한다는 것을 뒷받침하는 경험적 증거가 전혀 없다는 사실을 의식하고 있었으며, 그 집단들이 오늘날 교회의 과업을 성찰하는 유용한 렌즈를 제공할 수 있다는 생각은 더욱 없었기 때문이다.

내가 그것을 확인하는 과정은 미래에 대한 그들의 열망과 야망뿐 아니라 내가 만난 사람들에 관한 반사적인 예감과 그들이 삶에서 겪는 어려움에 근거한 것으로서 완전히 직관적이었다.

그런데 이 책의 평론가들이 이 범주들과 연관된 기시감(데자뷔, sense of déjà vu)을 보도했을 때, 내 놀라움을 상상해 보라. 지금까지 여러 해 동안 나는 워크숍과 콘퍼런스에서 성직자들과 다른 이들에게 이 스펙트럼을 사용했고, 아무도 이 집단들에 대한 경험적 근거를 확인하려고 애쓰지 않았다. 그런데 모든 사람은 이 그룹이 오늘날 서구 문화에 잘 맞으며, 내가 발견한 것은 고무적이면서도 다소 불안한 점에서, 다른 사람들의 인식과 일치한다는 것을 수긍하는 듯하다.

그것은 뱀이 자기 꼬리를 먹는 꿈을 통해 어떻게 벤젠분자(benzene molecule)의 형태를 확인한 프리드리히 어거스트 케쿨레 본 스트라도니츠(Friedrich Kekule von Stradonitz)의 설명을 상기시켰다. (비록 비이성적이지는 않지만) 비합리적인(non-rational) 통찰을 진지하게 받아들인 그는 벤젠이 원형구조를 띠고 있음을 지속해서 증명할 수 있었다. 그런 경험들을 이해하는 많은 방법이 있다.

신경학적으로 그것은 정의하기 어려운 우뇌 영역의 창조성에 의해 전달된 좌뇌 중심의(합리적) 사고의 문제일 수도 있다. 그리스도인은 의심할 여지 없이 우리가 달리 생각하지 못하는 발상을 제시하므로 '네게 모든 것을 가르치는'(요 14:26) 성령의 사역을 불러일으키기를 원할 것이다. 다른 이들은 이런 종류의 합리적인 인과관계와 연관된 질문을 하는 것은, 단지 우리가 우주의 실제 모습과 동떨어져 있다는 것을 보여줄 뿐이며 모든 만물이 (지혜를 포함한) 결코 완전히 이해할 수 없는 방식으로 서로 연결되어 있다는 것을 받아들이는 편이 낫다고 주장할 수도 있다.

그 설명이 무엇이든, 나는 최근 몇 년 동안 우리가 '순전한'(mere) 직관으로 사고하도록 배운 것-혹은 그 직관이 오히려 타당한 경험적 증거가 될 수 있다는-이 충분한 근거를 가진 증거뿐 아니라 경험적 연구에 기반하여 자세하게 설명할 수 있을 만큼 가치가 있다는 것을 분명하게 깨달았다.[6] 오늘날의 세계에서 효과적인 기독교 선교는 이성적인 것보다는 직관적이고, 기독교 교리에 대해 깔끔하게 정돈된 논리적 제시보다는 관계적이며, 대인관계 기술에 더 의존하리라 생각한다.

그렇다고 해서 내가 교회의 고전적 신조나 신앙에 관한 지적인 성찰을 거부하거나 거리를 두고 싶다는 것이 아니라, 오히려 오늘날 포스트모던 문화적 상황에서 복음의 명령을 따르는 가장 적절한 방법이 이성적 논증인지를 의심한다는 것이다. 그렇다면, 여기서 뒤따르는 것은-각자의 관점에 따라-무가치한 것으로 추측하거나, 리처드 플로리다(Richard Florida)가 창조적 계층과 연관시킨 직관적 지혜[7]와 신약성경이 성령의 역사로 묘사

---

6 Cf. Stephen Soldz and Leigh McCullough (eds), *Reconciling Empirical Knowledge and Clinical Experience: The Art and Science of Psychotherapy* (Washington DC, American Psychological Association, 1999).

7 Cf. Richard Florida, *The Rise of the Creative Class* (New York, Basic Books, 2002); also Paul H. Ray and Sherry Ruth Anderson, *The Cultural Creatives* (New York, Three Rivers Press, 2000).

하는 직관적 지혜에 기초한다.

3. 인간 이해

이것을 더 상세하게 탐구하기 전에, 나는 이미 이 주제에 익숙하지 않은 독자들의 유익을 위해 이전의 생각을 반복하고 요약할 필요가 있을 것이다. 전에 쓴 책을 접한 독자들은 내가 여기서 단순히 오려서 붙여넣는 작업(cut-and paste job)을 한 것이 아니라, 내 생각을 새롭게 정리하고 그 과정에서 새로운 통찰을 추가해서 전에 제시한 것을 다소 수정했다는 것을 확신해도 된다.

교회와 문화를 바라보는 이런 방식에 대한 내 출발점은, 문화가 그 어느 때보다 다양한 시대에 우리가 직면한 교회의 문제 대부분은, 현재 교회 됨의 방식이 특정인의 관심사와 부합하다는 데서 비롯된 것 같다는 느낌이었다. 최근 몇 년 동안, 북반구에 사는 우리는 세계의 종족적 다양성을 더욱더 인식하게 되었고, 그 과정에서 다른 사람들이 조화롭게 함께 살아갈 가능성에 관해 점점 더 편집증적으로 변해갔다. 그리스도인이 다른 종교적 신앙을 가진 사람들과 어떻게 의미 있는 관계를 형성할 수 있는가에 관한 질문처럼, 세계화된 기독교의 모습에 대한 질문은 그런 준거틀에서 주요 이슈이다.

그러나 이것들은 내가 여기서 우려하는 문제가 아니다. 그러나 이 문제에 대한 불확실성은 신앙의 다른 모든 측면과 마찬가지로 사람들이 자신의 삶의 방식, 즉 타인과 관계를 맺는 방식을 재편하는 문제로써 보다 광범위한 서구사회의 정체성 위기의 원인이자 증상이다. 다른 사람과 뜻 깊은 관계를 맺는 방법을 아는 사람은 자신의 정체성에 만족하는 사람뿐이다.

우리 자신의 정체성을 성찰하는 유용한 방법이 많은데, 그중 일부(심리학적 성격유형이나 민족성)는 전통적인 경험적 탐구를 가능하게 한다. 사회적으로 연결된 종족 집단에 대한 개념은 그보다 덜 정확하지만, 나는 현재 그리스도인이 제시하는 선교적 가능성과 관련해서는 못지않게 유용하다고 믿는다.

특정 문화에 속한 종족 집단의 도전과 기회(그리고 그들이 삶의 정체성과 목적을 발견하도록 도움이 될 수 있는 것이 무엇이든 관계를 맺는 방법)가 존재할 수 있다는 개념은 새로운 것이 아니다. 과거에 그것들은 나이나 물려받은 사회적 지위 혹은 다른 규정된 사회경제적 요인들을 참조하여 식별되는 경향이 있었다. 종족을 바라보는 이런 방식은 여전히 타당하며, 많은 교회생활이 어린이, 젊은 부모, 독신자, 노인, 여성과 남성 집단 등에 기반하여 조직된다.

이런 집단군을 묘사하기 위해 사용되는 용어는 새로운 용어(X세대, Y세대, 빌더 세대, 부머 세대, 버스터 세대)일 수 있지만, 그 실재는 같으며 문화에 대해 생각하는 대다수 그리스도인은 세대에 근거한 이해 범주에 끌리는 경향이 있다. 이것은 더이상 전체 그림이 아니며, 사실 선교와 관련하여 가장 유용한 부분이 아닐 수도 있다. 왜냐하면, 생물학적으로나 문화적으로 결정된 규범에서 나오지 않고, 스스로 발명한 '유동적 정체성'(liquid identities)의 선택을 장려하고 가능하게 하는 현대 서구 문화의 파편화된 성격의 자연스러운 결과인 종족 집단을 바라보는 또 다른 시각이 있기 때문이다.

광고주들은 '50세는 새로운 40세입니다'(50 is the new 40)와 같은 교묘한 구호를 제시한다(그리고 다른 연령대에도 해당한다). 그리고 그것이 특정 개인의 경우에 반드시 정확한 표현은 아닐지도 모르지만, 오늘날 정체성이 외부의 힘으로 결정되는 어떤 고정된 구성물이 아니라 우리가 스스로 선택하거나 이를테면 의식적으로 선택할 수 있는 미리 포장된 다른 생활방식임을 인정하는 방법이다.

단순한 실례로서 우리의 수명이 길어지는 것도 분명히 이것에 기여할 것이다. 과거에는 긴 결혼생활은 25년이었는데(따라서 '은혼식'으로 불림), 40년간 결혼생활을 유지하는 부부의 수는 훨씬 적었으며, 결혼 50주년을 맞이하는 것은 거의 인생 말년에나 가능한 것이었고, 그 이상은 예외적인 경우로 간주했다. 게다가 성생활은 결혼생활 중 첫 10~15년에 국한되었을 것이고, 그 이후의 관계는 '죽음이 우리를 갈라놓을 때까지'(until death us do part) 대개 편안한 동반자 관계로 정착되었을 것이다.

여러 요인이 결혼생활의 변화를 초래했다. 성적 성취에 대한 우리의 기대는 임신과 피임의 의학적 발달뿐 아니라, 성과 연관된 주제들이 개방되므로 변화를 겪어왔다. 이것은 오늘날 일반인이 과거 세대보다 성적 주제에 관해 훨씬 더 많이 알고 있다는 것을 의미하며 나이 듦과 성생활이 상호 배타적인 범주가 아니고, 성관계가 인생의 모든 단계에서 신체적, 정신적 그리고 영적으로 충족되어야 한다는 기대감을 의미한다.

지난 40년 동안 상황은 급격하고 빠르게 변화되었고, 심지어 우리의 조부모님들도 오늘날 관계의 형태에 놀랄 것이다. 역사적으로 가족은 본래 경제적 단위였고, 우리 조상들은 확대 가족과 공동체 그리고 궁극적으로 국가뿐 아니라 자신들의 미래의 경제적 안정을 위해 아이들을 낳았다. 관계 자체가 개인적 성장과 양육의 원천이 될 수 있다는 발상은 잘 알려지지 않았거나, 만일 그런 일이 일어났을 때 예상치 않은 보너스로 여겨졌다.

결혼한 지 30-40년 된 부부들이 더 나은 관계의 질을 찾기 위해 이혼한다는 것은 전례가 없던 일이지만, 오늘날 이혼은 점점 흔한 일이며 영국에서 증가하는 클럽 장면(clubbing scene, 가장 최근까지도 20~30대의 전유물로 간주하는)은 새로운 파트너를 찾으려는 50대 이상의 틈새시장(niche market)에 초점을 둔다. 이런 현상에 대한 부분적인 설명은, 과거에 50대 이상이 거의 기대할 것이 없다고 느꼈을 것이고, 에릭 에릭슨(Erik Erikson)조차도 60

대 이상을 '죽음을 기다리는' 사람으로 특징지었다는 사실이다.[8] 그런 상황에서 '평생' 관계는 25년 이상을 지속할 수 없었기에 우리 조상 대다수는 오랫동안 친밀감을 높일 수 있다는 가능성에 주목하지 않았다.

1970년대 후반 내 조부모님 중 마지막 분이 세상을 떠나셨는데, 그분들 중 누군가가 오늘 돌아오신다면 분명히 놀랄 것 한 가지는, 우리가 지금 개념적이고 신체적으로 우리 자신을 규칙적으로 재창조하는 방식일 것이다. 사회적 지위를 가진 다양한 사람들이 조상을 찾는 족보 연구의 매력과 빠르고 손쉽게 19세기 중반으로 돌아갈 수 있는 온라인 인구조사 보고서를 얻을 수 있는 편리함은 이런 새로운 정체성에 관한 탐구의 일환이다.

오늘날 우리는 과거의 증거서류를 스캔할 뿐 아니라, 우리가 '실제로' 누구인지 파악하려는 노력을 통해 공식 진술서를 파고들어 유전자 테스트의 형태로 과학적 증거를 얻는다.

내가 단순히 인터넷 검색창에 '유전자 혈통검사'(DNA ancestry testing)라는 용어를 입력했더니 850,000개의 사이트가 떴다. 그것들 가운데 상위 사이트들은 내 유전자 표본을 검사실로 보내 현재 내 유전자와 연관된 인종적 혼합에 대한 분석결과를 받으라고 안내했다. 우리가 생각하는 정체성을 이해함으로써, 우리의 정체성이 변화할 수 있다고 확신하는 사람의 수가 증가하고 있다. 내가 고등학생이었을 때, 우리는 성전환이 가능하다는 것을 모두 알고 있었지만, 오직 토성의 고리가 있다는 것을 알고 있던 것과 같은 단절된 방법으로만 가능했다.

내가 기억하는 한 누구도 그 일이 실제로 일어나고 있는 것을 직접적으로 아는 사람은 없었다. 오늘날 성전환은 인정된 안전한 의료절차일 뿐 아니라, 우리 대부분은 일상생활에서 성전환자를 개인적으로 알거나 마주칠 것이다. 성형수술의 급격한 증가는 자신을 '보통사람'이라고 생각하는 사

---

8 Erik H. Erikson, *Childhood and Society*, 2nd edn (New York, Norton, 1950); *Identity, Youth and Crisis* (New York, Norton, 1968).

람들이 자신의 삶을 통제하고 원하는 인물이 되는 방법을 보여주는 또 다른 지표다. 꿈을 실현하기 위해 극단적으로 이런 조처를 하는 모든 사람을 위해 다른 많은 사람은 삶의 의미를 부여하는 정체성과 목적을 찾기 위해 자신을 좀 더 겸손한 방식으로 재창조한다. 그리고 만일 우리의 최초의 선택이 실패하면, 우리는 죽는 날까지 항상 변화할 수 있다.

이것이 내가 종족 집단과 영적 스펙트럼 모두를 생각하는 유동적 맥락(fluid context)이다. 우리가 한 종족 집단에서 다른 종족 집단으로 의식적으로 그리고 무의식적으로 옮겨갈 수 있다는 것을 염두에 두고, 내가 본래 교회의 선교를 위해 중요하게 파악한 집단들에 관해 간략하게 생각해 보자.

첫 번째 집단은 노숙자거나 거의 노숙자에 가까운 **절망적인 가난한 자**(desperate poor)이다. 많은 요인으로 인해 20년 전에는 나타나지 않던 홈리스가 북반구 도시의 거리에 자주 나타나는 상황을 만드는 데 공조했다. 비록 빈곤의 증가는 의심의 여지 없이 문화의 맥도날드화의 부산물이지만, 오늘날 가난한 사람들이 합법적 경제활동에 참여하는 것에서 배제된다는 점에서, 모든 경제활동에 관한 규제를 시행하는 북반구는 이에 대한 이유를 설명하는 지역은 아니다. 북반구에서 안전한 삶을 찾으려는 많은 난민의 유입은 특히 유럽 전역에 걸쳐 절망적인 가난한 자들의 증가를 초래하고 있다.

특히, (영국에서) '규정'(맥도날드 시스템)은 종종 그들이 빈곤에서 벗어나는 데 도움을 줄 수 있는 어떤 일도 하지 못하도록 막고 있다. 이 주제는 그 자체로 이 책의 기초를 구성할 수 있고, 나는 여기서 내가 제시하는 중심 질문에 초점을 맞추기 위해 이에 대해 더는 언급을 피하고자 한다.

이런 환경에서 누군가에게 '영성'은 어떻게 보이는가?

그리고 기독교 전통의 자원이 선교적 준거틀에서 그런 관심사와 어떻게 연결될 것인가?

두 번째 집단은 **쾌락주의자**(Hedonists)로 쉽게 확인될 수 있다. 나는 이 집단을 가능한 모든 기회에 파티를 열면서 삶의 불연속성과 압박감에 대처하는 사람들로 본다. 이런 파티가 대규모로 열린다는 것을 의심하는 사람은 토요일 새벽 2시나 일요일 아침 수천 명의 군중이 모인 영국 도시의 중심가에 가보면 알 것이다. 어떤 도시들은 이 시간대에 가상 전쟁지역(virtual war-zones)이 되며, 종종 폭력이 발생하는 병원 응급실은 하루 중 가장 바쁜 시간을 보낸다. 폭음 문화는 건강관리 종사자들뿐 아니라 정치가들에게 경각심을 일깨우는데, 그들은 이런 현상이 미래의 기대수명과 국가의 건강에 어떤 의미가 있을지 생각하기 때문이다.

이런 삶의 방식은 영국만큼 다른 서구 국가들에서 분명하지 않지만, 그 근본적인 추세는 여전히 존재하는데, 심지어 미국에서는 공공의 방해 행위를 구성하는 다양한 개념으로 인해 그런 행동이 거리에서 금지되고 사적인 공간으로 제한되는 경향이 있다. 이런 클럽 활동과 파티를 즐기는 삶의 방식을 패러디하고 경멸하기는 쉬우나, 특히 점점 더 많은 젊은이가 삶의 현실을 정면으로 대처하기에는 너무 고통스럽다고 느끼며, 이것만이 하루하루를 헤쳐나갈 수 있는 유일한 방법임을 발견한다.

아내와 나는 우리가 사는 곳과 그리 멀지 않은 헬스클럽에 정기적으로 나가는데, 탈의실에서 오가는 대화는 매우 흥미롭다. 내가 이 장을 쓰는 동안, 우리는 토요일 저녁 일찍 헬스클럽에 있었는데, 아내가 (전형적인 '브리짓 존스' 타입의) 한 젊은 여성의 대화를 우연히 들었다. 그 여성은 그 대화에서 운이 좋다면 헬스클럽을 떠난 지 한 시간 안에 술에 취해서 주말 내내 취한 상태로 보내려 한다고 말했다. 당신은 어떤 사람이 술에 취해 멋진 주말을 보내려고 열망하면서 건강을 유지하기 위해 헬스클럽에서 시간과 돈을 쓰는 이유가 궁금할 것이다.

그러나 그것은 너무 많은 사람에게 안타까운 일이다. 삶은 분열되고 고통스럽기에, 이왕 삶이 유지되려면 규칙적으로 자주 술에 취해 고통을 잊는 순간이 필요하다. 만일 그런 일이 몇 시간 동안이라도 공동체 의식과 소속감을 제공하는 다른 사람들 앞에서 일어날 수 있다면, 훨씬 더 좋을 것이다. 물론 이런 종류의 쾌락주의적 삶의 방식과 연루된 사람 모두가 의식적으로 그런 생각에 따라 동기를 부여받는 것은 아니지만, 많은 현대 댄스 음악이 고독과 고통을 강조하는 가사를 담고 있다는 사실은 그것이 고립된 경험이 아니라는 것을 시사한다.

또 다른 집단인 **전통주의자**(Traditionalists)는 말 그대로 시간이 지난 것처럼 보일 수도 있는 사람들을 의미한다. 그들은 앞에서 묘사한 쾌락주의자의 삶의 방식과는 다를 것이다. 정반대이다. 그들은 개인적 도덕성이나 사회구조와는 관계없이 전통적 가치를 편안하게 느끼며, 포스트모던적 질문에 대해 제시된 대답은 말할 것도 없고, 포스트모더니즘의 불건전한 견해가 침해하는 것들에 다소 저항할 수 있다. 이들은 자신의 지역 공동체에 깊이 뿌리를 두고, 과거와의 연속성과 민족국가의 전해진 이야기와의 연속성을 유지하기 원하는 사람들이다.

그들은 결혼이 영원하기를 기대하며, 자녀들이 그들의 뒤를 따르기 원한다. 그들은 반드시 특정 신앙에 헌신해야 하기 때문이 아니라 이국적이고 거슬린다고 여기는 다른 어떤 신앙 공동체에 속하지 않으므로 진술로서 자신들의 정체성을 재확인하려고 인구조사 종교란에 '그리스도인'으로 표시한다. 그들이 자신을 관용적인 사람들이라고 생각할지라도, 다른 사람들은 그들을 인종차별주의자와 외국인 혐오자로 여길 수 있고, 그들의 고정된 행동방식을 침해하거나 위협하지 않는 한 다양성을 수용할 수도 있을 것이다.

이 집단을 설명할 적절한 단어를 찾는 것은 상당히 어려운 일이기에, 나는 '전통주의자'라는 용어를 어떤 함축된 가치판단을 피하면서 사용하려고 노력했다. 복음은 전통주의자를 포함하여 다른 모든 집단에 도전할 것이다. 그러나 그것은 그들을 나쁜 사람이라고 말하는 것은 아니다. 나는 절망적인 가난한 자나 쾌락주의자 혹은 그런 방식으로 다른 사람들에게 꼬리표를 붙이기 원치 않는다. 그들은 문화적으로 보수적이고 월터 옹

(Walter Ong)이 주목했듯이, 과거의 이야기와 기억을 사용하여 현재에 충실하며 과거에 갇혀 살아가지 않는 일종의 구전 문화(oral culture)를 대표한다.[9]

이들을 육체노동자나 노동계층으로 분류하려는 유혹이 있을 수 있으나, 이들은 보통 경제적 범주에 속하는 계층이 아니며, 신분 상승을 추구하는 소위 중산층 역시 역사를 형성하거나 세상을 변화시키는 데 관심을 두기보다는 자신과 가까운 주변 환경에 관심을 두고 삶을 영위한다는 의미에서 전통주의자이다. 내가 『교회의 맥도날드화』에서 언급했듯이, 나라마다 전통주의자 사이에 차이가 있듯이, 도시냐 농촌이냐에 따라 전통주의적인 삶의 방식에는 세부적인 차이점이 존재한다.

그러나 우리가 어디서나 볼 수 있듯이, 전통적인 가족의 가치에 대한 사랑, 국가 기관과 자신의 친구들에 대한 충성심 그리고 종종 강렬한 상호의존성과 결합한 옳고 그름에 대한 확고한 의식이 전통주의자의 특징이다.

영적 탐구자(Spiritual searchers)는 다른 모든 집단처럼 삶의 큰 고통이 있겠지만, 그들은 지금까지 언급한 다른 집단과는 다른 방식으로 고통을 다룬다. 다양한 이유로 그들은 일상 너머에 존재하는 모종의 결심이 있고, 그 중심에는 '영적'인 연결이 있다고 믿는다. 그들은 각계각층의 사람들일 수도 있고, 여기서 언급한 다른 집단과 겹칠 수도 있다. 일부 영적 탐구자들은 쾌락주의자일 수도 있는데, 클럽에서 음주와 마약에 중독된 문화는 초월에 대해 더 광범위하게 추구하는 한 측면을 나타낼 수 있다.

반면에, 대부분의 영적 탐구자들은 대개 그런 것들에 끌리지 않을 것이다. 이런 종류의 사람에 대한 보편적인 프로필은 없지만, 그들은 예술적이고 직관적일 수 있으며, 사실 다음 장에서 언급될 창의적 계층과 여러 가지 공통적인 특징을 갖고 있다. 나이와 연관하여 그들은 청소년들과 90대 그리고 그 이상의 연령층을 포함하여 전 연령대를 망라한다. 교회와 관련

---

9   Walter Ong, *Orality and Literacy* (London, Methuen, 1982), p. 48.

하여, 그들은 자신을 '영적이지만 종교적이지 않은'(spiritual but not religious) 사람들로 묘사한다. 어떤 이들은 반 그리스도인일 수 있지만, 그들 중 상당수는 교회와 일종의 연관성을 가질 가능성이 크며, 그리스도인이 광범위한 문화에 이바지한 선한 일들에 대해 높은 수준의 존경심을 유지한다.

전통적 그리스도인은 언론의 자유에 대한 헌신, 영지주의자와 같은 집단의 이단적인 사상에 매료되는 성향 그리고 자신의 관심사와 연관된 것처럼 보이는 영적인 매력은 무엇이든지 섞어 짜 맞추는 경향을 가진 그들을 무정부주의자로 간주할 수 있을 것이다. 동시에 그들은 삶의 모든 양상이 서로 연결되어 있으며 세속적인 것과 성스러운 것 사이의 불연속성에 대한 느낌이 거의 없다고 생각하며, 더욱 통합된 정체감과 목적의식을 당연히 갖고 있을 것이다. 영적 탐구자들은 서구 문화의 붕괴와 파편화를 날카롭게 인식하며, 이에 관해 뭔가 하기를 원한다.

왜냐하면, 그들은 전통적인 가치를 문제의 일부로 보기 때문에, 비록 그들이 전수된 사회적 규범을 의심의 여지 없이 수용하기보다 스스로 고안한 가치체계를 통해 자신과 자녀들을 위한 도덕적 규범을 확립하는 것에 관해 틀림없이 신경을 쓴다. 그럴더라도 내가 '전통주의자'로 칭한 사람들과 종종 갈등을 겪는다고 여길 것이다. 무엇보다 영적 탐구자는 실험자인데, 그들은 먼저 무언가를 시도하고 나중에 반성한다. 이 점에서 그들은 본질적인 반성적 실천가로서 창의적 계층과 상당한 공통점을 보인다.

이전 책에서, 나는 영적 탐구자가 마치 단일집단으로 구성된 것처럼 보인다고 묘사했지만 사실, 이 범주에는 영적 결심이 현재 삶의 일상적 경험 밖에서 나온 것으로 보이든가 아니면 성취의 비밀이 더 내적으로 생성된 자질로 인식되는가에 따라서 두 개로 분리된 하부 집단들이 있다. 다른 말로 하자면, 어떤 영적 탐구자들은 이원론자지만, 다른 이들은 사물에 대한 더 총체적 관점을 채택한다.

그것은 내가 강조하기 원하는 것에 대한 매우 정확한 특성이 아니므로, 여기서 나는 의도적으로 이원론자와 일원론자를 대조하지 않기로 했다.

이 집단이 '영적'으로 묘사되는 스펙트럼과 상호 연관될 수 있는 몇 가지 특성을 제안할 때, 이런 구분의 배후 근거는 이 장 후반부에서 분명해질 것이다.

공동의 성취자(corporate achievers)라는 용어 자체가 암시하듯이, 그들이 어떤 전문분야에서 활동하든 야심가들(high-flyers)로서 정상에 오르는 것에 집중하는 사람들이다. 비록 공동의 성취자가 경제 분야에서 경영적 해결책을 마련하기 위해 점점 더 대학 및 목회 구조를 포기하듯이, 학문과 건강관리 분야에서도 그런 성향을 보일지라도, 엄밀하게 대기업에서 그들의 성향이 드러난다.

이런 사람들은 어떤 결과가 나오든 상관없이, 정상에 오르는 '꿈을 실현하는' 의지로 구분된다. 과거에 사람들은 오래 일한 경험으로 조직의 지도자가 되는 경향이 있었는데, 그런 경향은 지식과 이해를 동일한 것으로 추정했다. 오늘날 그런 전통적인 덕목들은 기이하고 시대에 뒤떨어진 것으로 여겨진다. 비록 정부가 노인차별을 반대하는 입법을 추진하려고 애쓸지라도 노인들이 일터에서 소외되는 경향은 그 어느 때보다 강하게 나타났다.

이런 경향은 부분적으로 소비주의가 낳은 만연한 개인주의와 이기심과 연관되어 동료들은 더이상 파트너가 아니라 승진게임의 경쟁자로 간주한다. 또한, 그것은 여전히 대학의 환경을 열망하는 사람들이 공격적인 자기홍보에 덜 관여하는 경향을 띠며 개인적인 출세를 위한 투쟁에 사로잡히는 것보다 종종 사임을 선택할 것이라는 사실과 연관된다. 이런 경향은 전통적인 기업과 기관에 심각한 결과를 초래하는데, 경험이 풍부한 사람들의 지혜를 낭비하고 결과적으로 다른 사람들을 위한 적절한 멘토링의 심각한 결핍을 초래한다.

특히, 나이 든 사람들이 강제로 쫓겨나는 교육 분야에서 두드러지는데, 종종 역설적으로 노인들이 원치 않는 바로 그 시스템에 프리랜서 기반으로 자신의 서비스를 되팔아 교육 시스템을 재창조하는 것이다. 그렇지만 점증하는 모든 연령대의 사람들이 가족과 시간을 보내거나 더 인간적인 삶을 살기 위해 자신의 직업적 야망을 줄이는 선택을 하기에, 그것은 단지 나이와 연관된 문제가 아니다. 이런 경향이 고등학교와 대학교의 일만큼 사역을 위한 신학교육과 훈련에 악영향을 미치기 때문에, 이에 관해 더 많은 주장이 제기될 수 있다.

하지만 이 장의 주제와 관련하여, 공동의 성취를 위한 중대한 목회적이고 선교적 다툼의 결과가 나타난다. 간단한 사실은 내가 '공동의 성취자' 라고 칭한 대다수가 전혀 성취자가 아니라는 것이다. 왜냐하면, 당연히 그들 대부분은 결코 정상에 오르지 못하기 때문이다. 그들은 도달할 수 없는 곳에 이르려고 과도한 시간과 에너지를 소모할 뿐 아니라 일터에서 자신의 동료들에 의해 끊임없이 저평가되고 착취당하는 느낌을 받는 경험은 다수에게는 비참함으로 그리고 어떤 이들에게는 심각한 정신적 질병으로 이어지는 스트레스와 불안을 초래하는 주요 요인 중 하나이다.

공동의 성취에 집중하는 야망을 품은 사람은 자신의 삶이 일과 적합한 전문적 지위의 개념에 지배를 받아 새로운 관계를 발전시킬 시간이 없이 자신을 희생시킨다는 것을 알게 된다. 게다가, 정상에 오른 사람들조차도 종종 그곳이 외로운 곳일 뿐 아니라 도덕적이나 영적으로 권력을 탈취하는 공간임을 발견한다.

특히, 그들이 자신의 승진을 성취하는 과정에서 짓밟은 다른 사람들의 수를 돌아볼 수 있을 정도로 충분히 숙고한다면 더욱 그럴 것이다. 그렇다면, 공동의 꿈을 열망하는 사람들과 삶이 너무 고통스러워서 매주 연속되는 파티나 음주와 마약에 과도하게 탐닉하는 쾌락주의자들 간에는 중대한 공통분모가 있다는 사실을 발견하는 것은 놀라운 일이 아니다. 공동의 성취자는 영적 탐구자가 될 수 있고 그렇게 할 수 있지만, 그런 변화를 이루는 사람들 대부분은 그 과정에서 자신의 공동의 세계가 추구하는 삶의 방식과 점점 더 멀어진다는 것을 알게 된다.

수많은 자기계발서와 전문훈련 과정에 대한 과대선전에도 불구하고, '영성'을 단지 그들이 성공할 수 있게 해주는 또 다른 소비 제품으로 여기는 사람은 거의 없다. 그렇게 생각하는 사람들은 약속을 이행하지 못한다는 것을 알게 되면서 많은 동료처럼 같은 환멸에 빠지게 된다.[10]

이 사람에게 의미 있고 진정으로 능력을 주는 복음이 무엇으로 들리는가?

비록 그들 중 일부는 이미 교회와 연결되어 있을 것이고, 그런 참여에 대한 동기는 교회와의 연관성이 여전히 공적인 영향력을 발휘하는 그런 곳에서(영국이나 유럽, 캐나다, 호주 또는 뉴질랜드보다 미국에서 더 그럴 가능성이 있음) 사회적 수용에 대한 열망과 더 관련이 있지만, 그들 중 일부는 이미 교회와 연결되어 있을 것이고, 심지어 영향력 있는 위치에 있을 수도 있을 것이다. 이런 사람들 대부분은 분열된 관계로 인해 어려움을 겪을 뿐 아니라 자신의 가장 깊은 가치관과 단절되는 비참함을 느낄 것이다. 물론, 이것은 이 집단에게만 제시되는 도전이 아니라 분명히 과장된 형태로 일어나는 도전이다.

내가 『교회의 맥도날드화』를 쓸 때, 나는 꽤 작은 단락에서 세속주의자를 다루었는데, 특히 유럽의 국민 여론 형성에서 그들의 불균형한 영향력에 주목하는 것에 주로 제한되었다. 그것은 지금도 그렇다. 예를 들어, 2001년 영국 인구조사 통계는 인구의 16%만이 '신앙을 갖지 않는다'라고 주장했지만, 72%는 스스로 '그리스도인' 항목에 표시했다고 밝혔다. 이런 전환은 실질적인 질문의 형태가 영국을 구성하는 여러 국가에서 다르지만, 모든 국가(영국, 스코틀랜드, 웨일스, 북아일랜드)에서 자발적인 질문이었기 때문에 특히 중요했다.[11]

---

10 이에 대한 자세한 내용은 다음을 참조하라. Jeremy Carrette and Richard King, *Selling Spirituality: The silent takeover of religion* (London, Routledge, 2004).
11 여기에 인용된 수치는 영국 전체의 평균을 나타낸다. 스코틀랜드에서는 65%가 기독교인이라고 주장하고 북아일랜드에서는 86%가 기독교인이라고 주장하는 등 다양한 국

그런 이유만으로 우리는 스스로 그리스도인이라고 선택한 응답자들이 무언가를 강하게 느꼈을 것이라고 확신할 수 있다. (교회 지도자들을 포함하여) 모든 사람이 놀란 것은, 다수가 그리스도인이라고 주장하고, 그 의미에 소수가 '신앙을 갖지 않는다'라는 주장이었다. 그 이래로, 그 의미에 대한 논쟁이 있었다. 그것은 영국 인구의 6.3%만이 교회와 정기적으로 관련이 있다는 것을 고려할 때, 충분히 타당한 질문이다.[12] 세속주의자는 자신을 '그리스도인'으로 간주하는 것이, 어떤 것보다 부도덕한 입장(default position)이라고 주장하는 경향을 보였으며, 기독교와 특별한 관련이 없지만, 응답자들은 확실히 어떤 다른 종교적 신앙이 없다고 진술할 수도 있다.

그러므로 그들의 응답은 사실상 신앙에 관한 것이 아니라 민족성이나 문화에 관한 진술이 되었다. 의심할 여지 없이, 어떤 사람들은 정말로 그런 진술을 하려고 의도했지만, 이것이 인구의 4분의 3에 동기를 부여했을 수도 있다고 생각하는 것은 신빙성에 부담을 준다. 이 설명이 응답자의 절반에게 만족스러웠을지라도, 상당한 집단의 사람들이 최소한 기독교적 가치에 적대적이지 않으며 심지어 긍정적으로 그것을 포용할 수도 있다는 응답자가 여전히 남아있을 것이다.

최근 몇 년 동안, 일부 영국 그리스도인들은 영국 문화 전반이 자신들을 적대시한다는 확신으로 편집증적 광란에 빠졌다. 그런 생각은 분명히 의구심을 자아내는데, 선교와 연관된 도전은 자신들이 '세속적'이라고 생각하거나 사회적 분석가에 의해 그렇게 평가되는 부류가 영적 관심사와 어떻게 연결되느냐 하는 것이다.

가 간에 상당한 차이가 있었다. 영국 내에서도 지역적 차이가 있었는데, 런던 시민의 58%만이 기독교인이었지만 잉글랜드 북동부에서는 80% 그리고 북서부에서는 78%가 기독교인이었다. 자세한 내용은 다음을 참조하라. http://www.statistics.gov.uk/focuson/religion/

12 Peter Brierley, *Pulling out of the Nosedive. A contemporary picture of churchgoing: What the 2005 English Church Census reveals* (London, Christian Research, 2006), pp. 12–14.

이 주제와 관련하여, '세속적'인 것이 의미하는 개념은 자체적으로 의문의 여지가 있다. 한편 전통적인 세속화 논제는 더이상 모든 사실과 부합하지 않으며, 그 결과 그것은 사회과학자들에 의해 유기되거나 실질적으로 수정되고 있다. 게다가 '세속적인' 사람들이 '영적' 사안에 관심을 보이는 경향과 종교적인 사람들이 자신의 신념 구조를 공유하지 않는 다른 사람들에게서 그 의미를 빼앗았다고 불평하는 경향이 증가하고 있다. 이 주제에 관한 한 논문에서 과학자 마이클 셔머(Michael Shermer)는 '나는 무신론자'라고 단언하며, 나중에 자신의 '영성'에 대한 정의를 내린다.

> 영성은 세계 안에 존재하는 일종의 방식이고, 우주 안에서 자신의 위치에 대한 감각이며, 우리 자신을 넘어서 확장하는 관계다.[13]

베스트셀러 『만들어진 신』(*The God Delusion*)을[14] 통해 공격적인 무신론을 대표하는 리처드 도킨스(Richard Dawkins)는 이와 유사한 모호한 진술을 한 유명한 인물로 기록된다. 「타임지」의 종교담당 특파원 루스 글래드힐(Ruth Gledhill)과의 인터뷰에서 도킨스는 아이들이 성경을 배워야 한다고 권고하며, 자신은 영국 교회에 대해 부드러운 견해를 보일 뿐 아니라, 삶과 우주에 현재 우리가 알고 있는 것보다 더 많은 것이 있음을 믿는다고 고백했다.

이 인터뷰에서 그는 '이에 반해 모든 신학적 개념은 편협하고 옹졸한 것으로 보일 것'이라는 관점에서 '대단하고 놀라운 것'에 관해 말한다.[15] 수천 개의 웹사이트에 나오는 '무신론적 영성'(atheist spirituality)이나 '세속적 영성'(secular spirituality)과 같은 주제에 관한 탐구 역시 놀라운 것으로 나타

---

13 Michael Shermer, 'Atheists are Spiritual too', at http://www.beliefnet.com/story/172/story_17215_1.html
14 Richard Dawkins, *The God Delusion* (London, Bantam Press, 2006).
15 http://www.timesonline.co.uk/tol/comment/faith/article1767506.ece

난다. 어떤 내용은 기독교 선교와 관련하여 다른 것들보다 확실히 더 중요하지만, '무신론자를 위한 예수'[16]라는 제목이 단 하나라도 있을 때, 우리는 당연히 예상할 수 없을 만큼 중요하다고 믿는 경향에 주목해야 한다.

반면에, 우리가 왜 이런 주제에 대해 놀라야 하는가?

상당히 많은 신경학적, 심리학적 연구는, '오! 주님, 당신께서 우리를 지으셨으므로, 우리가 당신 안에서 쉴 때까지 우리의 영혼에는 쉼이 없나이다'라고[17] 고백한 아우구스티누스가 오래전에 인정한 것을 강조한다. 다시 말하지만, 이것은 완전히 독자적인 범주가 아니다. 당연히 일부 세속주의자들은 쾌락주의자와 공동의 성취자가 될 것이고, 내가 지적했듯이, 그들 중 일부는 (적어도 그들 자신의 정의에 따르면) 영적 탐구자에 포함될 수도 있을 것이다.

내가 말하려는 마지막 집단은 **냉담한 자**(apathetic)이다. 나는 2001년 영국 인구조사에서 '그리스도인'이라고 응답한 대다수가 아마도 이 범주에 속한다고 생각한다. 그들은 기본적으로 '그리스도인'인데, 그 이유는 그들이 주도적으로 어떤 신앙에 관해 숙고하기에는 너무 냉담하기 때문이다.

따라서 그들은 다른 면에서와 마찬가지로, 단지 어린 시절에 체득한 것에 따라 삶을 영위하기 때문이다. 이들은 가능한 한 혼란이나 노력을 최소화하며 하루하루를 살아가는 것 이외에, 다른 열망이 없다. 그들 중 일부는 나쁜 경험으로 인해 냉소적일 수도 있고, 나쁜 경험 때문에 냉담한 자들의 대열에 서기도 할 것이다.

특히, 직장에서 인정받지 못하여 의욕을 잃어버리고 야망과 비전을 간단히 포기하며 당면한 문제에 대처하거나 적극적으로 참여하지 못한다는

16　http://www.atheistsforjesus.com
17　뇌과학과 영성에 관해서는 다음을 참조하라. Andrew Newberg and Eugene D'Aquili, *Why God won't go away: Brain science and the biology of belief* (New York, Ballantine, 2002); Rhawn Joseph (ed.), *Neurotheology: Brain, Science, Spirituality, Religious Experience* (San Jose CA, San Jose University Press, 2003); David Hay, *Something There: The biology of the human spirit* (London, Darton, Longman & Todd, 2006).

점에서 냉소적인 태도를 내면화하는 이들의 특성은 공동의 성취자와 일부 중복될 수도 있다.

가능한 교회생활과의 연관성에서, 냉담한 자들의 범주는 '명목상'의 그리스도인으로 불리는 사람들과 상당히 겹치는 부분이 있는데, 이들은 조직과 동일시되기 원하지만, 눈에 띄는 수준의 헌신이 없는 사람들이다.[18] 비록 쾌락주의자, 영적 탐구자 그리고 세속주의자가 냉담한 자일 것 같지는 않지만, 만일 노력과 의도성이 이 집단들 가운데 핵심 원동력이라면, 일부 절망적인 가난한 자처럼 어떤 전통주의자들은 이 범주에 속할 수도 있을 것이다.

9. 영적 스펙트럼

나는 『그리스도인과 영성』(*Do Christians Know How to Be Spiritual?*)에서 현재 '영성'과 '영적'이라는 용어가 일상의 대화에서 사용되는 다양한 방식을 망라하는 스펙트럼을 제시했다. 이 생각을 하게 된 과정을 자세하게 설명하기 위해 나는 이 책을 독자들에게 소개한다. 간략하게 말하자면, 나는 영성에 관한 다양한 단계적 차이와 함께 삶의 방식(Lifestyle), 훈련(Discipline), 열정(Enthusiasm)이라는 세 가지 주요 특징으로 이 스펙트럼을 설명했다. 이 요소의 주요 특징은 다음의 도표가 잘 설명한다.

---

[18] 이 현상에 대한 폭넓은 논의에 대해서는 다음을 참조하라. Eddie Gibbs, *In Name Only: Tackling the Problem of Nominal Christianity* (Wheaton IL, Bridgepoint, 1994).

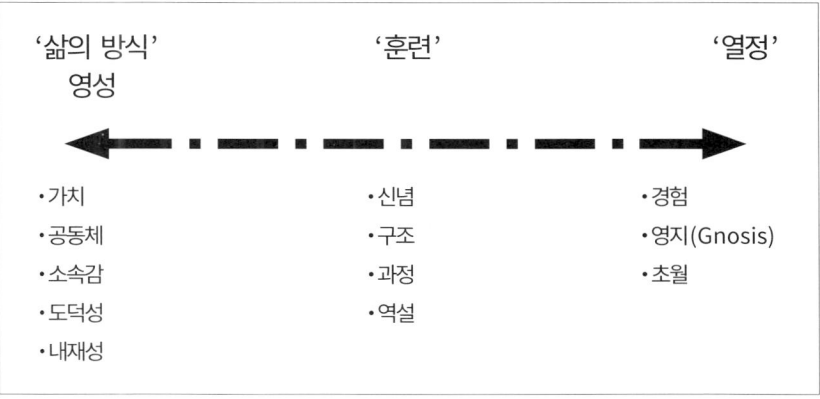

어떤 사람들에게 '영적 경험'은 친구들이나 가족들의 식사, 건강한 음식, 고급 와인 그리고 즐거운 대화처럼 분명히 평범한 것이다. 또는 이 점에서, 기분을 좋게 하고 만족감을 주는 여러 가지 '일상'의 경험과 상황일 수 있다.

이것이 내가 의미하는 '일상의 영성'(lifestyle spirituality)이다. 일상의 영성은 증대되는 현상으로 의미 있는 기독교 선교와 관련하여 중대한 의미를 지닌다. 다른 사람들은 내가 설명한 것의 가치를 반드시 무시하지는 않을 것이지만, 종교적 세계관에 나타나는 신념체계와 명백히 연관된 경우에만 '영적인' 것으로 간주할 것이다.

세 번째 집단이 있는데, 그들은 다른 두 개의 이해에 대해 반드시 의문을 제기하거나 거부하지는 않는다. 하지만 이들에게 외계인이나 천사들에게 받은 메시지든 방언이나 혹은 일상의 예상된 규범을 넘어서는 다른 신비적이거나 황홀한 경험을 통해 받은 메시지이든 초월적인 존재와의 직접적인 만남 없이는 의미 있는 '영적인' 일은 결코 일어나지 않을 것이다. 나는 이 책의 독자들 대다수가 언젠가는 이 스펙트럼의 세 영역 전부와 마주치게 되리라 생각하며, 만일 독자들도 나와 같다면 아마도 이 영역과 연결된 독자들의 삶의 여러 일화를 떠올릴 수 있을 것이다.

이 집단을 분류하는 것과 마찬가지로, 이 세 가지 영적 측면은 서로 어떤 연결도 없는 밀폐된 공간에 존재하지 않는다. 이것이 내가 이 도표에서 상호연관성과 상호작용의 의미를 나타내기 위해 분리된 상단의 끊어진 화살표를 포함한 이유이다.

이것은 우리가 현재 이런 영성에 대한 스펙트럼이 어떻게 앞에서 논의한 다양한 종류의 집단들과 연관되는지 그리고 그것이 교회의 선교와 어떻게 연결되는지를 묻는데 한층 더 주의를 기울이는 것과 관련된다. 다음의 도표는 이 질문들에 대해 답하는 데 도움이 될 것이다.

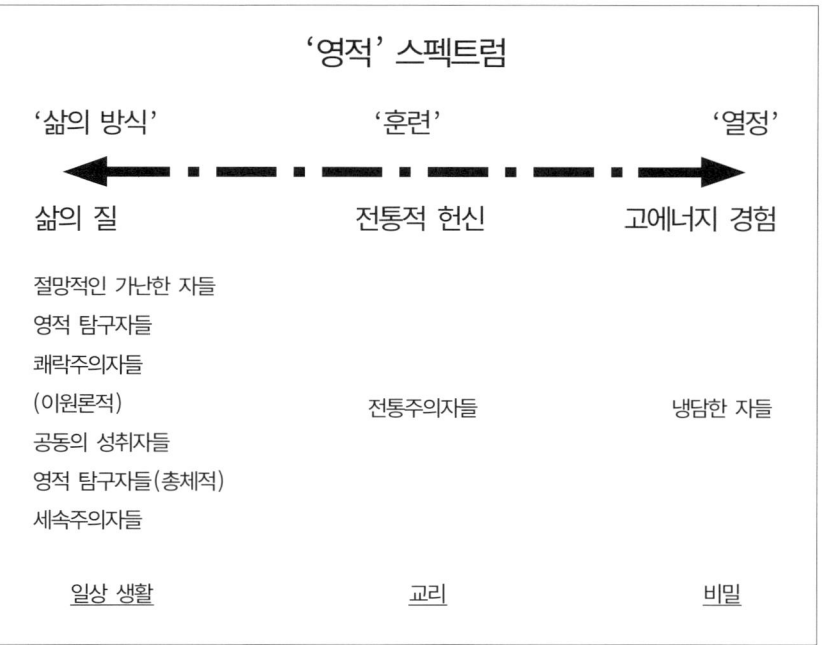

절망적인 가난한 자에게 가장 중요한 문제는 삶의 방식과 삶의 질이라는 주장에 이의를 제기할 사람은 아무도 없을 것이다. 기본적인 생활필수품 없이는 삶을 영위할 수 없다. 이것은 아브라함 매슬로(Abraham Maslow)가 1960년대 디트로이트의 자동차 노동자들의 생활에 관한 연구에서 내린 결론이다. 이것을 근거로 그는 음식, 주거지 그리고 건강을 통해 안정과 안전을 경험하는 단계로 올라가는 의미 있는 삶을 묘사한 그의 유명한 욕구의 위계를 우정과 애정을 나누기 위한 기반으로 구성했다. 결과적으로 이는 자존감과 타인의 가치를 평가하는 능력을 위한 필수적 토대라고 확신했다. 마지막으로 그는 욕구 위계의 최상층에(종종 삼각형으로 묘사되는) '자아실현'(self-actualization)을 놓았다.[19]

그가 '영성'에 대한 정의를 찾은 것은, 다소 드문 환경에서였다. 즉, 그는 자신이 영적인 것을 탐구하는 것은, 사람들이 타자에게 관심을 기울이므로 인생에서 더 근본적인 욕구를 채우는 것이라는 결론을 내렸다. 대다수 사람이 개인의 정체성과 의미 있는 관계에 대한 도전과 씨름하며 삶의 대부분을 보내기 때문에, 그의 욕구 이론에서 영성은 불가결하게 소수의 관심사가 될 것이라는 결론으로 귀결되었다. 현실적으로, 세계에서 가장 가난한 사람들은 종종 가장 영적으로 헌신적인 사람들이기 때문에, 그것은 전혀 그렇지 않았다. 삶의 방식에 있어서, 절망적인 가난한 자들을 보기 위해서는 거리에 사는 사람들과 함께 어울려야 한다. 왜냐하면, 그들은 종종 다른 사람들을 보살피고 돌보므로 공동체의 부유층을 부끄럽게 만들기 때문이다.

내게 가장 익숙한 도시 중 하나는 캘리포니아주 샌타바버라인데, 그곳에는 상당히 많은 사람이 거리에서 살아간다. 그들 중 많은 이들이 놀라운 창의성과 에너지를 갖고 있고, 적지 않은 교육을 받은 사람들이며, 기독교적으로 교회가 구현해야 할 많은 것들을 반영하는 서로 돕는 생활방식을 누리고 있다. 그러나 일상의 생활방식이 영적인 삶으로 들어가는 입구가 되는 것은, 단지 절망적인 가난한 자들만이 아니다. 쾌락주의자와 공동의 성취자는 경제적으로 가난할 것 같지는 않지만, 그들의 내면은 아무것도 없어 보이는 사람들보다 더 공허할 수 있다.

---

19 Cf. Abraham Maslow, *Toward a Psychology of Being*, 2nd edn (New York, Van Nostrand Reinhold, 1968).

나는 이미 그런 사람들의 일상에 나타나는 스트레스와 불안을 묘사했는데, 만일 그들이 치유와 새로운 방향을 찾는다면, 일상은 그것이 시작되는 곳이다. 총체적 영적 탐구자들도 마찬가지이지만, 다른 이유로 이번에는 환경, 지속가능성, 의미 있는 대인관계 등에 초점을 맞췄다. 세속주의자들도 마찬가지로, 그런 것에 신경 쓰는 경향이 있다. 이 집단들은 생존 욕구에 전념하거나, (절망적인 가난한 자, 쾌락주의자 그리고 공동의 성취자가 그러하듯이) 전통적인 종교적 방식이 세상의 현 상태에 이바지하는 요인으로 인식되기 때문에(영적 탐구자와 세속주의자가 공통으로 수용하는) 전통적인 신념체계에 높은 우선순위를 둘 것 같지 않다.

냉담한 자와 더불어 전통적인 사람들은 이 모든 것을 지나치게 부드러운 것으로 간주하는 듯하고, 신념체계와 구조화된 사고방식 같은 보다 구체적이고 이성적인 것에서 영적 의미를 찾는 것을 선호하며, 그것을 확산하는 듯하다. 그리스도인이 21세기 부상하는 문화와 연결되지 못하는 것에 관해 한탄하지만, 그것은 그리스도인이 생각하는 것처럼, 비효과적인 것은 아니다. 전통적인 교회가 이런 식으로 살아가는 사람들과 연결되는 것이 현실이다. 알파 코스와 유사한 프로그램의 성공은, 아직도 영적인 '만물론'(theory of everything)을 찾으며, '영적인' 것은 훈련된 이성적 핵심을 갖고 있어야 한다고 생각하는 사람들이 상당히 많다는 사실에 기인한다.

나는 다른 유형의 사람들이 생각하지 않거나, 미리 포장된 방식의 영성을 선호하는 사람들이 삶의 방식에 관심이 없다는 것을 말하려는 것이 아니다. 그것은 진입점에 관한 것으로, 나중에 좀 더 자세하게 설명할 것이다. 최근 몇 년 동안 예상치 못한 미디어 이야기 중 하나는 BBC가 제작한 (나중에 미국 TV에서 리메이크된) **수도원**(The Monastery)과 **수녀원**(The Convent)이라는 인기 있는 두 개의 TV 시리즈였다. 이 프로그램에 자원하여 출연한 사람들이 수도원과 수녀원에 들어가서 살면서 그 경험이 그들의 삶에 어떤 영향을 미칠 수 있는지 살펴보았다.

언뜻 보기에 이 프로그램은 내 주장과는 모순되는 것처럼 보일 수 있는데, 그 이유는 이 프로그램에 참여한 사람들이 쾌락주의자, 공동의 성취자, 영적 탐구자 그리고 세속주의자의 범주에 정확하게 포함되기 때문이었다. 이런 봉쇄된 삶보다 더욱 절제되고 훈련된 삶에 대해 생각하는 것은 확실히 어렵다. 하지만 흥미로운 것은, 이런 경험이 의미 있다고 여기는 사람들은 사실상 예외 없이 근본적인 신념체계보다는 삶의 방식의 여러 측면에 매료된다는 것이다. 즉, 내가 볼 때, 가장 중요한 것은 무엇을 믿는가보다 어떻게 사는가에 대한 질문이었다.

마지막으로 에너지에 대한 경험으로 영성을 정의하는 사람들은 이원론적인 영적 탐구자의 범주로 제한되는 경향이 있다. 이들은 천사들에 대한 경험을 추구하며, 외계인에게서 온 메시지를 전달하거나 종종 신비한 치유나 유체이탈 체험과 연관된 예지력, 주술적 상징 그리고 여러 고대의 의식에 담긴 힘을 암묵적으로 신봉하는 사람들이다. 그들의 접근방식이 일반인의 경험과는 너무 다르기에, 헤드라인을 장식하는 경향이 있다.

그러나 현실은, 그들은 영적으로 호기심이 많은 집단의 영역에서도 소수집단이다.[20] 그런 관심의 정점은 항상 있었는데, 오늘날의 영적 스펙트럼에서 볼 때, 그런 유형이 마지막으로 유행한 시기는 1980년대와 1990년대 초였다. 이것은 할리우드 여배우 셜리 매클레인(Shirley Maclaine)과 같은 사람들이 전형을 보여주는데, 매클레인은 자신의 신비한 경험을 여러 권

---

20 미국에는 항상 영국보다 그런 사람들이 더 많았는데, 이는 특히 미국 건국자 중 일부가 이런 문제에 관심이 있었고, 미국에서 유래한 주요 종교적 신앙(모르몬교)이 그런 믿음의 강력한 핵심을 갖고 있기 때문이다. 베일러 종교 조사기관(Baylor Religion Survey)에 따르면(*American Piety in the 21st Century*(2006년 9월, www.baylor.edu/content/services/document.php/33304.pdf에서 무료로 다운로드 가능), 미국 대중의 약 41%가 다음과 같이 믿고 있다. 아틀란티스와 같은 고대 선진 문명은 실제로 존재했고, 37%는 그런 장소에 유령이 나올 수 있다고 믿으며, 25%는 UFO가 다른 세계에서 온 우주선이라고 믿고, 18%는 빅풋이나 네스호 괴물과 같은 생물이 결국 발견될 것이라고 예상한다. 놀랍게도 남성의 8%와 여성의 18%만이 심령술사가 실제로 미래를 볼 수 있다고 믿는다. 영국에서는 이와 유사한 연구가 수행되지 않았다.

의 책과 TV 미니시리즈로 제작했다.[21] 이에 대해 내가 아는 통계는 없지만, 21세기의 영적 매트릭스에 대해 내가 관찰한 모든 것은, 아직도 이런 종류의 관심이 (역사를 통해 항상 그래왔듯이) 영적 탐구의 최첨단에 있지 않다는 것을 말해준다.

10. 영성, 선교, 교회 됨

그렇다면, 이 모든 것이 교회의 선교와 어떻게 연관되는가?

이와 관련하여, 나는 복음이 어떻게 지속하여 변화하는 상황 가운데 가장 잘 제시될 수 있을 것인가에 대해 제안하기 전에, 우선 문화변화에 관해 관찰하기 원한다. 다음의 도표는 문화변화를 살펴볼 수 있는 유용한 출발점이 될 것이다.

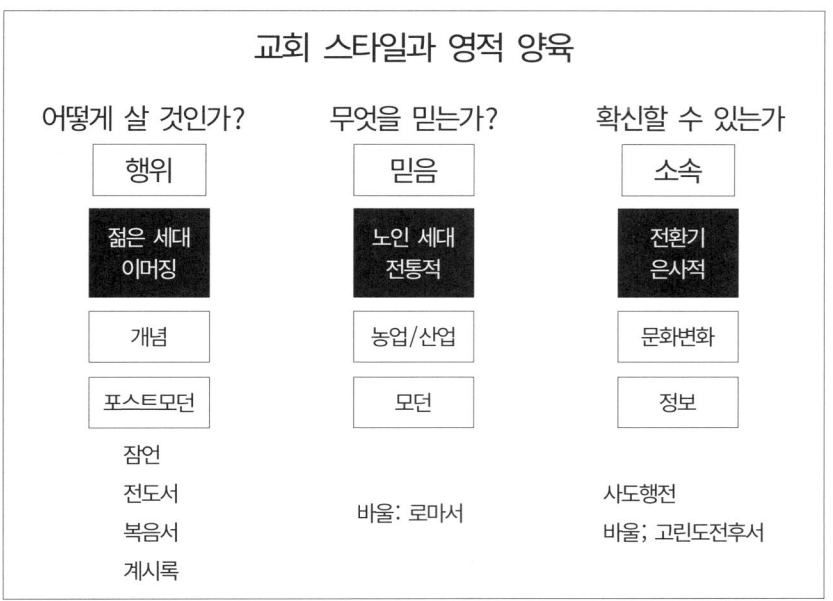

---

21   Shirley Maclaine, *Out on a Limb* (London, Bantam, 1983).

이것에 대해 무엇보다도 3차원 도표로 하는 것이 더 좋겠지만, 이 매체에서 우리는 인쇄물의 한계를 인정하지 않을 수 없다.

그러나 여기서 내가 제안하고자 하는 것은 다음과 같이 간단히 요약될 수 있다.

'영적'인 것에 관한 이런 다양한 양상들이 교회 됨의 다른 방식들에 반영되고, 그것들이 나온 다른 문화적 상황에 반영될 수 있을까?

영성의 '숙련된 사고' 스타일을 전통적 교회와 연결하는 것은 어렵지 않다. 물론 그것은 구조화된 훈련에 의존하는 문화적 환경에서 비롯되었다.

자유교회 교파들이 다소 다른 산업화 시대의 훈련 형태로부터 그들의 모습을 취한 한편, 가톨릭 전통의 경우에 그것은 (다양한 형태로) 농업 시대의 봉건적 세계에서 형성되었다. 현재의 형태에서 두 전통은 전통적인 교회의 지적이고 인지적 측면을 우선시하는 근대성이라는 필터를 통해 걸러졌다. 그러나 여기에는 이 모든 것을 일차원적 방식으로 생각하려는 부적절한 노력을 강조하는 측면이 있다.

우리가 살펴보는 어떤 교회론적 전통이든 상관없이, 우리의 예배 형태와 교회 됨의 방식은 오늘날 우리가 알고 있는 것과는 매우 다른 세계와 존재방식에서 물려받은 것이다. 농업 시대의 영향을 받았든 산업화 시대의 영향을 받았든, 역사적으로 예배를 위해 교회 건물에 모인 사람들은 일상적인 삶에서 관계를 맺은 사람들이었다. 그들은 함께 살고 일했으며 영국과 미국의 첫 번째 산업가들이 '모범 마을'을 건설하고 어떤 경우에는 여전히 분리된 개체로 존속하는 마을을 건설하여 농촌의 공동체 생활을 복제하려고 한 것은, 우연의 일치가 아니다.

본빌(Bournville, 현재 버밍엄의 외곽이나 캐드베리 초콜릿 공장의 중심)과 펜실베이니아주의 허쉬(Hershey, 미국의 초콜릿 도시)는 좋은 사례이지만, 이 도시들이 결코 독특한 것은 아니다. 내가 말하고 싶은 요점은, 함께 살고 일하며 결혼한 사람들이 예배를 위해 모였을 때, 이미 그들은 공동체였고, 월요일부터 토요일까지 그들의 삶의 방식이 공유되고 서로 얽혀 있었으며 예배는 (그리고 그에 따른 신념체계) 이미 자신이 누구인지 알고 있는 사람들의 축복이었다. 그것은 그들이 내가 삶의 방식이라고 부르는 영성에 무관심한 것이 아니라, 단순히 당연한 것으로 간주했다.

그러나 그런 사람들이 독특하게 '영적인' 것으로 생각한 진입점은 자신들의 자연적인 삶의 방식을 이해할 수 있게 한 세계관과 신념체계와 만남을 통해 이루어졌다.

나는 진입점의 개념에 대해 이미 한 번 이상 언급했는데, 이 개념은 내가 여기서 생각하고 있는 핵심이다. 이것이 내가 전통주의자와 냉담한 자라고 부르는 사람들을 전통적인 형태의 교회와 동일시한 이유를 설명해 준다. 이들은 당연한 것으로 간주하는 고정적 생활방식의 형태에 관심을 두는 것이 아니라, 생활방식의 실천적 표현을 담고 있는 신앙에 관심을 둔다. 그것은 분명히 다른 집단들에게 적용되는 것처럼, 그들에게 불안의 원천이 아니다.

더욱이 이런 교회의 형태를 내가 '전통적으로 은사주의적'[22]이라고 부르는 직접적인 신비경험에 대해 강조하는 집단과 구별함으로써, 전통적인 교회 신자들이 개인적인 신적 경험에 관심이 없다는 것을 암시하는 것은 아니다. 그러나 전통적인 사람들이 영적 현실로 들어가는 진입점은 우선

---

22   내가 '과도기적'(transitional)이라는 용어와 '은사주의적'(charismatic)이라는 용어를 연결한 이유는, 그것이 미국 독립 전쟁(대각성 운동과 연관됨), 미국 서부로의 이동(고전적인 오순절주의의 발흥과 동시에), 제1차 세계대전의 여파(영국에서 오순절주의의 출현), 또는 1960년대의 문화적 트라우마(많은 교회 전통에 나타나는 은사주의적 운동의 발흥과 함께)이든, 문화적 전환점에서 우리가 지금 은사주의적 기독교라고 부르는 특성의 출현을 역사적으로 추적하는 것이, 가능하기 때문이다. 현재 은사주의적 기독교를 동서양의 고대 교회의 뿌리와 다시 연결하려는 노력은, 20세기 말에 그것을 탄생시킨 문화적 전환이 이제 잘 확립되었다는 사실과 관련이 있을 것이다. 은사주의 교회를 위한 새로운 정체성을 창조하려는 노력의 예를 보려면, Andrew Walker and Luke Bretherton, *Remembering our Future* (London, Paternoster Press, 2007)를 참조하라. 이 책에서 다양한 저자들은 더 넓은 교회의 예전과 신학을 자신의 은사주의적 상황에 통합하려고 노력한다. 이는 용어상 모순인 것처럼 보이는데, 그 이유는 은사주의 운동이 대부분(특히 독립적인 형태로) 현재 다시 주창되는 것들에 대한 확고한 거부를 본질적으로 포함하고 있기 때문이다.

경험과 생활방식 중 하나에 관한 질문이 아닐 것이다. 나는 여기서 확인한 다른 두 집단의 관심사 간에 동일한 중복과 상호교환이 있음을 본다.

분명히 거기에는 한 집단(이원론적인 영적 탐구자)이 있는데, 그들이 교회에 들어오는 주요 진입점은 영적 은사, 치유, 방언 그리고 다른 신비적 현현을 강조하는 교회를 통해 나타나는 것 같다. 그것은 은사적 그리스도인에게 신념체계가 없다거나 그런 상황에서 생활방식과 연관된 이슈가 중요하지 않다는 것은 아니다. 내가 특히 오늘날 포스트모던 세대와 교회론적으로 이머징 교회와 동일시하는 생활방식의 진입점도 마찬가지다. 이머징 교회가 믿음이 없다거나 (은사주의자가 영적 경험을 정의하는 것과는 보통 다르게 정의하지만) 경험을 무시하는 것은 아니다. 오히려 그런 생활방식은 복음에 관한 진취적인 탐구와 성찰을 위한 진입점이다.

위의 도표에서 나는 이에 관한 진척된 사고방식으로서 '믿음, 소속, 행위'라는 익숙한 세 가지 요소들을 포함했다. 교회의 전통적 구조는 이 세 가지 순서대로 배치되고, (주제의 다양성과 함께) 모든 교회는 전통적으로 믿음에서 시작하여 소속(그리스도의 제자 공동체의 일부로서 수용됨)이 뒤따르고 마지막 단계로서 복음을 반영하는 방식인 행위로 구성되었다. 이 단계는 실제로 전 생애에 걸쳐 더욱 완전을 지향한다.

최근 몇 년 동안 소속감이 기독교 제자도의 첫걸음이 되고, 그리스도인이 사람들에게 기독교 신념체계와 교리의 진실성을 설득하려고 시도하기보다 다른 사람들과 여정을 함께하는 법을 배우는 것에 근거하여 제자도의 형태에 의문을 제기하는 것은 일반화되었다. 나는 믿기 전에 소속된다는 용어를 사용했고, 여전히 그것이 많은 사람이 믿음을 표현하는 적절한 방식이라고 생각한다. 그러나 그것만이 전체 그림은 아니며, 전 삶을 아우르는 영성에 대한 현재의 관심사에 비추어 볼 때, 가장 중요한 부분이 아닐 수도 있다. 내가 언급한 다른 집단들이 다른 어느 곳보다 영적 스펙트럼의 '생활방식'의 목적에 적합한 것처럼 보이는 것은 우연이 아니다. 왜냐하면, 그곳은 개인적인 소외와 분열을 가장 강렬하게 경험하는 장소이며, 결과적으로 치유가 일어나야 하는 지점이기 때문이다.

또한, 나는 위의 도표에서 성경의 어떤 부분을 영적 탐구로 향하는 다양한 진입점과 가장 효과적으로 연결한다고 생각하는 요소를 포함했다. 도표의 요소들은 자명한 설명을 내포하고 있지만, 내가 여기서 언급한 성경이 포괄적이지 않기에 확장되고 추가되어야 한다는 것을 덧붙여 설명한다. 하지만, 이 도표에 너무 많은 것을 추가해서 어수선하게 만드는 것보다는 단일 도표로 압축하는 것이 최상이다. 독자들은 내가 세미나에서 성경 일부를 버리기를 원하는 것인지, 아니면 정말로 광범위한 기독교 전통을 버리기를 원한다는 의미인지를 자주 질문한 것에 대해 놀라지 않을 것이다.

그 질문에 대한 대답은 "아니오"이다. 내 생각을 설명하는 데 도움이 되는 이미지는 전통적인 재즈밴드의 이미지일 것이다.

재즈밴드의 리더는 누구인가?

재즈에 관해 아는 사람들은 그것이 매우 어리석은 질문이라는 것을 알 것이다. 음악의 특성상 어떤 순간에도 트럼펫 연주자, 색소폰 연주자, 바이올린 연주자, 피아노 연주자, 베이스 연주자 혹은 그 누구라도 리더가 될 수 있다. 동시에 리드 악기의 역할에 의미를 부여하는 기본 화음을 구성하기 위해 그들 모두는 배후에서 연주해야 한다.

나는 기독교 전통을 그렇게 생각하게 되었다. 특정 역사적 상황에서 성경과 광범위한 전통의 다양한 측면이 돋보였고, 그들의 탁월함은 당시의 문화적 필요를 대변하는 그들의 능력에 의해 결정되었다. 교회 역사에서 초기 몇 세기 동안, 예수님의 주요 이미지는 선한 목자였다.

왜 선한 목자 이미지인가?

아마도 박해의 시기에 선한 목자 이미지는 고통받는 사람들의 마음을 대변했을 것이다. 그들은 안전과 보안이 필요했고, 선한 목자는 그것을 제공해줄 인물이었다. 물론 예수님은 그리스도이며 주님이시고 구세주이시며 신약성경에 나오는 다른 수많은 유사한 이미지로 묘사되었지만, 그것들은 박해라는 특별한 상황에 필요한 용어가 아니었다. 그것들은 그 배경에서 작동하는 악기였지만, 중앙 무대에 배치되지는 않았다.

종교개혁 시기로 넘어가면, 이와 비슷한 현상을 볼 수 있을 것이다. 로마서는 마틴 루터가 로마서를 '발견하기' 전까지 1500년 동안 성경에 포함되었지만, 그것은 바울 시대의 상황과 죄책감에 관한 그 자신의 질문이었다. 또한, 그것은 그런 질문에 대해 새로운 질문을 제기하게 했고, 어두움에서 밝은 곳으로 해방했다. 모든 역사적 시기마다 이와 유사한 형태를 추적할 수 있다.

사실 그것은 신약성경이 기록된 방식을 반영한다.

다른 뉘앙스와 은유가 고대 세계의 다른 문화적, 영적 상황에 관해 더 심오하게 언급한 것을 제외하고 왜 우리는 하나가 아닌 네 개의 복음서를 갖고 있는가?

오늘날 사람들의 삶의 방식에 대한 질문을 다루기 위해서, 우리는 과거에 등한시한 성경 일부를 밝은 빛 아래 드러내므로 즉흥적으로 해석학적 등가물을 찾아내는 작업에 관여할 필요가 있을 것이다. 왜냐하면, 그것들은 실제로 우리 시대를 위한 지혜를 담고 있기 때문이다.

11. 직조하기(Weaving the threads)

나는 경험적 조사나 이성적 성찰을 통해 내 결론을 정당화하기가 어려울 것이라고 독자들에게 주의함으로써 이 장을 시작했다. 어떤 이들은 이미 그것을 상당히 절제된 표현이라고 일축했을 것이다!

하지만, 여기 나와 함께 있는 이들에게 만일 내가 반이라도 옳다면, 어떤 결과를 초래할 것인가?

한 가지 결론은, 확실히 우리가 선호하는 형태가 아닌 다른 교회 형태에 관해 우리가 더 관대해야 한다는 것이다. 비공식적인 지역적 연합뿐 아니라 공식적인 에큐메니컬 협력을 통해 많은 진전이 이루어졌다. 그럼에도 불구하고, 이것은 실제로 우리의 다양한 각 교파적 전통이 다른 교파들보다 복음에 대한 더 나은 비전을 갖고 있다거나 다소 다른 은혜의 수단에 접근하는 방법을 갖고 있다는 암묵적 확신과는 별개로 존재할 이유가 없기에, 매우 도전적인 것으로 입증될 듯하다.

나는 우리가 교회를 단지 하나의 모델로 균질화하려고 할 때, 우리도 가치 있는 것을 상실할지도 모른다고 생각한다. 공식적인 에큐메니컬 운동은 오래전에 그런 노력을 포기했지만, 전통적인 교회들이 은사주의 교회에서 유래한 현대 예배 찬양(contemporary worship songs)을 접목하여 자신들의 예배를 더욱 최신의 형태로 만들려고 시도한다. 그리고 일부 은사주의 교회들은 고대의 의식과 예전적 형태를 다시 도입하려고 시도하면서, 북반구 전역의 교회 가운데 더욱 혼종적 형태를 만들려는 시도가 있었다. 진정한 통합은 거의 일어나지 않기 때문에 누구도 편안함을 느끼지 못한다고 말하는 단순한 방법인 '예배 전쟁'(worship wars)에 대한 많은 언급이 있다.

찬양과 예배음악에 의해 영성이 형성된다고 주장하는 사람들은 신비하고 무의미한 전통에 의해 자신들이 방해를 받는다고 주장하는 반면, 유산으로 물려받은 전통을 통해 영성이 형성된다고 주장하는 사람들은 의미 없는 형태를 도입해 정신이 팔려있는 자신들의 모습을 발견한다. 그렇게 되면, 두 집단 모두 무력하게 되고 결국 다른 사람들이 교회와 연결되기를 바랄지도 모른다는 생각조차 꺼리게 된다.

'관련성'(relevant)에 대한 관심은, 복음의 부르심이 '성육신적'이 되는 경우에 많은 교회를 고통스럽게 한다. 이것은 무엇보다도 복음을 전하기 원하는 사람이 이미 '영적'이라고 여기는 복음을 연결하려고 다른 (현지의) 방식의 수용을 심각하게 고려한다는 것을 의미한다. 또한, 우리가 복음이 무엇인지 구체적으로 설명하는 방법에 대해서도 중요한 도전이 제기된다. 수세대에 걸쳐 서구세계(그리고 기독교 신학)는 죽음 이후의 삶에 집착해 왔으며, 다 그런 것은 아니지만, 여전히 대부분 복음의 제시에 있어서 특징적인 경향을 띤다. 이전 장에서 우리는 점점 더 두려운 분위기 가운데 살고 있지만, 죽음을 넘어 개인적인 생존보다는 지구나 인류의 생존에 더 집중하는 듯하다는 것을 주목했다.

현재 광범위한 문화에서 그렇게 많은 관심이 영성과 삶의 방식에 집중되는 것은 우연이 아니다. 진실은 오늘날 사람들이 죽는 것보다 사는 것을 더 두려워하고 있다는 것이다. 그 증거로, 우리는 모든 연령대의 사람들, 특히 젊은이들 가운데 증가하는 자살률을 살펴볼 필요가 있다. 영화 **자살클럽**(Suicide Club)은 고등학생들이 기차역 플랫폼에 줄을 서서 기차가 들어오자 동시에 뛰어내리는 장면으로 시작한다. 이들의 행동은, 자포자기의 행동이 아니라 생활방식을 선택하는 행동으로서, 일본에서 시작된 이런 최신 유행은 이제 전 세계적으로 확산하고 있다.

사람들은 동반 자살(suicide pacts) 온라인 채팅방을 만들어 그것을 실행하기 위해 만난다.[23] 에든버러대학교에서 수행한 프로젝트에서 (연합성서공회 [United Bible Societies] 전 총무) 퍼거스 맥도날드(Fergus Macdonald)는 교회 밖 청년들의 성경 읽기나 성경 참여(Scripture engagement)를 조사했다. 그 연구조사의 목적으로, 그는 일정 기간 **렉시오 디비나**(*lectio divina*)를 활용하여 시편 읽기에 참여할 다양한 학생들을 모집했다.

그 과정에서 그들의 삶의 열망을 지배하는 여섯 가지 주요 특징들이 드러났다.

(1) 좋은 시간을 보내는 것(쾌락주의)
(2) 좋은 사람으로 보이고 친구를 사귀는 것(선호의 대상이 되고 친구를 갖는 것)
(3) 고통을 해결하는 것(고통을 피하려는 소망)
(4) 진리 탐구의 원천으로서 개인적 경험을 매우 높이 평가하는 것
(5) 제도와 기관에 대한 의심(회의주의)

---

[23] http://news.bbc.co.uk/2/hi/programmes/newsnight/4071805.stm를 비교하라.

(6) 삶의 모호한 경험에 관한 관심(질문)[24]

영적인 의미가 생활방식과 연관된 문제에서 시작하는 세대에게 선교를 위한 중요한 도전이 있다.

우리는 믿음이나 신비한 경험을 중시하는 사람들과 여정을 함께하는 방법을 알고 있지만, 생활방식의 문제를 최우선으로 여기는 사람들과 어떻게 동행할 것인가?

우리는 믿음의 경로를 통해 우리에게 다가온 사람들과 함께 걸어온 오랜 역사를 갖고 있으며, 소속감을 품고 출발하려고 무던히 노력했다.

그러나 삶에 가장 관심을 두는 사람들과 같은 소속감을 느낄 수 있는가?

주의 깊은 독자들은 이것이 바로 내가 아내의 *Spirituality to Go* 사역과 연결된 지점이라는 사실을 깨닫게 될 것이다. 사실, 이것은 몇몇 고대 교회 실천의 재현인데, 그것은 성문화된 형태로 적어도 히폴리투스(Hippolytus)의 이름과 관련된 3세기 문헌(사도 전통[the *Apostolic Tradition*])으로 거슬러 올라갈 수 있으며, 2세기 디다케(*Didache*)와 디오게네투스에게 보내는 서신(the *Epistle to Diognetus*)에서 그리고 궁극적으로는 예수님의 제자 공동체의 형성에서 유래한다.[25]

나는 우리가 오늘날 사람들을 위해 이런 고대의 교리문답의 도구들을 재생하자고 제안하는 것이 아니다. 왜냐하면, 이 도구의 구체적인 권장 사항은 그 시대에 속한 것이지만, 우리가 이런 초기의 사례들에서 무엇인가 배울 모범적 양식이 있기 때문이다. 리처드 로어(Richard Rohr)는 그것을 간결하게 설명한다.

24　Cf. Fergus Macdonald, *The Psalms and Spirituality: A Study of Meditative Engagement with Selected Psalms among Edinburgh Students* (PhD thesis, University of Edinburgh, 2007).

25　이에 대한 자세한 내용은 다음을 참조하라. John Drane, *Faith in a Changing Culture* (London, HarperCollins, 1997), pp. 218-23; Richard V. Peace, *Conversion in the New Testament* (Grand Rapids MI, Eerdmans, 1999).

그리스도인들은 새로운 삶으로 들어가는 길을 생각하지 않는다. 그들은 새로운 사고로 그들의 길을 걸어간다.[26]

만일 내가 이런 생활방식(혹은 윤리적)의 경로를 기독교 신앙으로 향하는 주요 전환점으로 파악하는 것이 맞는다면, 우리는 신앙의 본질에 대한 고전적 이해와 그것이 어떻게 발전되고 육성되는지 재검토할 필요가 있을 것이다. 제임스 파울러(James Fowler)와 존 웨스터호프(John Westerhoff III)와 같은 학자들은 자기계발(personal development)과 신앙 성장(growth of faith)의 관계 이해에 지대한 공헌을 했다. 그들의 통찰력이 항상 좋은 평가를 받는 것은 아니며, 특히 파울러는 오로지 남성 중심의 행동방식(그가 인정하고 해결조치를 취한 것)에 근거한 이론을 주장하여 비판을 받았다.

그러나 그들의 모든 모델은 서구사회에 기독교 왕국(Christendom)의 영향력이 여전히 강하던 시기에 유래했다는 점도 주목할 만하다.[27] 그 상황에서 대개 '무엇에 관한 믿음'(belief about)은 '무엇에 대한 믿음'(belief in)보다 선행하며, 따라서 개인적인 신앙은 물려받은 신앙(문화나 가족에게 물려받은)에서 자신의 신앙(자신의 세계관과 삶의 방식으로 내면화된)으로 이동한다는 전제가 있다.

이런 발달 이론이 '회심'(conversion)과 같은 전통적인 용어를 사용하는 한, 그런 개념으로 압축된 급진적인 변화는 삶의 전 영역에 스며들고 알려져서 소유된 신앙(owned faith)으로의 전환과 동일시되었다. 그러나 오늘날 이것은 더이상 양육 과정에서 기독교 신앙에 전혀 노출되지 않은 (대다수) 사람들에게는 해당하지 않는다. 따라서 나는 이런(그리스도와 신앙 공동체의) 경험이 처음이며 이런 상황에서 실질적인 제자도의 기초를 탐구하도록 강

---

26   Richard Rohr, Simplicity: The art of living (New York, Crossroad, 1991), p. 59.
27   James Fowler, Stages of Faith: The psychology of human development and the quest for meaning (San Francisco, Harper & Row, 1981); John H. Westerhoff III, Will our Children have Faith?, 2nd edn (Harrisburg PA, Morehouse, 2000).

요할 때, 1세기와 같은 상황으로 돌아가지 못할 것으로 생각한다.

오늘날 사람들은 (신앙 통합적인 생활방식을 채택함으로써) 먼저 '회심하고' 나서 자신의 영적 여정의 출발점을 탐구하는 것이 아니라, 자신의 삶이 어떻게 그리고 왜 새로운 방향으로 나갔는지를 성찰하면서 계승된 신앙의 내용을 탐구하는 것이 아닐까?

만일 이것이 정말로 사실이라면, 그런 사람들을 위한 기독교 신앙으로 들어가는 진입점은 교리나 전통적 변증론(혹은 알파 코스)이 아니라, 기도와 묵상과 치유와 같은 실천에서 시작될 것이며, 교회의 의제가 아닌 목적과 정체성에 대해 질문하는 사람들의 의제에서 시작될 것이다.

나는 행동하지만 믿지 않거나 소속되지만 행동하지 않는 그리스도인, 혹은 그 밖에 어떤 가능한 조합으로 정의할 수 있는 그리스도인에게 단선적인 제자도를 기대하거나 장려해야 한다고 제안하는 것이 분명 아니다. 오히려 나는 오늘날 많은 사람이 겪고 있는 불안의 중심에 행동과 믿음과 소속감의 통합이 부족하다는 것을 말하고 있다.

그렇기에, 끊임없이 우리의 삶에 존재하는 압력을 고려하여, 만약 복음이 그들을 구속할 수 없다면, 왜 우리는 누군가가 귀찮게 할 것이라고 기대하겠는가?

여기 내가 생각하고 있는 것을 설명하는 또 다른 도표가 있다.

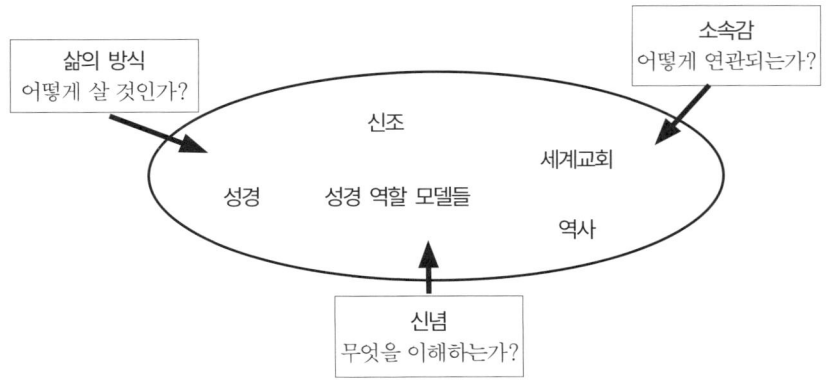

이 도표는 사람들이 들어가려는 여러 개의 문을 가진 방처럼 생긴 모든 기독교 전통을 구상한다. 어떤 사람은 신념체계에 매료되어 방으로 들어올 것이고, 그들의 출발점은 뇌와 인지, 심지어는 지적인 방식일 것이다. C. S. 루이스(C. S. Lewis)는 그런 회심자 중 하나였다. 그는 지적으로 확신했지만, 감정적으로는 확신하지 못한 자신을 당시 '영국에서 가장 실의에 빠져 주저하는 회심자'로 묘사했다.[28]

어떤 사람들은 힘을 불어넣고 양육하는 방식으로 자신들의 삶의 방식을 재창조하려 할 것이고, 다른 사람들은 공동체에 대한 열망을 통해 기독교 전통과 만날 것이다. 그러나 일단 안에 들어가면, 모든 사람은 그 자체가 총체적이고 생명을 주고 기대를 확장하고 도전하는 역사적 전통의 풍부함을 드러내는 다른 연계성과 가능성을 발견할 것이다.[29]

방향성은 아니더라도, 이것은 많은 그리스도인에게 기어를 바꿔야 한다는 것으로서 거의 지적할 필요가 없을 것이다. 여러 세대에 걸쳐 우리는 부흥 운동이 마치 비그리스도인을 영적인 고향으로 돌아오라고 초청하는 것처럼, 선교를 부흥 운동의 관점에서 이해했다. 따라서 우리가 충분히 노력하거나 그들의 필요에 부응할 수 있는 적절한 프로그램을 개발(또는 구매)하기만 하면, 그들이 응답할 것으로 생각한다.

그러나 이런 접근은 기독교 왕국의 문화가 여전히 존재하고, 기독교 신앙의 근본적 흐름이 북반구의 일반적인 사람들에게 영향을 미치고 있다고 가정한다. 이런 흐름을 믿는다는 것은 거부의 형태이다. 왜냐하면, 기독교가 신념이나 실천 또는 생활방식과 연관된 문제이든 상관없이 대다수는 기독교에 관해 전혀 알지 못하기 때문이다. 전혀 경험하지 못한 것을 통해

---

28 C. S. Lewis, *Surprised by Joy: The shape of my early life* (London, Geoffrey Bles, 1955), pp. 28–9.
29 레이먼드 펑(Raymond Fung)의 작업에 익숙한 독자들은 생활방식과 관련하여 내가 여기서 제안하는 것과 효과적인 선교의 핵심인 '이사야 비전'에 대한 그의 개념 사이에 몇 가지 유사점을 인식할 것이다. 예를 들어, Raymond Fung, *The Isaiah Vision* (Geneva, WCC, 1992).

사람들을 다시 불러낼 수 없다. '부흥을 위한 기도를 멈추라'라는 스튜어트 머레이(Stuart Murray)의 충고는 극단적으로 들릴지 모르지만, 기독교 왕국의 이런 사고방식이 '환멸을 조장하고 상황적인 선교적 참여(contextual missionary engagement)를 방해하는 비현실적 기대감'을 만들어 낸다는 그의 지적은 타당하다.[30]

물론 여기서 칭찬하는 방식으로 사람들과 여정을 함께하는 것은 위협적일 수밖에 없는데, 이는 자신의 연약함을 드러내지 않고 다른 사람과 함께 걷는 것이 불가능하기 때문이다. 또한, 하나님의 선교(missio Dei) 개념이 모든 것의 핵심이기 때문에, 그것은 우리에게 더 의식적으로 하나님께 의지해야 한다고 요구한다.[31]

레슬리 뉴비긴(Lesslie Newbigin)은 교회가 '선교를 복음의 일부라기보다 율법의 일부로 만들므로, 선교가 기쁨이라기보다 부담으로 여기는' 경향을 보인다고 주장했다.[32] 이런 경향이 나타난 주요 이유는 선교를 본질적으로 인간의 활동으로 간주했기 때문인데, 더욱 충실한 성경적 이해가 선교를 인간의 협력을 요청하는 신적 활동으로 보지만, 우리는 집중적인 기도를 통해 하나님의 도움을 요청할 필요가 있다고 생각한다. 이 두 주장 사이에는 개념적으로 뿐만 아니라 실제적인 면에서도 엄청난 차이가 있다. 왜냐하면, 만일 선교가 우리가 하는 일이라면, 우리는 그것을 확고하게 통제하고 조절하며 어느 정도까지 그 결과를 예측할 수 있기에, 우리 자신의 안전지대를 넘어서 결코 도전하지 못할 것이다.

그러나 만일 하나님이 선교를 주도하신다면, 그것이 우리를 어디로 인도할 것인지 그리고 그 결과가 어떻게 될지 누가 알겠는가?

30　Stuart Murray, *Post-Christendom* (Carlisle, Paternoster Press, 2004), p. 203.
31　부흥 운동에 대한 자세한 내용은 다음을 참조하라. Ian Stackhouse, *Gospel Driven Church* (Carlisle, Paternoster Press, 2004), p. 28.
32　Lesslie Newbigin, *The Gospel in a Pluralist Society* (Grand Rapids. Eerdmans, 1992), p. 216.

하나님께서 사람들의 삶에서 일하시는 다양한 방식에 대한 충분한 인식과 하나님이 행하시는 일을 기꺼이 수용하려는 의지는, 다른 사람들뿐 아니라 그리스도인들에게 확실히 두렵지만, 변혁적인 선교 방식을 제공한다. 물론 이런 방식은 그 근거를 예수님의 본보기에 두고 있기에 매우 오래된 패러다임으로 돌아가는 것이다. 이것이 교회의 지속적인 사역과 관련하여 의미하는 바는 다음 장의 주제다.

제 4 장

사역

　적어도 오늘날 북반구의 지역 교회 목회자에게 기독교 사역은 지구상에서 가장 힘든 일 중 하나다. 앞 장에서 문화적 도전이 교회의 삶과 활력에 실제로 변화를 가져오는 지역적 상황을 강조했다. 어떤 지역 교회들이 번성하고 있다는 것을 부인할 수 없는데, 이 장을 양적·질적으로 성장하는 교회 이야기로 채우는 것은 그리 어렵지 않을 것이다. 그리스도인이 신앙을 소비주의적 선택으로 간주하여 영적인 안락함을 위해 그들이 생각하는 요구를 가장 잘 채워줄 교회를 선택하는 것처럼, 이 질문의 이면에는 한 교회의 성장이 종종 다른 교회의 침체라는 직접적 결과로 나타난다는 것이다.

　이런 현상은 대개 초대형 교회(megachurch)의 부상으로 설명된다. 초대형 교회의 정의에서(2,000명 이상의 신자들을 보유한 교회), 여전히 전적으로 미국적 현상이지만, 만일 우리가 인구 기반과 예배에 참석하는 전체 수준과 연관하여 조정한다면, 이미 큰 교회로서 더 커지려는 교회들의 성장은 여전히 북반구 여러 곳에서도 발견할 수 있다. 비록 가장 큰 교회들이 10,000명 이상의 신자들을 갖고 있지만, 교회에 가는 사람들의 25%가 단지 4%의 교회에서 예배를 드리고 그 교회들이 400명 이상의 신자들을 가진(세계적 기준에는 적은 수이지만 75%의 교회들이 100명 이하의 신자들을 보유한)

영국에서 이런 경향이 분명하게 나타난다.[1]

1. 교회, 사역, 사회

큰 어려움에 직면한 작은 교회를 비판하기보다는 부유하고 성공적인 교회를 선택하는 사람들을 비판하기는 쉽다. 내 경험에 따르면, 큰 교회는 전체적으로 낯선 사람을 더 의도적으로 환영하며, 작은 교회는 본질적으로 불친절하고 교회 밖에 있는 사람들은 고사하고 다른 그리스도인에게 관심이 없는 내성적인 주류 신자들이 주류를 이루기 때문에 기존의 방식으로 유지되는 경우가 많다.

그러나 많은 사람은 대형 교회가 (주일학교에서) 자녀 교육의 다양한 기회들을 제공하는 것을 아주 매력적으로 생각한다. 즉, 주일학교 교육이 소수의 어린이 주일학교나 청소년부를 보유한 교회에서는 일어날 것 같지 않지만, 대형 교회에서 자녀들은 큰 규모의 동료 집단의 일부가 되어 신앙이 성장하는 기회를 잡을 수 있다.

비록 많은 사람이 다른 사회적 상황에서 전임으로 봉사할 수 있는 대규모 사역 팀에 기꺼이 재정적 지원을 하지만, 연중무휴의 생활방식이 주는 스트레스와 압박을 받으며 돈은 많은데 시간이 부족한 현상은 그들이 작은 교회에서 시간을 투자하여 자원봉사를 할 수 없다는 사실을 발견한다.

또한, 독신자들은 기회를 대형 교회가 규범적인 결혼생활에 근거한 고정관념들을 따르라는 압박감을 느끼지 않고도 다른 독신자들을 만나는 기회를 대형 교회가 제공할 수 있다는 것을 발견한다.[2] 물론 큰 그림을 볼

1　Peter Brierley, *Pulling out of the Nosedive. A contemporary picture of churchgoing: What the 2005 English Church Census reveals* (London, Christian Research, 2006), pp. 153–63.
2　Cf. Philip B. Wilson, *Being Single in the Church Today: Insights from History and Personal Stories* (Harrisburg PA, Morehouse, 2005).

때, 우리가 대형 교회들의 성장에서 거짓된 안락함을 취하고 있다는 것이 곧 분명해진다. 왜냐하면, 그 근원적인 실재는 전체 인구 중 그리스도인의 수가 전 북반구에서 지난 40년 동안 감소했으며, 실제로 교회 성장처럼 보이게 작용한 요소들이 대부분 기존 그리스도인의 이동보다 많지 않았다는 것이다.

실제로 대다수 교회는 특별히 크지 않다. 비록 정확한 숫자는 교파(로마 가톨릭교회가 개신교 교회들보다 더 큰 경향이 있다)와 통계를 수집하는 방식에 따라 다양할지라도(점점 더 오로지 주일 예배 참석자와 연관된 숫자들은 교회의 실질적인 수적 강점이나 공동체 안에서 그 영향력을 반영하지 않는다), 영국과 미국의 평균적인 교회의 예배 참석자는 100명 이하이다.

내가 이 장에서 집중하기 원하는 것은 이런 평균적인 교회의 지도자들이 직면하는 도전이다. 내가 말하려는 것은 분명히 대형 교회 지도자들을 위한 일종의 교훈을 담고 있지만, 그것들은 이 장에서 주요 관심이 아니다.

지난 4~5년 동안, 나는 많은 나라에서 수많은 교파에 속한 성직자들을 위한 많은 세미나를 인도했다. 비록 모든 사람의 문제들이 그들의 지역적 상황이나 교파 혹은 신학적 관점에서 독특하다고 생각하는 것처럼 보일지라도, 내게 계속하여 충격이 된 한 가지는 결국 우리가 모두 한 주제에 관한 변화들과 어떻게 씨름을 하고 있는가이다. 용어는 다를 수 있으며, 사역에 대한 신학적 이해도 다양할 수 있지만, 우리의 일상생활에 영향을 주는 지점에서 동일한 관심사들은 그냥 어디서나 표현된다.

사역 가운데 교단 지도자들이나 교구 주민들 그리고 대개 그들 모두에게 오해를 받고 저평가된다고 환멸을 느끼는 사람들이 없지는 않다. 그들이 은퇴할 때까지 사역을 유지하고 그 후에는 그 사역이 누군가의 문제일 것이라는 절실한 희망을 품고 있지만, 변화의 필요성을 깨달으며, 많은 사역이 그들의 손끝에 달려있다는 것은 놀랍지 않다. 연관이 없는 사람들은 일련의 가능한 해결책으로 다른 교회로 옮기거나 단순히 목회 사역 아니면 완전히 교회 밖의 사역이라는 다른 전임 사역을 위해 떠난다.

　이런 사역전환의 배경에는 종종 박탈감과 사별감이 있다. 사별감은 우리가 사역 훈련을 받은 교회가 이제는 존재하지 않기 때문에 나타나는 감정이며, 박탈감은 한때 훌륭한 신학교육의 중심이라고 여겨졌고 신실한 섬김을 위해 평생 신중하게 연마했던 기술들이 이제는 기껏해야 시대에 뒤떨어진 것처럼 보이고 최악의 경우에는 교회의 쇠퇴에 이바지하는 요인으로 보이기 때문에 나타나는 감정이다.

　얼마 전에 나는 은퇴한 교단 관계자와 대화를 나누었다. 그는 자신의 교단에서 사역자들의 목회적 돌봄을 담당했는데, 그는 내가 설명한 것처럼 많은 좌절의 경험이 있었다. 그의 설명은 오늘날 사역자들이 에베소서 4:11에 나타나듯이 '목회자와 교사'로 훈련을 받았고 그런 이유로 우리가 지금 직면하는 선교적 상황에서 사역하는 방법을 모른다는 것이었다.

　누군가는 그것을 다르게 말할 수도 있을 것이다. 사역자들은 사람들이 자신을 그리스도인으로 간주하며 성직자는 그들의 영적 필요들을 위해 존재하고, 선교는-만일 그런 일이 있었다면-사람들이 잃어버린 신앙을 충실하게 준수하도록 다시 불러 모으는 부흥 모델에 기초한 기독교 왕국에서 기능하도록 훈련을 받았다.

　어느 쪽이든 그런 교회 지도자들은 사람들이 돌봄, 지지 그리고 영적 훈련을 위해 교회를 찾던 세계에서 기능하는 방식을 알고 있었다. 그러나 우리가 다른 상황에 처해 있으며 사람들은 대개 당연히 교회로 오지 않는 오늘날, 그런 사람들은 자신들이 항상 해왔던 것을 제외하고 무엇을 해야 할지 모르는 어려운 상황에 직면했다.

　즉, 많은 사람에게 이것은 전체 인구 중 아주 소수, 즉 곧 세상을 떠날 사람들만 대한다는 인식으로 인한 우울함은 말할 것도 없고, 인생의 황혼기에 접어든 나이 든 사람들을 돌보고 그들의 장례식에 참석하는 것 이상의 과중한 부담을 져야 하는 호스피스 병원과 같은 영적 줄달음질을 치는 것을 의미한다. 내가 언급한 그 교단 관계자는 쉬운 길을 택했다. 그는 이

상황을 다루어야 할 필요성을 인식했지만, 자기 교단의 대학에서 사역자들의 훈련과 연관된 일을 하지 않았으며 은퇴할 때까지 현 상태를 유지했고, 그 후 그것은 그의 후임자의 문제가 되었다(거의 불가능한 과제에 직면한 그의 후임자는 자기 자신을 부정하는 같은 순환을 반복하므로 생존하는 데 그칠 것이다). 이런 종류의 도전에 직면할 때, 나를 놀라게 하는 것은 많은 성직자가 분노하고 환멸에 빠지는 것이 아니라, 여전히 정신을 차린다는 것이다.

교단 지도자들 대부분은 이런 긴장이라는 현실을 인식하고 있지만, 문제가 제기되는 방식이 반드시 문제 해결에 도움이 되는 것은 아니다. CPD, CME 그리고 다수의 다른 첫머리 글자들(acronyms)이 직장생활의 다른 모든 영역에 적용되듯이, 그것들은 현대 사역의 유행어가 되었다. 그러나 상업적 기구들과는 달리, 교회는 전형적으로 현실적인 변화를 가져올 수 있는 그런 사안들을 처리하기 위해 충분한 시간을 할당하지 못한다. 자신의 전문지식이 의문의 대상이 되는 사람에게, 만일 연중 두세 번의 일일 세미나에 각각 다른 조정자(facilitator)들이 초청된다면, 그 세미나들을 통해서는 사안을 처리할 수 없을 것이다.

대개 사람들이 마음을 열고 현실적인 두려움과 힘을 반드시 인정하기 시작할 일종의 안전한 공간을 창출하려면 적어도 하루가 필요하다. 그런 공간이 필요한 것은 너무 자주 이런 행사들이 열리는 경우에 유일한 문제는 실제적인 해결책을 탐구하기 위한 어떤 공간도 없이 문제를 해결하기 위한 설명이 제시되기 때문이다. 사역자들이 안식년을 준비하는 과정에서 이같은 일이 일어날 수 있다. 당신이 지금처럼 매우 탈진한 상태에 있다면, 실제로 안식년을 보내고 있다고 느끼기 전에, 사역에서 벗어나는 데 두어 달 걸릴 수 있다.

따라서 안식년 자체가 2~3개월 지속된다면, 어려움에 처한 교회 지도자들이 자신과 회중을 위한 새로운 가능성을 보는 데 도움이 될 수 있는 우선 순위에 대한 개인적인 재평가 측면에서 가장 유익할 수 있는 바로 그 시점이 될 것이다.

2. 지역 교회와 지도자

  성직자의 고투는 고립으로 이해될 수 없지만, 모든 성직자가 직면하는 압박감의 견지에서 바라볼 필요가 있다. 앞 장에서 살펴본 일종의 문화적 불안으로부터 예외적인 사람은 없다. 우리는 모두 급속하게 변하는 상황 가운데 살고 있지만, 많은 교회는 예외적으로 통제 불가능한 실존적 폭풍 가운데 상대적으로 고요한 천국이 되었다. 교회생활에 대한 어떤 재평가도 거부하는 교회위원회의 평신도 구성원들을 비판하고 그들을 하나님의 사역을 방해하려는 헌신 되지 않은 곤란한 사람들로 묘사하기는 쉽다.

  그러나 둘 다 그렇게 간단한 사안이 아니다. 오늘날 대부분의 교회에서 대개 평신도 지도자들은 노년층이며-내 경험으로 많은 젊은이도 포함된다. 최근 몇 년 동안 아내는 스코틀랜드 북동부와 셰틀랜드섬에 있는 14개 교회에서 선교 컨설턴트로 일했다. 그녀는 무슨 일이 일어나고 있는지 살펴보려고 한 청년 그룹을 예고도 없이 방문했다. 그녀는 상당히 많은 수의 20대 청년이 그 그룹에 있는 것을 발견하고 놀랐는데, 그들 중 한 청년은 30세가 되면 탈퇴해야 하는 그 그룹의 지도자였다.

  그가 아내에게 한 질문은 지금부터 50세 사이에 내가 무엇을 할 수 있는가?

  나는 누군가가 그것을 정책으로 설명했는지 의심하지만, 그 젊은이의 관찰은 오직 그 연령대와 나이 든 사람만 그가 속한 교회의 리더십이 되어야 한다는 것이었다. 그것은 그 교회에서는 자연스러운 역할과 위치였기에, 그는 중년이 될 때까지 일종의 영적으로 어중간한 상태에 있어야 한다고 느꼈다. 그러나 만약 그가 일반적인 추세를 따른다면, 50세가 될 때까지 교회에 오지 않을 것이다. 다른 교회에는 젊은 사람이 거의 없는데, 젊은 사람만 있다면 지체 없이 지도자로 임명될 것이라고 내게 말한다.

  이런 교회의 문제는, 교회에 젊은이들이 많던 과거에 중년층과 노년층만 지도자로 진지하게 고려했다는 것이다. 내가 이 장을 쓰는 중에 아내의 풀러신학대학원 학생 중 청년부 담당 사역자로 일하던 학생이 자신의 교회에서 일어난 리더십에 관한 논의를 우리와 나누었다. 그 교회의 목사는 30년 이상 담임목사로 시무했는데, 사람들의 말에 따르면 그는 사역을 잘 했다.

이제 그가 은퇴하면서 (주류교단의 교구) 교회는 후임자를 결정해야 했다. 모든 정황은 (많은 증거가 있었다) 전임자의 사역을 이어받을 새로운 목회자를 청빙하기까지 기간이 매우 짧다는 것이었다. 대개 목회자 청빙은 새로운 사역자의 능력이나 기술과 연관되지 않지만, 신자들이 새로운 목회자를 맞는 전환기에 상실감을 다루는 애도 기간이 필요하다는 사실에 기인한다. 이런 상황에 처한 신임 목회자는 항상 전임자의 그늘 아래서 살아가며, 전임자와 다르다는 이유로 자주 비판을 받는다.

그렇기에 신자들이 상실한 것을 애도하고 장기 계약 없이 새로운 방식들로 전환할 수 있는 공간을 만들기 위해, 몇몇 교단이 으레 임시 담임목사를 두는 주요 이유이다. 하지만 이 교회의 청년부 사역자는 내가 보기에는 가장 창의적인 아이디어를 제안했다. 그는 은퇴하는 담임목사가 1년에 150,000불의 급여를 받았다는 것에 주목하며(영국 독자들은 놀라지 말라. 이것은 남 캘리포니아다!), 그 돈으로 지역 공동체에 교회를 알리고 사역을 다각화할 능력을 소유한 세 명의 목회자에게 5,000불의 연봉을 주고 청빙하는 방안을 제안했다.

그의 주장은 부분적으로 오랫동안 사역한 담임목사를 대체하는 개인의 어려움에 근거한 것이었지만, 교회와 공동체 모두의 필요가 지난 30년 동안 중대한 변화를 겪고 있었으며, 1970년대를 위한 적합한 사역 모델이 더이상 최선의 선택이 아니라는 현실에 근거한 것이었다. 이것이 실제로 좋은 아이디어라고 생각하며 지지하려는 사람은 단 한 명뿐이었다. 교회의 미래를 식별하기 위해 노력하던 청빙위원회는 그 문제의 이유를 충분히 이해할 수 있었고, 심지어 장기 사역이 지속되기 어렵다는 것에 동의했다.

하지만 그 제안은 결코 실행에 옮겨지지 않았다. 나는 이 청년이 몇 년 전 내 수업을 들었을 때, 교회 지도자들은 그가 매일 9시부터 5시까지 근무하길 원하며 청소년 사역자로 고용했다고 말했다. 그는 이렇게 물었다.

어떻게 그들은 그가 사무실에 있으면서 젊은이들을 전도하길 기대하는가?

그렇지 않다면 왜 똑똑한 사람들이 교회 안에서, 특히 (일반적으로 그렇듯이) 자신들이 여생을 그런 식으로 살지도 않으면서 그런 어리석은 판단을 하는가?

다 그런 것은 아니지만, 현재 리더십이 속한 중년층은 대부분 교회 안에서 활동하며 살아온 것처럼 보인다. 그들은 영적 여정을 인도하는 길잡이로서 이사회와 위원회의 선임자들과 이전 세대 목회자들에 의존했다. 그들은 교회가 권고하는 모든 것에 복종했는데, 대부분 그들이 예상한 대로 이루어지지 않았다. 50~60대 자녀들이 대부분 10대나 그 이전에 교회를 떠나서 돌아올 기미를 보이지 않는 경우만큼 이런 일이 자주 일어나는 곳은 없다. 이런 현상은 교회에서 자란 아이들이 교회에 남을 가능성보다 떠날 가능성이 더 높다는 매우 일반적인 시나리오다.

많은 사례에 나타나는 도전은, 젊은이들이 여전히 예수님에 대한 신앙을 유지하고 있으며 십중팔구 기도와 성경 읽기 등의 훈련을 지속하고 있다는 사실에 의해 가중된다. 그러나 그들은 교회와 그 방식들(종종 교회의 위선으로 여기는 것들)이 혐오스럽다고 말한다. 최근 아내와 내가 글래스고우 교외의 한 교회에서 인도한 주말 연속 세미나에서, 성인 자녀를 둔 참석자들에게 이런 상황에서 그들의 자녀들이 교회로 돌아오려면 무엇이 필요한지 물어보라는 제안이 있었다.

다음 날 그 질문에 대한 대답들은 현저하게 일관되고 솔직했을 뿐 아니라 매우 흥미로운 사실을 보여주었다. 예외 없이 교회를 떠난 사람들은 문제가 좌석이나 음악 혹은 설교나 예전과 연관된 것이 아니라 교인들의 신랄한 관계방식과 연관된 것이라고 말했다. 이런 종류의 가족 이야기를 갖고 살아가는 사람들은 전형적으로 다음 두 가지 중 하나를 한다. 교회를 떠나거나(점점 더 많은 나이 노년층이 정확히 이렇게 행동한다), 아니면 교회 때문에 내면에 깊은 실망을 느끼지만, 자신들이 느끼는-여전히 해소하지 못한-좌절감을 표현할 장을 갖지 못하기 때문에 종종 분노를 쏟아내는 방식으로서 암묵적 부정을 드러낸다.

유사한 시나리오가 관계의 파탄, 이혼 그리고 교회의 가르침에 대해 도전하는 경험들과 연관하여 나타난다. 만일 사역자들이 자신의 두려움을 직면하는 안전한 공간이 필요하다면, 다수의 평신도도 역시 그럴 것이다. 밤이 지나면 반드시 낮이 오듯이, 하나님의 사람들 가운데 나타나는 개인적인 고통은 불가피하게 교회 공동체에 역기능을 초래하고 최상의 선교적 의도조차 약화시키는 공적인 분노로 귀결될 것이다.

내 사역의 확장된 부분은 지역 교회와 협력하여 교회와 문화에 관한 내 저술들을 통해 제기되는 이슈들을 생각하도록 돕는 것이었는데, 그 사역에서 가장 실망스러운 측면들 중 하나는 이와 유사한 이유로 그렇게 많은 교회가 분노에 억눌려 있는지 보는 것이다. 분노 그 자체가 반드시 나쁜 것은 아니며, 내가 성직자와 평신도 양자의 이야기를 들으면서 많은 사람이 교회생활을 경험하며 분노를 느낄 충분한 이유가 있다는 결론을 내릴 수밖에 없다.

하지만 우리는 분노를 직시하고, 자신의 감정을 솔직하게 표현하며, 분노에 대처하는 법을 배워야 한다. 회피(avoidance)는 합리적인 선택이 아니며, 부정하는 삶은 상황을 더욱 악화시킬 뿐이다. 더욱이 이것은 단지 교회 내부적인 문제가 아니라, 내가 자주 지도자들에게 생각해보라고 권고하는 질문으로서 심각한 선교적 파급효과를 낳는다.

화난 사람들로 가득 찬 교회의 일원이 되고 싶은 사람이 있겠는가?

앞의 문장에서 언급한 그 교회는 내가 이 장을 쓰는 과정에서 확실한 사례를 제공했다. 거기서 묘사한 워크숍은 토요일에 열렸는데, 아내는 주일 아침 예배의 초청 설교자였다. 신자들 대부분은 60대 이상이었고 나머지는 40대와 50대 그리고 20대 중반으로 보이는 한 젊은 부부가 예배에 참석했다. 예배가 끝나고 이 젊은 부부는 내 아내와 설교의 내용에 관한 대화를 멈췄다. 그 이유는, 내 아내가 교회 문 앞에서 그들과 이야기를 나누고 있는 동안, 나이든 신자들이 (문자적으로) 이 교회는 자기들 교회라고 혼잣말로 중얼거리면서 밖에서 설교자와 너무 길게 이야기를 나누다 돌아가는 이 새신자들(incomers)에 관해 비판하며 힘을 과시할 때, 나는 혼란을 감지했다!

결국, 한 나이든 부부가 몸으로 밀치고 앞으로 나아가서 대화를 중단시켰고 교회 안에서 그 젊은 부부를 실제로 쫓아냈다. 이 부부가 급하게 돌아올 것이라고 생각하기는 어려웠는데, 나는 그럴 때 그렇게 무례하게 취급받은 사람들은 아마도 교회를 떠나는 사람들(church leavers)에 관한 앨런 제이미슨(Alan Jamieson)이 수행한 리서치 참가자들과 부합할 것이라고 직관적으로 파악했다. 그의 리서치는, 조사 대상이 가장 헌신한 사람들이기에 교회의 삶을 풍요롭게 하는 데 가장 크게 기여할 수 있는 사람들이지만, 가장 소외된 사람들이라는 사실을 보여주었다.[3]

그렇지만 그 나이 많은 사람들은 그 전날 세미나에도 참석하여 교회에서 새로운 얼굴을 전혀 본적이 없다는 사실을 한탄했다!

왜 그랬을까?

사역과 선교는 동전의 양면이다. 이것이 바로 선교에 관해 이전 장에서 말한 많은 내용이 실제로 지역 교회의 사역과 관련된 이유이며, 이 장에서 여전히 근본적인 관심을 보이는 이유이다. 우리가 효과적인 선교에 참여하는 방법을 배우지 않는다면, 사역의 필요와 기회가 줄어들기에 사람들은 점점 더 교회를 떠날 것이라는 상식적인 이유 때문에 선교는 결코 사역에 관한 우리의 사고와 동떨어질 수 없다.

---

3   Alan Jamieson, *A Churchless Faith* (London, SPCK, 2002); Alan Jamieson, Jenny McIntosh and Adrienne Thompson, *Church Leavers* (London, SPCK, 2006).

3. 변화의 비즈니스

이 모든 것의 중심에는 변화에 대한 질문이 있다. '내 교회에는 변화가 일어나지 않을 것'이라는 우리가 자주 듣는 주장은 최악의 자기 기만적인 부정적 표현 중 하나이다. 이 사실들은 매우 자명하다. 지난 40년 동안 모든 교회는 변했으며 대개 나쁘게 변화하고 있다. 문화변화의 모든 이유를 제1장과 제2장에서 상세하게 설명했는데, 문화변화는 고유한 것이다. 과거에 한 세대가 다른 세대를 계승하고 이전 세대의 지혜를 바탕으로, 변화가 점진적이고 질서있게 일어나는 경향을 띠었다.

오늘날 변화는 극적이고 급격하며 예측할 수 없으며, 과거의 지혜는 우리가 새로운 조건에 적응하려고 노력할 때, 항상 우리에게 도움이 되는 것은 아니다. 서구 문화의 핵심 기반은 전례 없이 흔들리고 있으며, 정치인뿐만 아니라 그들이 운영하는 시스템에 대한 불신이 점점 더 커지면서 정부 기관조차 삐걱거리고 있다. 교회도 다르지 않다. 현재 기독교 세계를 휩쓸고 있는 변화들은 광범위한 문화가 직면한 어떤 변화만큼 예측할 수 없고 위협적이다.

과거의 확실성은 사라지고 있으며, 비그리스도인들은 고사하고 거룩한 행동방식들은 교인들에게 더 이상 감동을 주지 않는다. 질문은 교회가 변화할 것인가에 대한 것이 아니라, 우리가 변화의 일부가 되려는 의도가 있는가이다. 따라서 외부의 힘이 우리를 변화시키는 것이 아니라, 진정으로 복음의 가치가 변화에 반영되는 것이다. 우리는 무서운 시대에 살고 있다. 한때는 정착되고 고정되었다고 생각되던 많은 부분을 재구상하라는 요청을 받고 있는 시대, 즉 엄청난 기회이자 도전의 시대를 살고 있다.

그 모든 것을 말하는 것은 쉬운 일이다!
어떻게 예수님의 메시지에 충실하고 문화적 상황에 적합한 변화를 초래하고 촉진하는 방식을 발전시킬 수 있을 것인가?

교회의 리더십을 바라보는 두 가지 방식이 있다. 하나는 일상에서 교회 지도자들의 사역에 대한 실용성을 조사하는 것이다. 다른 하나는 교회의 본질에 대해 보다 근본적인 질문을 던지고 이를 통해 어떤 일을 해야 할 뿐만 아니라 어떤 과제를 성취해야 할 우리의 사역을 특징짓는 정신과 태도를 파악하는 것이다.

다음으로 나는 이 두 가지 질문을 포함할 것을 제안한다. 왜냐하면, 어려움에 처한 지도자들이 자신의 시간을 어떻게 소비하는지에 대해 불평하는 것을 들으면서 문제는 본질적으로 시간 관리, 대인 관계 기술 또는 일반적인 사역에서 요청되는(대개 스스로에게 요구하는) 것에 관한 것이 아니라, 부적절하거나 어떤 경우에는 그들이 섬기는 복음에 해로운 일을 하도록 요구를 받기 때문이다. 그러므로 나는 압력을 받는 지도자들(성직자나 평신도를 막론하고)이 그 과정에서 억압받거나 파괴되지 않고 하루하루를 헤쳐나갈 수 있는 방법을 실제로 제공하기 전에, 우리의 정체성에 관한 근본적 성찰로 시작하기 원한다.

제1장에서 나는 조셉 파인(B. Joseph Pine)과 제임스 길모어(James H. Gilmore)가 쓴 『체험경제』(*The Experience Economy*)라는 책을 언급했다.[4] 나는 교회 생활에 비즈니스 모델들의 단순한 적용이 우리가 지금 직면하는 도전들에 대한 대답이 될 것이라고 믿지 않는다. 반대로 많은 경우에서 경영기술은 교회 지도자들을 그들의 주요 과제와 소명에서 벗어나게 했으며 완전히 다른 존재방식의 선구자가 되어야 할 사람들을 관료 체제의 관리자로 축소한 것처럼 보인다.

그런데도 나는 거룩한 것과 세속적인 것 사이에 차이가 없다고 단언하고 싶다. 이것은 우리가 다른 문화에서 하나님이 일하시는 징조들을 분별할 수 있어야 한다는 것을 의미한다. 만일 사람들이 일터의 언어를 사용한

---

4   B. Joseph Pine and James H. Gilmore, *The Experience Economy* (Boston MA, Harvard Business School Press, 1999).

다는 사실에 흔들리지 않는다면 (무엇보다 그들은 사업 전문가들이다), 파인과 길모어는 교회의 목적과 사역을 충분히 고찰하는 유용한 관점을 제공할 것이다.[5]

내가 앞에서 인용한 구절은 소위 '변혁 비즈니스'(the transformation business)의 중요성을 강조했다.

피트니스 센터의 예를 선택하면서 그들은 '사람들이 무엇을 위해 요금을 지불하는가?'라는 질문과 관련하여 그 목적에 관해 묻는다. 피트니스 클럽이 회원들의 삶에 신체적, 정신적 변화를 제공한다고 광고할 수도 있지만, 파인과 길모어는 그들 대부분이 '진정한 변혁 비즈니스'에 종사하는지 의문을 제기한다. 회비를 부과하는 이유는 사람들이 변화의 도구에만 접근할 수 있기 때문이다. 대신 사람들의 삶을 변혁하려는 사명을 중요하게 여기는 헬스클럽은 회원들의 건강과 웰빙(well-being)에 대한 열망을 충족시키기 위한 비용을 청구할 것이다.

만일 그 열망이 정해진 기간 내에 채워지지 않는다면, 피트니스 클럽은 회비를 받을 수 없거나 회원들의 열망이 이루어지는 과정에 상응하여 약간의 차등을 두고 회비를 청구할 것이다. 다시 말해서, 헬스클럽은 고통에 대해 청구하는 것이 아니라 이익에 대해 청구할 것이다.[6] 그들은 계속하여 비즈니스를 하는 다른 방법들과 소비자들이 지급하는 이유를 다음과 같이 제시한다.

당신이 실제로 청구하는 것은 당신 자신이다…. 만일 당신이 **물건**(stuff)에 대해 청구한다면, 당신은 **상품**(commodity) 비즈니스를 하는 것이다. 만일 당신이 **유형적인 것들**(tangible things)에 대해 청구한다면, 당신은 **제품**(goods) 비즈니스를 하는 것이다. 만일 **당신이 실행하는 활동**에 대해 청구

---

5 이것을 알면 도움을 받을 사람들을 위해서, 나는 파인과 길모어 둘 다 기독교인이라는 점을 지적하고 싶다. 이것은, 그들이 내가 제1장에서 언급한 성경적 모델을 사용하고 그들의 책을 '우리 믿음을 온전하게 주님께'라는 말로 헌정한 것을 확실히 설명한다.

6 Pine and Gilmore, *The Experience Economy*, p. 192.

한다면, 당신은 **서비스**(service) 비즈니스를 하는 것이다. 만일 당신이 **고객과 함께 보내는 시간**에 대해 청구한다면, 당신은 **체험**(experience) 비즈니스를 하는 것이다. 만일 당신이 **고객이 달성한 입증된 구체적 결과**(demonstrated outcome)에 대해 청구한다면, 그렇다면 정말로 당신은 **변혁** 비즈니스를 하는 것이다.[7]

이것은 우리가 교회에 대해 생각하도록 배운 방식이 아니기에, 나는 잠깐 의심을 멈추고 어떻든 그것에 관해 숙고하도록 당신을 초대한다.

이 분류법을 사용하면, 교회가 세상에 제공하는 '제품'(product)은 무엇인가?

내가 만난 대부분 교회가 서비스 비즈니스와 체험 비즈니스 사이에서 작동하고 있는 듯하다. 대부분 교회가 쏟는 에너지는 비즈니스에 집중된다('당신이 실행하는 활동'). 우리는 스스로에게 질문할 필요가 있다.

이것이 복음이 말하는 것인가?

아니면, 파인과 길모어가 변혁 비즈니스라고 부르는 일에 방향 전환 없이 온 마음을 다해 참여해야 하지 않겠는가?

그들이 삶의 변혁을 촉진하고자 하는 사람들에게 제공하는 조언은 매우 위험한 전략이다. 왜냐하면, 그들은 오직 결과에 근거하여 보수를 받게 될 것이기 때문에, 그것은 실제 그들이 제품을 배송하는 시점에 무료로 제공하는 제품에 대해 충분히 자신감을 갖는 믿음의 행위를 포함한다. 이것은 기독교 신앙의 신학적 중심 주제와 흥미롭고 밀접한 유사성을 갖는다. 왜냐하면, 이 정의에 따르면 변혁 비즈니스는 값없이 주어지는 은혜의 행위와 변화된 삶을 사는 사람들이 감사와 헌신으로 응답해야 한다는 점에서 언약적인 것으로 이해될 수 있기 때문이다.

이것은 너무 지나친 유비가 아닌가?

---

7   Ibid., p. 194.

아마도 그리고 어쨌든 모든 은유는 결국 깨어지기에 이미 나는 복음이 초래한 변혁은 우리에게 달린 것이 아니라, 하나님께 달려있다는 사실을 몇몇 독자들이 내게 상기시키는 것을 들을 수 있다.

나는 그것에 동의한다. 그러나 내가 이 장을 시작하면서 제기한 질문은 여전히 매우 훌륭하다.

현재 신자들뿐만 아니라 교회 밖에 있는 사람들에게 교회가 제공하는 '제품'(product)은 무엇인가?

우리는 교회가 존재하는 이유에 대한 어떤 근본적인 이유를 망각하고 있는가?

그리고 그 이유는, 우리가 다른 것들에 집중하므로 복음의 변혁적 능력에 대한 확신과 자신감을 잃어버렸기 때문인가?

또한, 그것은 영적 탐구자들이 '종교적'이 아니라 '영적'이 되기를 원하는 그들의 반복된 주장과 연관되는가(왜냐하면, 그들은 교회를 명백히 다른 영적 경로들로 보지만, 변혁 비즈니스를 하는 존재로 보지 않기 때문이다)?

4. 리더십, 권력, 통제

우리가 직면하는 어려움 중 일부는 대개 교회가 유산으로 물려받아 수용한 리더십 모델에 기인한다. 적지 않은 평신도를 포함한 많은 성직자가 (특히) 세상이 어려워질 때, 스스로 동기를 부여하고 무한한 에너지와 영감을 갖고 세상을 변화시키는 '영웅적인 지도자'에 대한 뿌리 깊은 믿음을 공유하는 것처럼 보인다.

이런 리더십 형태는 인간의 정신에 거의 전형적으로 나타나며, 많은 문화의 전통 신화와 전설에 자주 나타나는 부류다. 마틴 루터 킹(Martin Luther King Jr)과 콜카타의 마더 테레사(Mother Teresa of Calcutta) 혹은 스포츠팀의 주장, 아이돌 팝스타, 도덕적 거인이든지 아니면 간달프(Gandalf), 해리 포터(Harry Potter), 혹은 스파이더맨(Spiderman)처럼 허구적 인물이든지, 현대 유명 아이콘(celebrity icons)은 종종 이런 방식으로 이해된다.

이와 함께-그리고 부분적으로 이에 대한 반발-최근 수년 동안 소위 '서번트 리더십'(servant leadership)에 관한 엄청난 관심이 생겼다. 그런 이름을 반드시 붙이지 않아도 많은 교회는 다른 시대와 장소에서 오로지 종 아니면 영웅이라는 극단적 선택을 수용하는 매우 좁은 리더십 스펙트럼으로 운영되는 것 같다.

그렇다면 많은 사역자가 자신이 누구이며 열망하는 것이 무엇인지를 잘 모르는 것이 당연하다. 그러나 우리가 사역과 관련하여 리더십을 생각해야 한다는 것이 내게는 전적으로 잘못된 것처럼 보인다. 이 리더십의 형태들 모두 실행 가능하지 않고, 더 심각한 것은 성경적이지 않다는 것이다.

어떤 그리스도인들에게 '서번트 리더'의 개념은 자동으로 관심을 불러일으키는 것으로서 비즈니스 세계에서 유행했다.[8] 하지만 사람들은 비즈니스 리더십의 가장 좋은 예가 암묵적이거나 인식되지 않는 기독교의 한 형태라고 주장한다.[9] '서번트 리더십'에 관한 문헌들에 제시된 많은 내용이 실로 신약성경에 나오는 일부 통찰을 반영한다. 그러나 이 둘 사이에는 어떤 명시적인 연계성이 거의 없다. 서번트 리더십 이론은 최상의 수준에서 의사결정이 발생하여 낮은 수준으로 전달되는 계층적 리더십 형태를 거부하고 누구도 다른 사람보다 지위가 높거나 낮지 않은 선형 모델을 대체할 것을 제안한다.

물론 몸의 모든 지체가 동등한 가치를 지닌다는 사도 바울의 주장은(고전 12:1-31) 모든 기능이 동등하게 중요하다는 의미가 아니듯이, 실제로 이런 평등주의 계획은 결코 꼭 그렇게 작동되지 않는다. 핵심은 지도자들이

---

8   Kevin Treston, *Creative Christian Leadership* (Mystic CT, Twenty-Third Publications, 2000).

9   Richard Higginson, *Transforming Leadership* (London, SPCK, 1996).

여전히 책무를 감당하며 리더십의 핵심 임무에 집중하는 한편 통제하려는 욕망을 내려놓으려는 구체적인 조치를 취하면서 지배하고 군림하는 리더십(domineering form of leadership)을 거부하는 것이다. 이 이미지는 종종 '서번트 리더는 이끄는 것으로 섬기며 섬기는 것으로 이끄는 사람이다'와 같은 매끄러운 선전 구호를 사용하며 조장된다.

그리고 예수께서 제자들의 발을 씻기시면서(요 13:1-20) 이에 대한 전형적인 모델을 제시했다고 주장할 수 있다. 그러나 정확하게 이해하면 이 개념은 전혀 리더십에 관한 것이 아니고 우리가 현재 함께 일하는 사람을 의미하기보다는 교회의 의미에 관한 다른 이해에 기초한 것으로서, 특정 신약성경 구절에 대한 잘못된 해석으로 인한 인위적인 구성물이다. 더욱이 이 용어의 사용은 오늘날 기독교 사역의 상황에서 도움이 되지 않는 이미지들을 상기시키며, 효과적인 리더십이 신자들과 아마도 더 광범위한 지역 사회 공동체에 대한 봉사로 구성된다는 개념을 쉽게 강화한다.

그것은 기본적으로 사역을 목회적 지원과 돌봄 제공으로 간주하는 경향을 띠며, 이 모델을 채택하는 사람들은 자주 신자들을 방문하고 대개 문제가 있다고 생각하는 신자들의 요청에 응하는 데 많은 시간을 할애한다. 이런 사역에 대한 기대는 기독교 전통에 깊은 뿌리를 두고 있지 않으며, 역사적 관점에서 어떤 성경적, 신학적 이해보다는 만물의 중심으로서 개인적 자아를 강조하는 모더니즘의 형태로서 상대적으로 최근의 현상이다.

반대로 문제를 다루고 처리하는 전권을 갖는 영웅적 지도자에 대한 개념은 대부분 기독교 왕국의 유산으로서 더욱 최근에 다른 사람들을 지배하는 권력(혹은 다른 사람들을 대신하여)이 사역자를 교구나 교회의 CEO로 간주하는 기업계(corporate world)에서 나온 아이디어들과 결합했지만 교회의 성격을 규정하는 핵심이 되었다. 다시 말하지만, 이런 존재방식의 어떤 성경적 혹은 신학적 정당성을 찾기는 어렵다.

어떤 이론적 개념들이 리더십에 대한 이런 이미지의 배후에 있는 것과는 별개로, 우리는 어떤 모델도 실질적으로 현장에서 잘 작동하지 않는다는 단순한 사실을 주목해야 한다. 종종 '서번트 리더십'은 효과적인 리더십의 부재 상황으로 인도하며, 교회는 많은 에너지를 소모하면서 방향을 잃고 표류하는 배처럼 제자리걸음만 한다. 역사적 장로교회는 한 위원회에서 다른 위원회로 의사결정을 넘기고 어느 한 개인이 진행 상황에 대한 책임을 지지 않는 이 모델의 작동방식을 보여준다.

세계에서 가장 큰 장로교단 가운데 하나인 미국장로교회(Presbyterian Church of the USA)가 일종의 교착상태를 돌파하는 방법으로 지역 (아마도 다른 이름으로는 감독) '노회장들'(executive presbyters)을 두는 것은 놀랍지 않다. 물론 지도자의 의견에 동의하지 않는 사람들이 소외되고 모욕당하면서 십중팔구 '영웅적 리더십'은 우두머리의 형태로 전락한다.

또한, 교회가 기업처럼 '실질적인' 일을 하고 있다는 것을 입증하려고 위원회, 태스크포스, 프로젝트를 구성하는 사고방식을 장려하기 때문에 보여줄 성과가 거의 없는 사람들의 에너지를 흡수할 수 있다. 많은 사람이 삶의 다른 영역에서 과도하게 합리화되고 맥도날드화 시스템으로 인해 압박감을 느끼는 시대에, 이는 더 많은 것을 제공하는 조직에 합류하기를 원하는 사람에게 선교적 의미를 갖는다.

교회의 근본적인 소명은 행동주의에 관한 것이 아니라 하나님께 초점을 맞춰야 한다는 것은 말할 필요도 없지 않은가?

마치 힘이 부족하고 오로지 공급이 제한되어 순환되지 않는 것처럼, 이 개념은 권력의 성격에 대한 의심스러운 이해로 뒷받침된다. 우리는 이 개념이 우주의 구조에 대한 존재론적 실재에 근거한다고 가정하는 것은 용납될 수 있다. 왜냐하면, 우리가 물려받은 시민사회 기관이 이 가정에 따라 작동하기 때문이다. 그러나 권력과 리더십이 선택된 소수에게만 접근 가능하다는 생각은 정확하게 복음에 반하는 교리를 담고 있다.

용어 가운데 좋은 소식은 우리가 하나님의 형상으로 창조되었고 예수님을 따르면서 우리의 삶이 성령의 역사하심을 통해 변화되는 것처럼, 잠재력을 성취하는 능력을 받을 수 있다.

이런 준거틀(frame of reference)에서 우리가 다른 사람들에게 '권력을 행사하기'(power over)보다는 '권력을 공유하는'(power with) 훈련을 통해 리더십은 공유된 열정이 된다. 단지 몇몇 사람의 힘에 의존하지 않아도 모든 것을 돌아볼 충분한 힘이 있다!

이렇게 생각하는 방식을 선호하는 교파들, 특히 역사적으로 '자유교회'나 '비국교도'(nonconformist) 교회로 분류된 집단들은 이미 그런 리더십을 실천하고 있다. 그러나 '전신자 제사장직'(priesthood of all believers) 같은 개념이 쉽사리 아무것도 안 하는 것에 대한 변명이 되는 것처럼, 그런 리더십 이론은 거의 실천되지 않는다. 즉, 누구도 사안에 관해-사역자들이 단순히 좌절감과 진전을 보려는 정상적인 욕망에서 독재적이고 지배적 방식에 따라 행동하라고 유혹하는 궁극적인 결정을 내릴 권한을 갖지 못하기 때문에, 책임은 끊임없이 한 위원회에서 다른 위원회로 전달되는 구조를 만들어 낸다.

이 동전의 다른 면은, 교회 역시 권력은 제한된 상품이기에 리더십은 소수의 특별한 사람들만 발휘할 수 있고 대부분은 지도자가 아니라 추종자라는 생각을 수용하는 경향이 있다는 것이다. 기독교 왕국의 구조들은 이런 사고를 장려했으며, 그 결과는 신자들이 성직자에 대한 건강하지 않은 의존성을 촉진하며, 새로운 방향으로 나가기 위해 신자들을 격려하고 능력을 부여하는 창조적인 사람들보다 신자들의 불안감을 없애는 사람을 평신도 지도자로 선택하는 많은 교회에게서 명백하게 드러난다.

리더십이 의존성에 기초할 때마다, 작은 지역 교회이든 다국적 조직이든지 전체 집단이 황폐해진다. 성경적 리더십 모델-그리고 사역 모델-은 모든 신자와 연관되며, 그 과정 가운데 자체적으로 재구조화되고 변화되기를 기대하는 동시에 하나님의 통치 가운데 교회의 미래를 위한 공동체를 형성한다.

우리가 이런 방식으로 사역을 생각하기 시작하면, 교회가 제공하는 '제품'의 성격에 관해 이 장의 서두에서 제기한 질문으로 돌아간다. 하나님

백성이 주어진 사역을 온전하게 감당하려면, 교회의 본질과 나아갈 방향 그리고 교회의 역할에 대한 분명한 의식을 가져야 한다. 이러한 종류의 공유된 비전이 있으면, 하나님 백성이 교회 안에서 자신의 목적과 가치를 확인하고 신앙생활에 전심으로 참여하는 것은 어렵지 않을 것이다.

나는 이런 종류의 리더십 모델이 이론상으로는 매력적인 것처럼 들리지만, 대부분 전임 사역자들에게는 매우 겁나는 모델이라는 것을 알 만큼 충분히 경험했다. 어떤 사역자들은 개인적인 권한 상실과 신자들의 교회에 대한 통제력 약화를 두려워하지만, 그 이유는 내가 언급한 이 장의 출발점과 주로 관련이 있다. 그것은 이 문제를 논의하는 데 개방성이 부족하고 교회 안에서 이런 방식이 작동하도록 사람들을 구비하는 일종의 효과적인 훈련이 거의 없다는 것이다.

마치 신자들을 구제할 수 없는 통제 불능의 괴짜인 것처럼 바라보는 사역자들조차 결국 그들과 같이 될 수 있다. 왜냐하면, 그들은 다른 사역 방식을 모르고 미지의 영역으로 들어가는 것을 두려워하기 때문이다. 그러나 전임 지도자가 더이상 필요하지 않다고 예단하는 것은 착오다. 오늘날 삶의 방식과 자원봉사에 따르는 부정적인 영향을 고려하면, 우리는 어떤 형태로든 더 많은 유급 사역자들을 필요로 한다.

우리는 큰 그림을 볼 수 있고, 교회의 내부 생활뿐만 아니라 우리가 살아가는 문화의 개관을 파악하는 사역자, 즉 우리가 접근할 수 없는 영역으로 사역을 확장할 수 있는 사역자가 필요하다. 그러나 만일 리더십이 이 일을 하는 단 한 사람으로 한정된다면, 그 견해는 부분적이고 왜곡될 뿐만 아니라, 선교적 도전과 기회에 관해 숙고할 시간도 없이 교회생활(대개 내적인 삶)의 단편적인 양상에만 완전히 몰두하는 우리의 모습을 발견할 수도 있을 것이다. 선교적 도전과 기회에 관한 성찰은 북반구에서 기독교 선교의 미래를 위해 절대적으로 중요한 사역의 한 측면이다.

5. 미래를 향하여

그렇다면 현재 우리가 지금 있는 자리에서 있어야 할 곳으로 어떻게 나아갈 수 있는가?

그 첫걸음은 언제나 우리의 진정한 불안을 공유하고, 받아들이며, 반영적이고 생명을 주는 방식으로 해결할 수 있는 안전한 공간을 만드는 것이다. 사람들은 두려워한다는 평가를 받을 수도 있다고 예상하지 말고, 자신의 두려움을 파악할 수 있어야 한다. 이것은 그 과정이 교회에서 인정받는 지도자, 즉 성직자부터 시작되어야 한다는 것을 의미한다. 목회자가 모든 것을 해결하기 기대하는 구조에서, 유혹은 예배 출석률 감소, 신자의 고령화, 청년층 감소, 또는 우리가 직면할 수 있는 다른 문제를 해결할 수 있는 것처럼 보이는 좋은 아이디어를 제시하는 것이다.

목회자가 모든 문제를 해결하는 일종의 전문가라는 생각은 우리가 묘사하는 방식이나 우리 자신을 묘사하는 것과 같은 사소한 것들에 의해서도 강화되고 조성될 수 있다. 나는 몇몇 교회가 목회자가 취득한 학위와 그밖의 전문적인 자격증을 주보에 싣는 것-흡사 누군가가 그것에 조금이라도 관심을 보이는-에 대해 놀라움을 금할 수 없다. 전임 사역자는 전문가이며 신자들은 다소 무지하고 자격이 없다는 생각을 부추기므로, 우리는 (충분히 합리적으로) 해답을 제시할 것으로 예상하면서 부담을 안게 된다.

오늘날 소비주의 문화에서, 어려움에 처한 지역 교회의 성직자가 이 중 어떤 것에 대해서도 창의적으로 참여할 시간이 거의 없다는 것을 알고, 성장하는 모든 교회가 관여할 수 있는 유행하는 최신 상품을 판매하고 제시할 수 있는 전략과 프로그램의 형태로 기존의 해결책을 제공하는 사람들과 기관들은 많다. 나는 오랫동안 이런 프로그램이 한두 개 이상 생겼다 사라지는 것을 보았다. 한때는 동질집단(homogeneous unit) 교회 개척에 근

거하여 변화를 가져오는 교회 성장 이론들이 있었다.[10]

그런데 이 이론은 가능한 한 교회와 닮지 않은 '예배'를 만들도록 권고하는 '구도자 친화적'(seeker-friendly) 행사였다.[11] 상당수의 사람이 실제로 영적인 것에 관심이 있으며 유사 종교적인 극장보다는 고대의 예전과 의식에 더 관심이 있다는 것이 밝혀지자, '대안 예배'(alternative worship)가 최근의 놀라운 발상으로 환영을 받았다. 그 외에 이에 대한 더 많은 목록이 있는데, 나는 알파 코스와 다양한 변형된 알파 코스 프로그램에 대해서는 언급조차 하지 않았다. 이 주장의 핵심은 이런 시도를 깎아내리는 것이 아니다. 그것들 모두 나름대로의 가치가 있는데, 그렇지 않았다면 그 누구도 1~2초 동안 그 프로그램에 관심을 두지 않았을 것이다.

하지만, 우리가 한 프로그램을 연이어서 시도할 필요성을 느낀다는 사실은, 이런 접근이 이 아이디어를 판매하는 사람들이 생각하는 것만큼 생산적이지 않다는 것을 암시한다. 그리고 분명한 사실은 그런 사업에 투자한 모든 시간과 돈에도 불구하고, 서구세계 인구 중 전체 그리스도인의 수가 계속하여 감소했다는 것이다.

어떤 교회는 다른 교회보다 더욱더 열광적으로 사전 포장된 프로그램을 사들였으나, 교회에 대해 흥미를 잃어버린 지역 사회 공동체와 다시 연결하려고 새로운 교회를 건축하지 않는 교회는 거의 없을 것이다. 나는 중요한 국제 콘퍼런스에서 한 기독교 지도자가 1989년 영화 〈꿈의 구장〉(Field of Dreams)의 대사를 인용하여 강연하며 우리에게 바로 그런 교회를 지으

---

10 도날드 맥가브란의 사역과 관련하여 다음을 참조하라. Donald A. McGavran, *Understanding Church Growth* (Grand Rapids MI, Eerdmans, 1970).

11 이에 대해서는 다음을 참조하라. G. A. Pritchard, *Willow Creek seeker services: Evaluating a new way of doing church* (Grand Rapids MI, Baker, 1996). 최근에는 윌로우크릭 교회 자체가 '구도자 친화적인' 교회 모델이 제공하는 제한된 가능성을 받아들여야 했으며, 제가 강조한 것과 동일한 문제가 오늘날 회심자의 영적 양육의 열쇠임을 확인했다. Greg Hawkins and Cally Parkinson, *Reveal* (Barrington IL, Willow Creek Association, 2007)과 비교하라; 또한, 다음의 웹사이트를 참조하라. http://www.revealnow.com

라고 권고한 것을 기억한다. 이 영화에서 아이오와의 농부인 레이 킨셀라(Ray Kinsella)는 자신의 옥수수 농장에서 들려오는 '만일 네가 그것을 세우면, 그가 올 것'이라는 소리를 듣는다.

그는 그것을 야구장을 지으라는 초대로 이해한다. 이윽고 1919년 월드 시리즈의 승부 조작 혐의로 경기 출전이 금지된 맨발의 조(Shoeless Joe Jackson)와 다른 7명의 시카고 화이트삭스 선수들의 유령이 나타난다. 불행히도 이런 광경은 오로지 할리우드 영화 감독들의 상상 속에서만 이루어진다. 현실 세계에서 너무 자주 이런 조언을 따르는 교회들은 많은 돈, 시간 그리고 신경질적인 에너지를 투자하게 되고, 그들의 부지를 사용하지만, 교회의 영적 삶과는 본질적으로 관련이 없는 집단을 대리인으로 내세워 운영하는 교회의 모습을 발견한다.

이런 사역의 하향식 접근(top-down approach)에는 두 가지 근본적인 문제가 있다. 이 접근은 포스트모던 문화적 상황에 적합하지 않으며, 성경적 방식의 리더십에 충분한 주의를 기울이지 않는다. 덧붙여서 이것은 목회 신학과는 무관하며, 내가 여기서 말하려는 것은, 복음주의 독립교회 목사와 마찬가지로 고교회의 성직에 대한 이해와도 관련이 있다.

내가 여기서 말하려는 것은 성직자의 존재론적 기능이 아니라 스타일에 관한 것이다. 목회자를 높은 지위에 두는 낡은 기독교 왕국 스타일 패러다임은 북반구의 문화에서 미래가 없다. 모든 것을 아는 전문가와 모든 것을 필요로 하는 다른 사람 사이의 분명한 경계와 함께 그것이 의존하는 근본적 가정은 오래전에 대체되었다.

물론 우리는 다른 사람들이 알지 못하는 것에 대해 아는 사람들의 통찰력을 중시하지만, 그런 통찰력을 활용하는 방식은 영원히 바뀌었다. 지금 우리가 의사를 어떻게 대하는가를 생각해 보자. 한때 그들은 사회에서 가장 신뢰받은 집단에 속했고, 환자들은 질병의 본질을 발견할 뿐 아니라 질병과 관련된 다른 모든 문제를 파악하기 위해 진찰을 받았다.

오늘날 대다수 사람은 먼저 웹사이트를 방문하여 자가 진단을 하거나 자신의 상태에 맞는 적절한 치료법을 확인하여 의사와 상담할 때 올바른 약을 처방받는지 알 수 있다. 그것은 우리가 더 많은 의료훈련을 받은 사람들의 전문지식을 사용하지 않거나 가치를 부여하지 않는다는 말이 아니다.

결국, 의사도 단지 우리와 같은 인간이라는 사실을 알기에 우리는 다른 방식으로 그것을 사용한다. 신자들이 따르기를 기대하는 교리와 관습 같은 고정된 틀 이외에 우리가 사역하는 방법을 알지 못하는 것처럼, 대부분 교회는 따라잡기 위해 애써야 할 것들이 많다. 낡은 근대 세계관이 지배하던 세계에서 이런 작동방식이 가능했던 것은, 문화의 다른 모든 것이 그런 방식으로 작동했기 때문이다. 이런 방식은 대부분 영역에서 여전히 교회가 운영하는 패러다임이다.

그동안 우리 모두의 일상적인 현실은 몰라볼 정도로 변했다. 더욱이 그것은 계속하여 변하고 있는데, 속도뿐 아니라 변화 자체의 본질조차 시시각각 변하고 있다. 이런 환경에서 우리는 목회 사역에 대한 이해에 있어서 외형적 변화 이상의 변화가 필요하다.

알베르트 아인슈타인(Albert Einstein)은 '광기는 같은 일을 반복하면서 다른 결과를 기대하는 것'이라고 말한 것으로 유명하다. 그의 업적은, 다른 결과를 원한다면 고정관념을 깨고 완전히 다른 전제에 근거하여 시도해야 한다는 사실을 웅변적으로 보여주는 증거이다. 공교롭게도 이것이 바로 복음이 우리에게 요청하는 것이다.

하나님의 방식은 우리의 방식과 다르며 하나님 나라의 가치는 세상의 방식을 훼손하여, 먼저 된 자가 나중 되고 어리석음이 지혜가 되며 가장 적은 자들이 자신을 대단하다고 생각하는 자들에게 새로운 지평을 연다.

우리의 하향식 리더십 형태가 실제로는 해결책이 아니라 문제 일부가 될 수 있는가?

우리는 신자들 스스로 전문가들이 제공하는 매력적인 종교적 상품의 소비자로 여기도록 조장하고 그 과정에서 많은 목회자가 경험하는 소외와 과도한 업무를 초래하는 무력감과 의존성(disempowerment and dependency)을 조장하고 있지 않은가?

6. 우리 앞에 놓인 길

우리는 어디에서 앞으로 나아가야 하는가?

기독교 신앙의 필수적인 세 가지 요소가 있다. 그것은 하나님, 인간 그리고 우리를 앞서간 사람들(성경과 역사를 망라하여)이다. 나는 흔히 그것을 세 개의 교차하는 이야기로 묘사한다. 즉, 하나님의 이야기(**하나님의 선교**), 우리의 이야기 그리고 교회의 이야기이다.

첫 번째 두 요소는 서로 얽혀 있어서 우리는 그것들에 관해 함께 생각할 수 있다. 우리는 사람에서부터 시작할 필요가 있는데, 특히 그것은 사람이 교회의 가장 소중한 유형적 자산이기 때문이다. 그보다 더 중요한 것은, 사람이 사실 교회이기에 사람이 없는 교회는 존재할 수 없다.

오늘날 사람들의 삶을 지배하는 이야기는 무엇인가?

이에 대한 명백한 하나의 답은 없다. 사람들의 이야기는 사람들 자신만큼 다양하다. 그러나 우리는 몇 가지를 일반화할 수 있다. 대부분의 사람은 부모와 조부모보다 훨씬 고달픈 삶을 살아가며 너무 많은 일과 너무 적은 일로 인해 삶이 엉망이 된다. 게다가 테러리즘과 지구의 미래에 관한 불안감이든, 그냥 입에 풀칠하는 것에 대한 불안감이든, 미래에 대한 불안감이 커지고 있다. 앞의 첫 두 장에서 확인한 모든 이유로 인해 북반구의 사람들이 (경제적인 면에서) 더 나아진 적이 없고 그렇게 스트레스를 받은 적도 없다.

그리스도인들도 이 모든 것에서 면제되지 않으며, 관계의 파탄과 스트레스 유발 요인들은 모든 사람의 삶처럼 교인들에게도 현실이다. 이에 대처하기 위해 우리는 우리 자신보다 더 큰 이야기의 일부가 되어야 하는데, 우리의 어려움 중 하나는 과거 세대에게 의미를 부여했던 그 이야기가 더는 우리에게 반향을 일으키지 않는다는 것이다.

'거대담론에 대한 불신'(incredulity toward metanarratives)으로 탈근대성(post-modernity)의 성격을 제시한 프랑수아 리오타르(François Lyotard)의 주장은 일종의 상징적 지위를 얻었다.[12] 그것은 실제로 지속적인 진보의 거대담론(metanarrative of continual progress)과 과학이 우리 조상들에게 영감을 준 모든 문제를 해결할 수 있거나 해결할 것이라는 생각에 의문을 제기했고, 대체로 거부한 경우였다. 왜냐하면, 지금 우리는 그것이 한때 일상생활의 현실에 부합했을 수도 있지만, 오늘날 우리가 경험하는 삶과 관련해서는 더이상 그렇지 않다는 것을 알 수 있기 때문이다.

하지만 실제로 일어난 일이 그보다 더 복잡한 것은, 우리가 삶의 복잡성을 고려하지만 결국 어떤 것에서도 의미나 일관성을 거의 보지 못하는 **지나치게** 단순하고 합리화된 일종의 거대담론과 바꾸었기 때문이다. 종종 마술적이고 물활론적(animistic) 세계관(혹은 확실히 데카르트의 합리주의에 영감을 받지 않은)에 기원을 둔 고대의 밀의적인 신화(esoteric mythology)에 매료되는 것은, 우연의 일치가 아니다. 이것은 그런 것에 대해 생각하는 것 외에는 할 일이 없는 교육받은 중산층의 전유물도 아니다.

또한, 많은 컴퓨터 게임도 같은 종류의 고대 이야기와 신비에 기반을 두고 있다. 근대성의 거대담론 붕괴에 직면하더라도 우리는 우리 자신의 개인적 이야기에 의미를 부여할 수 있는 큰 이야기가 있다는 믿음을 자동으로 포기하지 않는다. 문화에 대한 지배적인 이야기(overarching story)가 일종

---

[12] Francois Lyotard, *The Postmodern Condition* (Minneapolis MN, University of Minnesota Press, 1993), p. xxiv.

의 혼돈과 분열일 때, 우리는 그것을 수용하고 혼돈 상태에서 분열되거나 아니면, 희망을 주고 전체성에 대한 새로운 정의를 제시하는 다른 이야기를 탐구한다.

이것이 효과적인 사역을 위한 출발점이 되어야 한다. 기독교 왕국의 이야기는 거부된 거대담론의 부분(전체는 아니지만)이며, 이것이 사람들이 교회에 갈 시간이 없다고 말하는 주된 이유이다. 그러나 그들이 예수님께 끌린다고 말할 때(그들이 자주 하는 말처럼), 그들은 그리스도인들이 자주 놓치는 것을 파악하고 있다. 예수님을 우리의 목회 사역의 본보기로 삼는 것은 생명을 주는 일이 될 수 있다. 특히, 우리는 예수님이 사람들의 살아있는 경험(그들의 이야기)을 진지하게 다루시고 하나님께서 행하시는 더 큰 이야기에 비추어 사물을 보도록 그들을 초대하면서 항상 그들의 삶의 자리에서 출발하셨다는 사실을 기억해야 한다.

우리의 상황에서 이것은 사람들이 성경과의 지속적인 대화에 참여하고 그 경험에 비추어 교회를 재상상하면서 자신의 삶을 하나님의 활동 무대로 조망할 수 있는 개방된 공간과 연관될 것이다. 이것은 예외적이지 않고 혁신적이지 않게 들릴 수도 있지만, 우리가 그것과 연관된 것에 관해 물을 때, 그것은 우리 대부분이 인식하는 것보다 훨씬 더 급진적인 것이 된다.

반대 진술에도 불구하고 많은 교회는 사람들이 하나님이 일하시는 것을 보도록 자신의 개인적 이야기를 실제로 성찰할 수 있는 공간을 제공하는 데 어려움을 겪는다. 앨런 록스버그(Alan Roxburgh)와 프레드 로마눅(Fred Romanuk)은 사람들이 '설교를 듣고 성경공부를 하며, 프로그램에서 자원봉사를 하고 함께 기도하러' 교회에 가지만, '그들 안에 호기심을 불러일으키는 것에 관해 이야기할 수 있는 장소는 전혀 없다. 상실과 역사와 기억에 관한 모든 질문, 즉 그들의 살아있는 경험을 표현할 수 있는 공간이 없는 것처럼 보였다'라고 불평한다.

그들은 '사람들은 자신의 감정을 말로 표현하고 들을 수 있을 때까지, 이유 없는 불안에 사로잡혀 있다는 것'을 덧붙인다.[13] 오늘날 우리가 미지의 문화적 영토 안에 있듯이, 우리 삶의 불연속성과 연관된 새로운 공간에 있는 우리 자신을 발견한다. 만일 우리가 스트레스를 받아 분열되고 불안하다면, 우리는 사람들의 부서짐에서 시작하여 그런 부서짐 가운데 하나님이 어디서 일하시는지 살펴보고, 우리 자신이 경험한 실재를 통해 성경 내러티브와 연결되는 방법을 탐구해야 할 것이다. 이것이 바로 예수님이 어려운 삶을 부여안고 몸부림치는 사람들을 만나면서 행하셨던 사역이며, 그 과정에서 그분은 새로운 시각을 열어주셨다.

1501년 이탈리아 피렌체에 미켈란젤로 부오나로티(Michelangelo Buonarroti)라는 26살의 예술가는 너무 엉망이어서 전혀 가치가 없다고 여겨 두 명의 조각가들이 포기한 높고 좁은 대리석 석판을 올려다보았다. 3년 후, 그 대리석 석판은 역사상 가장 위대한 예술 작품들 가운데 하나로 계속하여 칭송받는 성경 속 다윗의 조각상이 되었다. 미켈란젤로에게 다윗의 조각상에 대해 설명을 요청하자 그는 대리석 석판 안에 사는 천사를 이해할 때까지 석판 하나하나를 세심하게 연구하면서, 예술가로서 자신의 직업이 다른 사람들의 삶을 풍요롭게 만들기 위해 그 천사를 풀어주는 것이라고 말했다.

내가 아는 한, 그는 이 과정에 대해 어떤 특별한 신적 영감을 주장하지는 않았으나, 그의 언어는 예수님이 사람들과 함께 일하셨던 방식을 반영한다. 그리스도인으로서 미켈란젤로의 주요 목적은 인간으로서 가능한 한 완전하게 하나님의 최상의 피조물(하나님의 형상으로 창조된 인간)을 묘사하는 것이라고 믿고 하나님을 영화롭게 하는 것이었다. 예수님은 남자와 여자를 보실 뿐 아니라, 그 가능성을 보신다.

---

[13] Alan J. Roxburgh and Fred Romanuk, *The Missional Leader* (San Francisco, Jossey-Bass, 2006), pp. 86–7.

비록 사도 베드로가 자신의 독자들에게 그리스도가 어떤 것보다 큰 건축물의 일부분인 '산 돌'(living stones)이라고 상기시키므로 미켈란젤로의 혜안을 보완하지만, 다른 신약성경 구절들도 같은 형상화된 이미지를 활용하는 한편(엡 2:19; 골 2:5-7), 예수님은 이것을 상상하시면서 집 짓는 자의 비유(마 7:24-27)를 사용하셨다.[14]

이것이 우리가 열망해야 할 변혁의 공동체들을 형성할 사고방식이다. 그것은 최신 유행 프로그램을 통해 형성되는 것이 아니라 기독교 영성과 양육의 기본적 요소의 재발견을 통해 개발될 수 있다. 복음을 변화하는 문화와 연관시키려고 노력하는 열정 가운데, 우리는 우리의 소명이 상관적(relevant)이 아니라 성육신적(incarnational)이라는 사실을 간과했다. 상관성에 관한 탐구는 애초에 교회가 사람들에게 지나친 불안을 조장하는 문화적 측면을 확증하는 것으로 끝나 버리는 경우가 너무 많았다.

제자 삼는 공동체가 되기보다 우리는 진정으로 예수 따름이라는 핵심을 놓치고 문화와 타협하는 신앙에 대한 사유화된 견해(privatized view of faith)를 조장했다. 나와 내 욕구들 그리고 그리스도와 나의 관계에 관한 예배 찬양들(가끔 공예배보다 연인 사이에 더 적합한 가사로 표현된) 때문에, 적어도 부분적으로 오염되지 않은 예배를 드리는 교회를 찾기가 점점 어려워진다. 예배의 지나친 단순화는 여러 저자에 의해 잘 기록되었지만, 예배는 단지 이런 치료를 위해 필요한 것은 음악만이 아니다.

최근 몇 년 동안 나는 많은 교회 예배에서 기도가 부차적인 것(a footnote)으로 밀려나는 경향을 발견했으며(특히 복음주의적 신조에서), (같은 교회에서) 성경도 같은 취급을 받는다고 들었다. 사람들이 설교를 성경 본문과의 진지한 만남의 초대로 여기기보다 하나님과 상관없이 자신의 문제에 대처하는 데 도움을 주는 단조로운 처방(bland nostrums)으로 여길 때, 설교는 더욱

---

14 Kenneth Schuman and Ronald Paxton, The Michelangelo Method (New York, Mc-Graw-Hill, 2006). See also http://www.michelangelomethod.com/

더 사적인 치료와 같은 것으로 여겨진다.

> 대부분의 개신교 설교에서 구원은, 예수님에 대해 개인적 결단의 수단인 하나님의 은혜로 회복되는 개개인의 마음에서 일어나며, 심리적 평안과 내세의 소망을 갖는 것이다.[15]

(자신을 복음주의자로 여기는) 리처드 뷰스(Richard Bewes)는 더 넓은 문화에서 하나님을 가장 쉽게 찾을 수 있는 곳이 어디인지에 대해 중요한 점을 지적하면서 다음과 같이 비판한다.

> 오늘날 서구의 많은 설교는 마치 교회와 극장이 깔끔하게 역할을 바꾼 것처럼, 재미있고 농담이 섞인 특성을 띤다. 기독교 콘퍼런스에서 종종 최고의 농담(jokes and banter)과 농담 섞인 연설자의 테이프가 잘 팔리는 반면, 극장은 인류의 딜레마라는 큰 주제를 다루는 경향을 띠고 있다.[16]

이 모든 경향은 개인의 자아와 맥도날드화 시스템을 통한 치료의 필요성에 초점을 둔 교회의 현대성을 무비판적으로 수용한 것에서 비롯된 것으로 볼 수 있다. 그것은 마치 한동안 효과가 있는 것처럼 보일 수 있다. 그러나 더 장기적인 결과가 나타나고 있는데, 많은 교회(특히 복음주의 스펙트럼의 한쪽 끝에만 국한되지 않는 교회)가 영적으로 해로운 식단을 제공하면서 신자들을 비대하고 자기 만족적으로 만들지만, 여전히 영양실조 상태로 버려두는 종교적 인스턴트 음식(junk food)을 제공한다. 그 결과 그들 안에 갇혀있는 천사를 결코 발견하지 못하고 온전한 제자로 성장할 기회를

---

15 David Buttrick, *Preaching Jesus Christ: An exercise in homiletic theology* (Minneapolis MN, Fortress Press, 1988), p. 48.
16 Richard Bewes, 'The Preaching that cannot stop', in *Decision Magazine*, 50 (Sept./Oct. 2005), p. 21.

얻지 못한다.

　이것이 바로, 사람들이 교회를 떠나는 이유이며, 애초에 다른 사람들이 교회에 매력을 느끼지 못하는 주요 이유다. 사람들이 교회가 영적으로 결핍되어 있다고 말하려고 힘쓰고 있는 것이 이런 맥락이다. 선교에 관해 생각하면서, 나는 생활방식과 연관된 삶의 의미와 기독교 신앙이 사람들의 존재와 관련될 수 있는 가능성을 성찰하는 주요 진입점이 되고 있다고 제안했다. 어떤 사람들에게 생활 영성에 관한 성찰이 개인적인 도덕성의 문제에 초점이 맞춰질 수도 있을 것이다.

　최근에, 나는 영국의 한 이머징(신흥) 교회에서 젊은 여성과 대화를 나누었다. 그 여성은 자신의 관계에 대해 생각하기 시작했을 때, 그 교회의 한 그룹과 연결되었다고 말했다.

　이제 20대 후반이 된 그녀는 15살 때부터 30명이 넘는 성적 파트너를 사귀었는데, 어느 날 아침 일어나 '내가 어떤 삶을 살고 있지?'라고 물었다.

　또한, 그녀는 자신이 변화하는 데 도움을 줄 수 있는 누군가가 있을지를 궁금해하며 직장동료 네트워크를 통해 그 교회와 연결되었고, 그들이 새로운 사람이 되려는 그녀의 열망을 지지하는 것을 알게 되었다. 그녀는 내게 이론적으로 기독교 신앙에 관해 무엇을 믿고 있는지 모른다고 매우 솔직하게 말했다. 그러나 그녀는 수용과 지지를 받는 것을 알았고, **그런 이유로** 더욱 깊이 기독교 신앙을 탐구하기 위해 마음을 열었다.

　사실, 그녀가 그런 것을 지칭하지는 않았을지라도, 그녀는 이미 다른 용어로 회개와 회심으로 간주할 수 있는 길을 따라 잘 걸어가고 있었다. 다른 사람들은 평화와 정의 그리고 지구의 미래에 더 초점을 맞춘 삶의 방식에 관한 질문들을 제기한다. 그들 역시 복음에 부합한 이런 일들에 관해 열정적인 그리스도인들과 연결될 수 있다.

　그러나 나는 이 어떤 것도 하나님과 연관되지 않는다고 주장하는 그리스도인들과 여전히 만난다. 그들은 상처받은 세상에서 중요한 사역의 기회를 놓치고 있을 뿐 아니라, 성경적 신앙의 본질들 가운데 하나를 부정하고 있다. 왜냐하면, 하나님을 찾을 수 없는 미지의 영역이 있다는 생각은 단순히 분리주의적이 아니라 완전히 이단적인 생각이기 때문이다.

그러나 그런 실수를 하지 않는 사람들조차도 신념체계나 집단에 대한 소속감보다 생활방식이라는 신앙의 진입점을 통해 어떻게 사람들을 도울 수 있는지를 여전히 생각해 볼 수 있다. 나는 우리가 가능한 한 많은 사람을 끌어들이기 위해 너무 쉽게 교회로 들어가는 문을 그들에게 제공하지 않았나 생각한다. 제자도를 더 부담을 주는 것으로 제시하는 것은, 규칙과 규정을 부과하는 것과 혼동하지 않는 것이다.

그것은 예수님의 분명한 가르침에 역행하는 것일 뿐 아니라 진지하게 해야 할 것을 사소하게 만들고 실제로 제자도를 전혀 힘들지 않은 것으로 만든다. 왜냐하면, 규칙을 지키는 것이 그런 방식으로 살기 좋아하는 사람들에게 쉬운 일이 될 수 있기 때문이다.

신약성경에 따르면 제자도는 전적으로 급진적이고 지대한 영향을 초래하는 일이다. 그리스도인이 되는 것이 주일 하루 한 시간에 이루어질 수 있다고 암시하는 것은 확실히 우리에게 아무런 이득이 되지 않는다.

교회를 전혀 진지하게 여기지 않는 충분히 타당한 이유를 제시하며 전 삶을 아우르는 영성(whole-life spirituality)을 찾고 있는 세대에게 어떻게 그렇게 하찮은 요구를 할 수 있는가?

우리는 제자도를 심각하게 권장한다고 생각했던 많은 일이 우리가 바라는 대로 되지 않은 것으로 판명되었다는 사실을 점차 깨닫고 있다. 댄 브라운(Dan Brown)의 『다빈치 코드』(The Da Vinci Code)는 아주 유명한 책인데, 두 가지가 나를 놀라게 했다.[17] 하나는, 공공 분야의 많은 사람이 여전히 상세한 기독교 역사에 매료되는 것이며, 다른 하나는 그리스도인 중 기독교 역사에 어떻게 참여해야 할지 아는 사람이 거의 없다는 것이었다.

---

17 Dan Brown, *The Da Vinci Code* (New York, Doubleday, 2003).

만일 정교한 기독교 교육 프로그램이 지혜를 거의 전달하지 못했다면, 이제 우리가 하는 일을 재평가해야 할 때이다. 그러나 알파코스와 같은 기본 과정을 배우는 대부분의 사람은 (널리 추정되듯이) 비그리스도인이 아니라 기존 신자인 것으로 보인다.[18] 나는 매주 설교를 통해 신자들을 충실히 가르쳤다고 말하는 많은 사역자를 만났는데, 그들이 그런 사역에 쏟는 에너지와 헌신에 대해 의문을 가질 이유가 없다.

그러나 신약 시대의 초대 교회 역사와 같은 근본적으로 중요한 사안에 관해 배운 사람이 거의 없다면, 적어도 큰 문제는 아니더라도 우리는 도전적인 질문에 직면한다. 공식적인 교리문답(catechesis) 개념은 어떤 이들에게는 오래된 것처럼 들릴 수도 있고, 우리가 과거로부터 배울 것이 없다고 생각하는 이들에게는 혐오스럽게 들릴 수도 있지만, 그것은 적어도 생각해 볼 만한 질문이다.[19]

이 장에서 확인한 이슈를 다루는 데 리더십 스타일이 핵심이 될 것이다. 예수님은 무엇보다 관계적 지도자였다. 그는 누구에게도 억압받은 종도 아니었고 사람들이 말하는 대로 영웅도 아니었다. 그는 아래도 위도 계시지 않고 바로 옆에 계셨다. 예컨대 그의 존재와 역할은 중요했으나, 제자들이 함께하는 여정에서 그의 가르침은 끊임없이 제자들의 통찰력과 맞물려 있었다.

예수님은 영적 성장을 위한 핵심 질문이 우리가 가르치고 있다고 생각하는 것이 아니라, 우리와 다른 사람들이 배우는 것임을 아셨다. 그리고 그러기 위해서는 우리 자신과 다른 사람들의 살아있는 경험에서 시작해야

18　알파 코스에 대한 종합적인 분석을 보려면 다음을 참조하라. Andrew Brookes (ed.), *The Alpha Phenomenon: Theology, praxis and challenges for mission and church today* (London, CTBI, 2007).
19　이것이 어떻게 달성될 수 있는지에 대한 실제적인 고찰을 위해 다음의 자료를 참조하라. Alan Kreider, 'Baptism and Catechesis as spiritual formation' in Andrew Walker and Luke Bretherton (eds), *Remembering our Future: Explorations in Deep Church* (London, Paternoster Press, 2007), pp. 170–206.

한다. 또한, 우리가 확신하는 신학의 수정된 모델(revised model)이 필요하며, 그것이 우리를 마지막 장으로 인도한다.

제 5 장

신학

요즈음 신학은 문화뿐 아니라 그리스도인에게도 인기 없는 주제일 것이다. 비록 신학이 과거 세대에 호기심의 대상으로서 빠르게 변하는 세계와의 관련성이 감소하는 것을 고려할 때, 20세기 전반에 걸쳐 신학에 대한 대중의 인식은 그 성격상 대부분 유순하고 친절하지만, 대체로 부정적이었다.

오늘날 신학(보통 종교적 교리와 동일시되는)은 많은 부분에 있어서 뉴스에 매일 등장하는 전 세계적인 분쟁에 책임이 있기에, 가능한 모든 기회에 비판을 받아야 한다는 견해가 널리 퍼져있다. 따라서 18세기 이래 볼 수 없었던 일종의 전투적 무신론의 부상은 철학자들의 사색이 아니라 경험적 과학이 입증하고 주장하는 엄연한 사실에 의해 뒷받침되었다.[1]

한때, 대학은 신학을 '학문의 여왕'(queen of sciences)으로 여겼고, 신학연구는 기독교 사역을 위해 사람들을 준비시키는 데 이바지했을 뿐 아니라, 위대한 국가 기관들의 가치구조를 알리는 데 공헌했다. 현재 그중 많은 것이 사라졌고, 대학들은 지적 탐구의 주변부로 신학을 격하시켰을 뿐 아니라 덜 가치 중심적이고 더 시장 지향적인 학문으로 만들려고 그들의 사명

---

1   Cf. Richard Dawkins, *The God Delusion* (London, Bantam, 2006); Christopher Hitchens, *God is not Great: The case against Religion* (London, Atlantic Books, 2007).

선언문(mission statement) 대부분을 수정했다.

그 과정의 직접적인 결과로서, 교육체계의 모든 단계에서 기독교 신학의 가르침은 상대주의적 다원주의(relativistic pluralism)로 대체하고 있다. 상대주의적 다원주의는 세상에서 발견할 수 있는 다양한 가치체계를 반영하지만, 불가능하지는 않더라도 지속할 수 있고 안정적인 시민사회의 형성을 어렵게 만드는 과정이다. 과거에 교육가들은 이에 대한 일말의 책임감을 느꼈을 것이다. 그러나 현재 그들 대부분은 돈을 벌려는 욕망(또는 필요)에 따라 동기부여를 받으며, 공적 가치들과 같은 사안을 누군가의 문제로 간주한다.

한편, 그것은 개인이 자신의 신념으로 인해 박해받지 않는 사회를 형성하는 것이지만, 다른 한편, 그것은 어떤 것도 규범적이지 않다는 의미로서 모든 것에 동등한 지위를 부여하는 모델에 기반을 둔 사회를 형성하려는 시도다. 이런 주장의 배후에 놓인 사고방식은 북반구의 전통적 규범들보다는 다른 문화들, 다른 삶의 방식들 그리고 다른 신념들에 대해 개방적인 형태로 자주 제시되며, 따라서 세상의 해방을 위한 힘으로 드러난다.

그러나 근본적으로 현실은 매우 상반되며, 실제로 이념적 무정부 형태를 유발하는 세속적 사고방식을 위해 모든 신념 구조의 소외를 대변한다. 만일 모든 문화가 일시적이고 상대적이라면-그리고 실제로 어떤 의미도 아니라면-모든 것이 손쉽게 수용될 것이다. 왜냐하면, 모든 것이 상대적이라면 당연히 모든 것은 궁극적으로 중요하지 않고 무의미하기 때문이다(서구 학자들과 그들의 정치적 사안의 성배인, 모든 것이 상대적이라는 견해를 제외하고).

공적 광장에서 신학의 소외는 교회 안에서도 유사점을 보이는데, 지난 2~3년 동안 나는 신학적이라는 명칭을 붙일 수 있는 것과 더 나아가 신학자라고 주장하는 사람들에 대한 확고한 의구심을 자아내는 분위기를 감지했다. 앞 장에서 나는 스코틀랜드 북동부 교회들과 통합하려는 노력에 관한 내 경험에 대해 간단하게 언급했는데, 그 가운데 한 요소인 많은 지역 교회가 신학적인 것과 연관된 질문에 대해 깊은 불신을 품고 있다는 사실에 대해 약간의 의구심을 제기할 수 있다.

나는 그런 관점에 대해 약간 공감한다. 왜냐하면, 우리는 모든 것을 안다는 그들의 주장이 독선적(self-opinionated)이기 때문이며, 인격의 힘이나 단순히 일상생활과 단절된 복잡한 말투를 사용하여 다른 사람을 협박하는 '전문가들'과 우연히 마주쳤기 때문이다. 그러나 우리는 전문성을 허용하지 않기 때문에 불리한 위치에 처하는데, 그 결과는 가장 낮은 공통분모 수준에서 운영되는 일종의 교회 연구 그룹에서 볼 수 있다.

그리고 교회가 절실히 필요로 하는 영적 탐구자들이 제기하는 중요한 질문에 전혀 도전하지 않거나 아무도 만족을 주지 못하는 공유된 무지를 반복한다. 이밖에 어떤 교회들의 신학적 논쟁(지역 교회 수준의 논쟁이 아닌)은 이 주제와 연관하여 문화 안에 내재한 불편한 실재로서 부정적 고정관념을 확증하는 경향을 띤다.

최근 나는 세계적인 미디어 종사자로 구성된 소그룹을 자문했는데, 어떻게 미디어가 기독교에 대한 부정적인 이미지를 제시하는지에 관한 질문이 제기되었다. 전 세계 절반 이상의 매스컴을 소유하고 있는 한 참석자가 그렇지 않다고 주장하며 미디어는 단지 일어난 사건을 보도한다고 지적했다. 그에게 그것은 사소한 것처럼 보이는 많은 사안에 대한 다른 관심 집단-최소한 외부자들-간의 논쟁거리였으나, 그 사안과 연관된 사람들에게는 생사를 건 투쟁처럼 보였다(정확하게 그것이 뉴스거리가 되는 이유이다).

정치인들이(가끔 말하듯이) 어떤 사안에 관한 '신학적' 논쟁을 피하기 원한다고 말할 때, 그들은 보통 하나님에 관한 논쟁을 말하는 것이 아니라, 대개 신학적 대화의 본질처럼 보이는 옹졸하고 민감한 논의 방식을 말한다.

1. 단어와 의미

따라서 기독교 신학의 회복을 시도하면서, 나는 이 장에서 지뢰밭으로 들어가고 있다는 어떤 착각도 하지 않기에, 앞서 이 길을 걸어간 많은 사람을 존경한다. 이로 인해 내가 불평과 비난의 표적이 될 수도 있을 것이다. 이어지는 장면 설정에서 신학이라는 단어를 간략하게 생각해보는 것이 유용할 것이다. 다양한 기독교 관련 용어들처럼 '신학'이라는 단어는 성경 어디에서도 발견되지 않지만, 그 유래는 고대 헬라어에서 발견된다.

그것은 '신'(혹은 신들)이라는 의미의 **데오스**(*theos*)와 관례적으로 영어로 번역된 '단어' 혹은 '개념'(idea)이라는 의미의 **로고스**(*logos*)라는 헬라어 두 단어의 합성어이다. 이 단어들의 어원 자체는 거의 그 의미를 신뢰할 만한 길라잡이가 될 수 없으며, 그것이 구속이나 여성 사역 혹은 성적 성향에 관한 질문에 관한 것이든 그런 실수를 유발하는 것이든, 오늘날 교회에서 일어나는 보다 신랄한 많은 논쟁에 뿌리를 두고 있다. 한 단어의 의미를 이해하기 위해 우리는 그 단어가 어떻게 사용되는지를 살펴볼 필요가 있다.

현대 영어에는 어원(etymology)과 용법(usage) 간의 차이점에 관한 많은 사례가 있다. 예를 들어, 단순히 어원적 뿌리를 추적하여 'gay'(남녀에 대한 일반적인 통칭), 'cool'('멋있다', '끝내준다'라는 의미로 사용되기도 함), or 'wicked'('짓궂은', '장난기 있는'의 의미로 사용되기도 함)라는 단어의 의미를 확실하게 이해할 수 있는 사람은 아무도 없다.[2] 언어를 이해하기 위해서 우리는 우선 용도를 살펴볼 필요가 있다.

---

[2] 구어체 사용법에 익숙하지 않은 사람들을 위해, 설명하자면 '게이'는 한때 '행복하다'를 의미했지만, 지금은 '동성애자'를 의미한다. 'cool'은 낮은 온도를 의미하는 데 사용되었지만(어떤 상황에서는 여전히 그렇다) '유행'을 의미하는 데 자주 사용된다. 그리고 '사악한'(원래는 도덕적인 의미에서 매우 나쁜 것을 의미함)은 이제 좋은 것과 흥미롭고 바람직한 것을 의미하는 데 사용된다.

고대 문헌에조차 *theologos*라는 용어가 극히 드물게 나타나지만, 예컨데 이 단어가 원래 이해되었다는 점에서 흥미로운 통찰력을 제공한다. 예수님과 거의 동시대에 살았던 유대인 철학자 알렉산드리아의 필로(Philo of Alexandria)는 **신학자**(*theologos*)로서 모세를 묘사하며, 그 당시 상황에서 하나님을 대신하는 대변인(spokesperson)으로 모세의 직능을 강조한다고 명시한다.[3] 이 단어가 고대 명문(inscription)에 나타난 경우들은 유사한 것을 확증하는데, 소위 '신학'(물론 기술적으로는 명사임)은 활동적인 것, 특히 기능적으로는 거의 동사로 간주한다. 이 단어는 행동하는 단어이며, 특히 개인이 다른 사람에게 하나님에 대해 의사소통을 하는 개념에 근거한다.

이 단어에 관해 숙고하면서 나는 자연적으로 이 단어의 두 구성요소가 실제로 신약성경에서 서로 밀접한 연관성이 있다고 생각했다. (요한일서 서문과 병행하는) 요한복음 서문에서 *Logos*(말씀)는 *Theos*(하나님)와 일치하지만, 결정적으로 "말씀이 육신이 되어 우리 안에 거하시매"(요 1:14)라는 핵심 진술에서 예수님과 일치한다. 필로는 모세를 하나님의 전령(herald)으로 여겼겠지만, 예수님은 인격화된 신학이다.

하나님은 단순히 예수님에 의해 알려지는 것이 아니라, 그 안에 구현(embodied)된다. 이것은, 기독교 신학이란 믿음의 대상으로서가 아니라 하나님이라는 존재에 대한 인격적 현현(personal manifestation)으로서 예수님에서 시작해야하고 끝나야 한다는 것을 보여준다. 이렇게 인격적으로 예수님을 보는 것은 가장 순수한 형태로 행동신학(doing theology)이 관계적 작업임을 제시하며, 명제적이라기보다 시종일관 관계적인 것으로서 우리가 실제로 예수님이 가르쳤던 방식에서 발견하는 것이다.

앞에서 묘사한 대로 대개 신학을 일종의 골치 아픈 지적 활동으로 전환하여 복음의 성육신적 본질을 무시하고 우리 자신을 지적 활동의 전 과정의 통제 안에 둔다. 그렇게 함으로써, 우리는 지적 활동의 전 작업의 중

---

3 Philo, *De Praemiis et Poenis*, 53.

심이 되어야 할 그리스도 안에 나타나는 우리와 하나님 간의 상호 관계성을 약화한다. 따라서 그것이 우리 자신에 관한 것이든 아니면 다른 사람들에 관한 것이든, 사람들과 그들의 필요를 언급하지 않고도 '신학을 하는 것'(do theology)이 가능하게 된다.

또한, 안타깝게도 (우리가 마음대로 동의하거나 거부할 수 있는) 신조에 나타난 예수(Jesus of the creeds)를 선호하므로 우리가 (자신처럼 행하라고 우리에게 도전하시는) 복음서의 예수(Jesus of the Gospels)와 멀어지는 것이 간단한 문제가 된다. 이런 은밀한 견해 변호는 도전을 받아야 하는데, 그것은 단순히 비합리적인 처신 때문이 아니라, 오늘날의 선교에 있어서 그런 접근방식이 교회가 직면하는 많은 어려움의 핵심이기 때문이다.

이 논의는 기독론(어떻게 우리가 예수님과 연관되는가)과 선교학(어떻게 우리가 문화와 연관되는가) 그리고 교회론(우리가 생각하는 교회는 무엇인가)의 관계에 관해 제2장에서 언급된 내용과 연관된다. 선교학은 항상 중심에 있어야 하지만, 다른 두 개의 요소들 가운데 어떤 것이 우리의 출발점인가에 따라 우리는 매우 다른 이해에 도달할 것이라는 주장이 제2장에서 제시되었다. 신학도 같은 관점에서 논의될 수 있다. 예수님과 하나님 나라에 대한 그분의 비전과 함께 시작하는 것은, 교회와 교회의 내적 관심에서 시작하는 것과는 다른 방향을 제시한다.

그러나 그것을 시도하기 전에 우리는 이에 대해 조금 더 분석할 필요가 있다. 에큐메니컬 운동에 참여하기 때문에 나는 많은 교파와 신학적 전통에 속한 교회에서 사역할 기회를 얻었다. 그러나 그런 상황에도 불구하고 두 종류의 논의가 예측 가능한 규칙적 형태로 나타난다. 내가 '예수님을 따르라'는 권고를 포함하는 설교를 할 때-그리고 특히 그리스도인들이 그들의 행동으로 복음서에 기록된 예수님의 태도를 본받아야 한다고 제안한다면-나중에 나에게 항의할 사람이 으레 있을 것이다. 왜냐하면, 그들은 복음서가 믿음이나 행위의 주요 원천이라고 믿지 않기 때문이다.

대신 그들은 가장 중요한 것이 예수님에 관해 우리가 믿는 것이라고 주장하는데, 이 점에서 그들은 대개 복음서 저자들보다 사도 바울이 더 나은 길라잡이라고 여긴다. 나는 (예수님의 모습과 아주 유사한) 사도 바울에 관한 그들의 의견에 동의하지 않지만, 우리가 예수님에 대해 아는 것이 바울을 이해하는 것보다 더욱 중요한 것 같다.[4] 다른 한편, 내가 여전히 성경을 진지하게 다루기를 원하기 때문에, 나를 불만스럽게 여기는 그리스도인들을 만난다.

그래서 나는 어떤 사람들에게는 너무 급진적이고 다른 사람들에게는 너무 보수적이라고 여겨진다. 사고와 행동, 즉 실천과 성찰을 하나로 묶는 것은 실제로 신학의 정수로 간주할 수 있는 양립성을 제시하지만, 그리스도를 따르는 충실한 제자도가 없이 (신학자들에 관한 사고와 별개의 것으로) 신학을 하는 것이 불가능하다고 주장하기에 나는 그것을 기쁘게 감수한다. 내가 묘사한 것은, 내가 그냥 실체적인 신학자가 아니라 나 자신을 '실천신학자'(practical theologian)로 간주하는 이유를 설명한다. 이 용어를 채택하면서, 나는 (실천신학자인) 제프 애슬리(Jeff Astley)의 경고를 충분히 인식한다.

> '실용적'으로 여겨지는 사람의 활동은 유용한 서비스를 제공하는 경우에만 정중한 회사에 용인될 수 있다 …. 그리고 다른 것은 얼마 걸리지 않는다.[5]

---

4 내가 생각하기에 두 가지 모두를 특징짓는 스타일에 대한 자세한 내용은 다음을 참조하라. John Drane, 'Patterns of Evangelization in Paul and Jesus: a way forward in the Jesus-Paul debate?' in Joel B. Green and Max Turner (eds), *Jesus of Nazareth: Lord and Christ* (Grand Rapids MI, Eerdmans, 1994), pp. 281-96.
5 Jeff Astley, *Ordinary Theology* (Aldershot, Ashgate, 2002), p. 1.

나는 그가 언급하는 정중한 회사와 같은 것(대학의 공유 공간이나 그와 유사한)이 종종 한스 크리스천 앤더슨의 아무도 이해할 수 없는 언어와 아무도 상관하지 않는 것들에 대해 거만하게 아는 체하는 내용의 임금님의 새 옷(emperor's new clothes) 이야기의 사례를 보여준다는 사실을 충분히 알고 있었다.

동시에 나는 왜 성서신학과 조직신학 등 전통적인 신학훈련을 받은 대단한 학자들이 분리된 훈련으로서 실천신학의 진정성을 의문시하는 합법적 이유를 제시하는지 이해할 수 있다. 실천신학의 정체성을 찾는 과정에서 그 이유는 여전히 어느 정도 신학적 방법에 대한 것일 뿐 아니라, 과거에 실천신학이 성경과 기독교 전통에 진지하게 주목하는 능력이라는 면에서 확실히 많은 기록을 갖고 있지 않았기 때문이다.

실천신학으로 통하는 분야들 가운데 어떤 것들은 전혀 신학이 아니며, 성경이 전혀 특색으로 삼지 않거나 근본주의와 가까운 사려 깊지 못한 것으로 취급되는 심리학, 사회학 혹은 건강관리 같은 주변 학문에서 수집된 간접적 개념의 혼합물이다. 나는 '실천신학'과 관련하여 다음 질문이 제기된 한 세미나가 기억난다:

'만일 아담이 타락 전에 넘어졌다면(예를 들어, 걸려 넘어짐), 그의 무릎이 까졌을까?'

이 세미나를 인도한 사람은 시니어 교수였는데, 그가 우리에게 그 답이 무엇이라고 생각하냐고 물었을 때, 나는 그가 농담한다고 생각했는데, 사실 농담이 아니었다. 내가 잘못 생각하고 있었다!

평균적으로 지적인 성경 독자들조차 성경의 문학 장르와 관련하여 그 질문의 순진무구함을 인식할 수도 있는데, 나는 누군가가 그런 질문에 대해 생각할 수도 있다는 것에 놀라서 세미나 참석자들이 이 어리석은 질문에 답하려고 두 시간을 허비했다는 사실에 압도당했다. 나는 즉시 로버트 윈스턴 경(교수)의 다음 견해에 공감했다.

'교회가 그렇게 비어있는 이유는 고도로 지식적인 사회에게 얄팍한 허튼소리를 하기 때문이다.'[6]

2. 실천신학

비록 실천신학이라는 용어가 아주 최근에서야 특별한 신학 방법으로 묘사되어 유행하기 시작했지만, 프리드리히 슐라이어마허(Friedrich Schleiermacher, 1768-1834)가 '실천신학'이란 용어를 처음으로 사용한 신학자일 것이다.[7] 그에게, 실천신학은 합리적인 비평에 시달릴 때, 기독교 신앙이 피할 수 없는 종말에 직면하게 된다고 확신하고 기독교 신앙을 회복하려는 위대한 노력의 일환이었다.

비록 그가 신학의 본질에 대한 인지적 지배에 의문을 제기함으로써 시대보다 앞서 있었지만, 역사적이거나 이성적인 것이 허위로 드러남을 보여주더라도 '참된' 기독교의 본질로서 종교적 경험을 사물의 중심에 두었기 때문에 의심할 여지 없이 낭만주의에 과도한 영향을 허용했다.[8]

그는 신학을 전적으로 이성적으로 접근하려는 사람들의 반대에 부딪혔고, 하나님이 아닌 인간의 경험이라는 잘못된 목적에 신학의 출발점을 두었다고 비난받았다. 그러나 현실적으로 그는 교리의 제약을 많이 받았는데, 그가 제안한 것은 근본적으로 일종의 '응용 조직신학'(applied systematic theology)이었다. 그의 주장은, 신념체계가 우선이고 '실천신학'이 실행되면 선행된 신념체계가 의미하는 바를 묻는 것에 관심을 둔다. 이 개념은

---

6   캐서린 페핀스터(Catherine Pepinster)와의 인터뷰에서 그의 TV 시리즈 하나님의 이야기(The Story of God)에 대해 논의했다. 다음 자료에 보고되었다. http://www.thetablet.co.uk/cgi-bin/archive_db.cgi/tablet-01117
7   F. D. E. Schleiermacher, *Die Praktische Theologie* (Berlin, 1850), pp. 27-8.
8   Cf. his books *On Religion: Speeches to its Cultured Despisers* (1799); and *The Christian Faith* (1821).

1930년대부터 스코틀랜드에서 다시 부상했다.

스코틀랜드 교회의 재편은 유서 깊은 에든버러대학교, 글래스고우대학교, 세인트앤드루스대학교 그리고 애버딘대학교가 신학대학원(Divinity School)이 되면서 목회자들을 위한 훈련 시설을 대학교로 이전하는 결과를 가져왔다.

이는 실천신학이 학계에서 발판을 마련하게 해주었지만, '조직신학이 실천될 때 어떤 모습인가?'라는 질문을 출발점으로 삼는 슐라이어마허주의 모델을 따르는 경향이 있었다. 당연히 학문적 공동체 가운데 이에 대한 큰 열정이 없었고, 실천신학은 성서신학, 교회론의 역사, 종교철학 그리고 조직신학 같은 핵심 신학 주제들과 비교하여 매우 열등한 관계였다. 나는 본래 그런 상황에서 신학훈련을 받기 시작했고, 그 당시 학생들 가운데 최고 학위를 받는 가장 쉬운 방법은 실천신학을 전공하는 것으로 널리 알려졌다.

그 이유를 파악하는 것은 어렵지 않다. 왜냐하면, 그런 주장에도 불구하고 실제로 그렇게 사안을 바라보는 것은 현장에서 실천 가능한 확실한 신학적 근거가 없기 때문인데, 그것은 이전에 다른 전문가들이 정의한 간접적인 개념들을 실천신학자들이 다루는 경향을 의미한다. 그 결과, 그것은 종종 목회자 후보생들에게 유용한 조언보다 약간 더 도움이 되는 것, 즉 심방과 간헐적인 행정과 같은 사역에 대한 조언을 제공하는 것이었다. 이 모든 것은 성직자가 알아야 하지만, 어떤 특별한 통찰력이나 지적인 노력을 거의 요구하지 않는다. 그 당시 궁금해하는 사람들을 위해, 나는 쉬운 실천신학을 전공으로 선택하지 않고 성서신학을 선택했다-내가 아직도 박사학위를 갖고 있기에 소문처럼 어렵지 않았을 것이다!

그 시절 이후 많은 것이 변했고(대개 미국 문화의 영향으로 인해), 실천신학의 성격에 대한 보다 총체적 이해-따라서 일반적인 신학에 대한 이해-를 명확하게 하는 경향이 있다. 그런 경향은 이 장을 시작하며 언급한 신학의 성육신적 이해로의 전환을 의미한다. 이런 전환에 여러 요소가 부분적으로 역할을 했는데, 우리는 그 요소들 가운데 특히 4가지 요소를 언급할 수 있을 것이다.

1) 전적으로 합리적인 실천에 대한 일반적인 환멸

뉴턴의 물리학과 칸트의 존재론으로 요약되는 환원주의적 접근(reductionist approach)은 현재 그 효력이 사라졌다. 제4장에서 그 모든 이유에 대해 살펴보았듯이, 우리는 합리적인 시도가 인간의 삶을 입증하는 데 실패했을 뿐 아니라, 중요한 측면에서 실제로 문제를 더 악화시켰다는 것을 볼 수 있다. 만일 모든 진리가 하나님과 연관된다면, 우리는 삶의 다른 양상들과의 관계에서 신빙성 없는 방법론이 여전히 타당한 신학적 담론이라고 추정할 아무런 이유도 없다.

신앙과 관련하여 자율적이고 합리적 개인에 대한 칸트의 이상은 근거 없는 신화일 뿐 아니라, 우리가 그런 분리된 인간이 된다는 것이 불가능하다고 할지라도, 우리는 그 과정에서 인간성의 중요한 일부를 박탈할 수 있다는 것을 알 수 있다.

우리의 진정한 모습은 합리적 과정들뿐 아니라 감정, 관계 그리고 다른 구체적인 경험과 연관된다. 그러므로 영적 탐구에 있어서, 우리의 전 인격(whole person)보다 못한 것과 연관되는 것은, 자기 파괴적인 것이 아니라면 대체로 제한적일 것이다. 신학적 숙고 과정의 불합리한 부분으로서 우리 자신의 성격과 헌신을 포함하여, 우리는 우리의 정체성과 우리가 희망하는 것 그리고 우리가 형성되는 것에서 시작해야 한다.

우리의 과제는 법적 책임이 아니라 진리 탐구를 위한 핵심 자산이 되는 것이다. 이것은 엄청난 과학은 아니지만 학자들이 보통 사람들에게 매우 명백해 보일 수 있는 것이 무엇인지 알아내는 데 때로는 오랜 시간이 걸린다.

2) 새로운 신학적 관점

칸트의 모델에서 경험적 증거와 '과학적' 증거는 하나이며 동일한 것으로 추정되었다. 어떤 알만한 가치가 있는 것은 항상 가정(hypothesis)에 대한 신중한 검증이라는 정당한 절차를 통해 실험실에서 수집된 증거에 민감하다. 이런 작동방식의 명백한 무능함은-실재의 본질에 관한 근본적 가정에 대해 도전했던 아인슈타인의 이론은 말할 것도 없고-천문학과 우주 탐험의 새로운 지평을 여는 것에 자극받은 자연과학 분야의 훈련에서조차 사물에 대한 보다 총체적 관점의 발전을 장려했다.

한편, 이것은 더욱 확장된 세계관으로, 다른 한편으로 경험적 증거가 허용되는 것에 대한 재평가로 귀결되었다. 현재 인간 경험은 분리된 이성을 통해 생성된 일종의 추상적인 정보만큼 실증적인 증거가 될 수 있다.

3) 후기 기독교 왕국(Next Christendom)

이 용어는 필립 젠킨스(Philip Jenkins)가 처음 사용했는데, 지난 50년간 일어난 세계 기독교의 무게 중심의 거대한 이동을 묘사하는 간단한 방법이다.[9] 오늘날 대다수 그리스도인이 남반구에 사는 반면, 20세기 중반의 기독교는 대단히 북반구 그리스도인의 신앙이었다. 더욱이 증가하는 남반구 그리스도인은 유럽 기독교의 표현인 역사적 기독교와 본질적인 연관성이 없는 토착 교회들에 속해 있다. 남반구의 많은 그리스도인은 오순절 진영에 속해 있는데, 오순절교회는 단 100년의 역사를 가진 신생 교파지만 그리스정교회, 로마 가톨릭 그리고 개신교와 함께 기독교의 4번째 지류를 형성하고 있다.

---

9 Philip Jenkins, *The Next Christendom*, 2nd edn (New York, Oxford University Press, 2007).

오순절교회가 은사주의적 갱신 운동의 영향을 통해 다른 범주들로 스며들었다는 사실은 그 중요성을 강조하는 데 일조한다. 이 경향의 두 양상은 전통적으로 신학을 이해하는 방식들에 도전한다. 특히, 첫 번째 경향은 1960년대 남미의 식민주의 교회 가운데 존재하던 기초공동체(base communities)의 성장에서 부상했다. 이 운동은 개인의 출발점에 따라 - 신학을 포함하여 - 많은 것이 다르게 보일 수밖에 없다는 참신한 인식을 초래했다. 합리적인 자율적 개인에 대한 개념은 가난한 문맹자들에게는 거의 의미가 없다.

이런 상황에서 행동신학을 위해 이용 가능한 단 두 종류의 자료가 있다. 자기 삶의 상황과 하나님에 대한 경험이다. 이것은 해방신학(liberation theology)의 '아버지'로 부르는 구스타보 구티에레즈(Gustavo Gutieérez) 같은 사람들을 위한 출발점이었다.[10] 구티에레즈와 다른 해방신학자들은 유럽에서 전통적 신학의 학문 방법론을 연구했지만, 그들은 다른 지역의 삶의 상황에 적용될 수 있는 자료들을 찾으면서 성경 이야기와 자신들이 사역하는 사람들 가운데 자신들과 반 문맹인 사람들이 공유하는 것이 하나임을 깨닫게 되었다. 그 결과 처음부터 해방신학은 역동적이고 인간 중심이었으며, 그 핵심 질문은 '가난한 사람들의 눈을 통해 보는 성경은 어떤가?'였다.

물론 그 이래로, 많은 이들이 자신이 처한 사회적 상황에서 유사한 질문을 제기했다. 다른 새로운 혼합 성분은 오순절 운동의 전 세계적인 빠른 성장인데, 최근 수년 동안 오순절 운동은 전통적인 서구 신학자들 가운데에서조차 독특한 오순절식 행동신학 방법의 출현을 유발했다. 자신의 영적 여정이 오순절 경험과 일치하는 사람들이 오순절 운동에 대해 숙고하려 애쓰며 실제로 신뢰할 수 없고 비과학적이라고 오순절 경험을 배제한

---

[10] 그의 많은 저서 중 다음의 고전을 참조하라. *We Drink from our own Wells: The spiritual journey of a people*, 2nd edn (London, SCM, 2005).

전통적 신학 방법론과 패러다임과의 연관성을 고찰하면서, 오순절 운동의 문헌은 빠르게 확산하고 있다.[11]

비록 이런 현상에 대해 확신하기는 너무 이르지만, 북반구의 주요 교단들 가운데 이머징 교회의 부상은 또 다른 관점을 부여할 것이다.

왜냐하면, 어떤 지역에서 이머징 교회는 대개 오순절이나 은사주의 특성을 띠지 않더라도(다른 지역의 교회들은 오순절과 은사주의 교회 출신의 난민들로 북적거린다), 실제로 신학은 무엇이며, 우리는 어떻게 신학을 해야 하는지에 관해 똑같이 근본적인 질문이 제기되고 있다.

이런 비전통적인 교회의 존재방식이 확산하기 때문에, 전통적인 주류 교단들은 기껏해야 정체 상태인 반면(대개 쇠퇴함), 성장과 쇠퇴 그리고 행동신학의 다양한 방법들 간에 본질적인 연관성이 있다고 궁금해 하는 것은 당연하다. 최소한 전통적 신학 패러다임들이 현재 북반구 교회의 고질적인 침체를 다룰 수 없는 것처럼 보인다는 것이다. 그러나 그보다 더 큰 도전이 있다.

신학에 대한 우리의 전통적인 이해가 실제로 대다수 사람을 교회로부터 소외시키는 데 이바지하지 않았을까?

4) 새로운 질문들

실제로 이 시대의 중요한 질문 중 일부와 비교하면, 그 모든 것은 내부 지향적인 자기 응시에 불과할 수 있다. 세계화는 지구상의 모든 사람에게 새로운 상상의 지평을 열어주고 있으며, 다른 신앙 공동체에 속한 사람들이 몇 세대 전에 생각할 수조차 없던 방식에 직면하면서, 전통적인 종교적

---

11 Cf. Mark Cartledge, *Practical Theology: Charismatic and Empirical Perspectives* (Carlisle, Paternoster, 2003)과 The Pentecostal Commentary, Journal of Pentecostal Theology 및 Supplement 시리즈와 같은 시리즈의 출현은 모두 선도적인 학술 출판사인 Continuum 에서 출판되었다.

들은 전례 없는 의구심의 대상이 되고 있다.

많은 종교인이 한때 유일하고 의문의 여지가 없는 것으로 간주하던 것이 세계와 영성이라는 훨씬 큰 조각 그림 맞추기(jigsaw puzzle)의 일부분이라는 사실을 수용해야 할 것이다. 어떤 사람들은 진리 주장이 모든 종교 전통의 급진적인 재현을 통해 더 잘 수용되지 않을 수도 있는지 궁금해하지만, 어떤 사람들(모든 세계 종교에 속한 사람들)은 자신들의 전통적 신념을 재확증하고 가능한 수단을 동원하여 다른 사람들에게 그것을 강요하려고 한다.

그러나 그 이상으로 더 중요한 질문은 환경오염과 악화가 우리 모두의 삶의 방식에 영향을 미치며 지구의 미래를 위협할 것이라는 깨달음이 강조된다. 이것은 신학이 구현되는 방식에 도전하는 또 다른 이슈이다. 왜냐하면, 지구 자원에 대한 고의적인 착취는 종종 인간을 위한 하나님의 계획으로 정당화되었기 때문이다.

영구적인 식물인간 상태임에도 인공적으로 '생명을' 유지하는 환자들과 같이, 의료기술의 발전이 인간 생명의 의미에 관한 새로운 질문을 지속해서 제기하는 한편-유산, 안락사에 대한 논쟁과 장애를 판단하는 기준에 대한 질문은 말할 것도 없고-이와 유사한 불편한 질문들은 인종차별주의와 성차별주의 같은 문제들과 연관하여 제기된다.

만일 모든 것이 하나님과 연관된다면, 이런 종류의 이슈들은 신학자들이 지금까지 관심을 둔 주제들과 어떻게 연관되는가?

3. 출발점

이런 부류의 질문들에 대해 숙고하는 것은, 제1장에서 언급한 북반구 현대 문화의 성격에 관한 논의로 우리를 인도한다. 제1장에서 나는 내적 합리성이라는 점에서 '포스트모더니티'나 다른 동일한 계통의 어떤 용어도 역사적으로 삶의 의미를 설명하는 포괄적이고 일관된 세계관을 구성하지 않는다고 제시했다.

그러나 그것은 단지 절반의 이야기일 뿐이다. 왜냐하면, 일관성 있는 무언가를 찾는 것 자체가 시간 낭비이며, 파편화, 불연속성 그리고 궁극적으로 무의미하다는 것은 우리 인간의 존재인 곤경의 일부일 뿐이라고 오늘날 널리 추정되기 때문이다. 합리적 이해의 기준에 의해 말이 되는 것이 아무것도 없는 것처럼 보일 때, 그것은 사람들을 더이상 괴롭히지 않는다.

행동신학의 전통적인 방법이 전혀 다른 전제(인간 삶의 모든 측면에서 작동하는, 이성적이지만 인과관계가 있다는 것)에 기초하고 있다는 점을 고려할 때, 실제로 아무도 묻지 않는 모든 질문에 대한 답을 알고 있는 과거의 유물이 아닌 다른 방식으로 기독교의 복음을 소통하려면 우리는 문화에 참여하는 새로운 방법을 찾을 수밖에 없다.

마틴 퍼시(Martyn Percy)는 그런 신선한 접근법(그는 이것을 '응용신학'과 구별되는 '실천신학'이라고 한다)을 추천하면서, 우리에게 'higgle'('정도에 따라 영향을 준다'는 의미의 오래된 농업 단어), 'thole'('불리한 조건에서 생존의 과정을 묘사하는 고대 아일랜드 단어) 그리고 '갱신에의 참여'를 배울 것을 권고한다. 즉, '회복과 복원의 과정'(process of recovery and restoration)과 '대체'(replacement)로 정의하는 것은, '기독교 전통이 현재와 미래를 직면해야 하지만, 그 과거를 소홀히 할 수 없기 때문이다.'[12]

내가 여기서 제안하는 것은 분명히 행동신학의 다른 방법이지만-성경, 역사, 조직신학 등을 포함하여-수세기 동안 축적된 지혜를 폐기하기보다 유산으로 물려받은 기독교 전통을 소중하게 여기는 방법이다. 나는 여기서 '지혜'라는 용어를 의도적으로 사용한다. 왜냐하면, 지혜가 제3장에서 면밀하게 탐구한 기독교 전통의 진입점으로서 삶의 방식에 대한 강조와 연관되기 때문이다.

---

12 Martyn Percy, *Engaging with Contemporary Culture* (Aldershot, Ashgate, 2005), p. 7.

그런 맥락에서 나는 사람들이 우주, 다른 사람들, 자신 그리고 하나님과의 조화를 이루며 살아가는 적절한 방법을 찾는 것과 관련된 성경의 지혜문학에 대한 연관성(growing relevance)을 강조했다. 기독교 신학이 21세기 문화에 적절히 상황화되기 위해서 우리보다 앞서간 신학자들의 통찰을 무시하지 않으면서도 이전 세대에서 상황화된 인지적 방식(cognitive mode)과는 확연히 다른 '지혜'에 근거한 방식이 필요하다. 선교에 관한 장(제3장)에서 개인이 신앙을 가질 수 있는 다양한 진입점의 중요성을 강조했으며, 진입점의 개념도 이와 관련된다. 다음의 도표가 진입점을 설명한다:

'실천신학' 하기

나의 읽기:
다른 사람들이 무엇을 말하는가?

나의 열정:
실제 무엇이
나를 자극하는가?

과제 수행:
실질적 질문은 무엇인가?

나의 전통:
성경과 역사

나의 삶의 경험:
경험이 어떤 영향을 주는가?

신학적 성찰을 위한 전수된 진입점은 여기서 '나의 전통'이라고 부르는 것, 즉 성경과 그 해석으로 시작되는데, 이는 정의상 교회 역사의 다양한 측면도 포함한다. 다른 교회론적, 신학적 전통들은 이들 간의 엄밀한 관계에 대한 독특한 견해를 제시할 수 있지만, 기독교 신앙을 이해하고 분명히 표현하기 위해 그 중요성에 관한 일반적 합의가 있을 것이다.

실제로, 전통적인 신학으로 통하는 많은 것이 사실 여기서 시작하는 것이 아니라, 철학자나 과학자의 이론이나 성경과 교회 역사에 관한 폭넓은 독서에서 시작한다. 한때 나는 완전히 세속적인 대학교 종교학부에서 신약성서와 기독교와 연관된 과목을 가르친 적이 있었고, 기독교 신학 관련 부서에서 일한 적도 있었다.

일반화가 전체를 말하는 것은 아니지만, 종교학 프로그램에서 만난 학생들은 신학부에서 만난 학생들보다 실제로 성경을 읽고 씨름함으로써 성경을 진지하게 받아들일 가능성이 훨씬 컸는데, 그들은 (대부분 그리스도인이었기 때문에) 직관적으로 성경이 무엇에 관한 것인지 알고 있기에 읽을 필요가 없고 대신 다른 사람들이 성경에 대해 무엇을 말해야 하는지 알아내느라 바빴다.

그 다양한 경험들을 결코 다 이야기할 수 없을지라도, 종교학 프로그램에서 만난 학생들은 대개 신학부 학생들보다 실제로 성경을 읽고 씨름하며 훨씬 더 진지하게 성경을 받아들일 가능성이 컸다. 그들은 (대부분 그리스도인이었기 때문에) 직관적으로 성경에 관해 알고 있었기 때문에, 성경을 읽을 필요가 없었고 다른 사람들이 성경에 관해 무엇을 말하고 있는지 알아내려고 바빴다.

나는 미국의 신학교에서 신약성서 과목을 가르치면서 수업 평가의 일부로서 학생들이 수업과 연관된 책을 읽고 시험을 치르게 했던 것을 기억한다. 학생들은 시험 시간이 다가오는 것을 두려워할 뿐 아니라, 내가 학생들에게 공부해야 하는 필독서들을 실제로 읽고 시험을 치르게 한다는 것에 대해 교수들조차도 놀라면서 신학교의 화제가 되었다. 나는 깊이 있게 핵심 성경 본문들을 전혀 읽지 않아도 신학 학위를 취득할 수 있다고 생각한다.

종교학을 가르치며 내가 배운 것 가운데 하나는, 표면적으로 세속적인 상황들에서도 학생들은 삶의 의미와 목적에 대한 깊은 질문을 통해 통찰력을 찾고 있으며, 교수들이 그런 문제에 직면하는 것을 회피할 때, 학생들에게 피해를 준다는 사실을 깨달은 것이었다. 역설적이게도 이것은 교육 기관들이 가장 저항하는 부분이다. 내가 일한 기관에서, 나는 함께 일하던 동료들과 이 점에 대해 치열한 논쟁을 벌였던 것을 기억하는데, 현대 대학에서 이 이슈는 신학이나 다른 주제들과 연관된 어떤 종류의 교육적인 의제에도 관여하지 말아야 한다는 것에 대해서 의심의 여지가 없었다.

이런 논쟁이 진행되는 동시에, 나는 마침 그 주제와 관련하여 학생들 자신의 영성을 숙고하고 양성하며 개개인이 처한 특정 환경에서 적합한 방법으로 영성개발의 기회를 제공하는 과목들을 가르치고 있었다. 말할 필요도 없이 그 과목은 전체 교육 과정에서 가장 많이 수강한 과정 중 하나였다. 그리고 내가 그 교육기관을 사임하자마자 그 과목은 가장 먼저 축소되었다. 이런 현상을 접한 사람이 나뿐만이 아니다.

마틴 퍼시(Martyn Percy)는 현재 논의되는 신학교육의 주된 목적은 '전통을 알려주고 지지하며 강화하는 것'이지 전통을 바꾸는 것이 아니라고 말하면서, 이런 주장이 기독교 전통 자체에 대한 배신이자 신학 분야의 신경 쇠약(failure of nerve)이라고 주장한다. 나는 그의 견해에 동의한다.[13] 게다가 이것은 어떤 독단적인 의견이 아니다. 리처드 리셔(Richard Lischer)는 다음의 현상을 관찰하면서 이와 유사한 경향을 확인한다.

> 신학이라고 간주했던 많은 것들이 복음에서 생명력을 얻지 못하기에, 궁극적으로 삶을 변혁하거나 교회를 가르치고 이끌지 못한다.[14]

---

13 Ibid., p. 91.
14 Richard Lischer, *A Theology of Preaching* (Durham NC, Labyrinth, 1992), p. 4.

이에 대한 이유 중 일부는 인생의 다른 것들과 마찬가지로 실제로 우리를 자극하는 것에만 전념하는데, 그것은 위의 도표에 나오는 다른 진입점 중 하나('나의 열정')이다. 그렇게 많은 그리스도인이 신학에 대해 환멸을 느끼는 주요 이유는, 그들이 신앙의 핵심 진리에 관한 열정을 전혀 알지 못하거나 상실했기 때문이다. 결국, 열정도 충분하지 않지만, 우리 대부분은 우리가 느끼고 개인적으로 영향을 주는 방식에 근거하여 우리 삶의 주요 사항을 결정한다.

신학적으로 숙고하는 우리의 진입점은 다르지 않기 때문에, 도표에 표시된 '개인적 경험'이 중요하다.[15] 오늘날 많은 사람에게 제자도로 들어가는 진입점으로서 실제적인 일상의 삶의 중요성을 고려하면, 우리는 '참된 지성이라는 메인 코스에 곁들이는 요리처럼,' 그것을 사소한 지위(minor position)로 격하시키는 것이 우리 자신(그리고 복음)에게 아무런 도움도 되지 않는다.[16]

나는 이런 방식으로 이 요소들을 분리하므로 어떤 것이 다른 것보다 더 중요하다는 인상을 주려는 것이 아니다. 우리는 모든 요소가 필요하며, 그 요소 중 어떤 것도 행동신학을 위한 타당한 출발점이 될 수 있으며, 각자에게 진입점은 세상과 하나님에 대한 이해뿐 아니라 우리 자신에 대한 이해와 연관된 많은 변수에 달려있다. 그러나 최근까지 단 두 개의 출입구(portal)가 입증된 출발점으로 여겨졌는데, 하나는 내가 '나의 전통'으로 명명했고 다른 하나는 '나의 읽기'로 부르는 것이다. 말하자면, 어느 누구도 그것에 관해 열정적으로 느끼지 않고서는 어떤 주제와도 연관되지 않기 때문에, '나의 열정'은 이 장면의 배후에 영향을 미쳤다.

---

15 기민한 독자들은 다양한 진입점을 포함하는 이 도표가 해방신학에서 친숙한 해석학적 주기와 같지는 않지만 유사하다는 점을 알아차릴 것이다. 개인적인 경험이 어떻게 신학적 성찰의 진입점이 될 수 있는지에 대한 실제적인 예를 보려면 다음을 참조하라. Don S. Browning, *A Fundamental Practical Theology* (Minneapolis MN, Fortress Press, 1991).

16 Daniel H. Pink, *A Whole New Mind* (New York, Riverhead Books, 2006), p. 16.

칸트의 단절되고 체화되지 않은 합리성(disembodied rationality)이라는 개념의 영향으로 '나의 경험'은 비상관적이고 비과학적이며 매우 오해의 소지가 있고 위험한 것으로 고려대상에서 거의 제외되었다. 21세기 문화적 상황에서, 이것은 교회의 사역과 선교에 직접 부정적인 영향을 미치는 주요 누락(omission)이며, 이미 앞 장에서 이런 맥락에 따라 말한 것에 비추어 볼 때 더는 정당화할 필요가 없다고 확신한다.[17] 그러나 행동신학에 대한 관계적 양상의 거부(혹은 무시)는 용어 자체에 대한 성경적 뿌리와 모순될 뿐 아니라, 성경 첫 페이지와 대조를 이룬다는 것은 주목할 만한 가치가 있다.

성경 첫 장에서 우리는 인간이 된다는 것이 '하나님의 형상으로 창조되었다'라는(창 1:27) 것을 확언하며, 만일 우리가 신학적 작업에서 우리 삶의 경험을 제외하면 모든 것 가운데 가장 중요한 요소 중 하나를 놓칠 수 있다는 사실을 내포한다. 사람들은 이런 상황에 대해 많은 이유를 생각할 수 있다. 역사와 지적 유행은 성격유형(personality type)처럼 분명히 한 부분을 차지한다.

내가 아는 한, 신학자들 사이에서 지배적인 성격유형에 관한 경험적 연구를 수행한 사람은 아무도 없지만, 수년에 걸쳐 그들에 대한 내 경험으로는, 많은 사람이 다른 사람과 내적인 삶을 나누는 것은 고사하고, 공적으로 그것을 반영하지 못하는 많은 부류는 사적이고 내적인 삶의 실재를 인식하기 어려워하는 내향적인 사람들이다. 그런 상황은 경험과 열정에 반하여 전통과 읽기를 우선시하려는 강한 내재적 동기부여(inbuilt incentive)일 것이다.

또한, 엘리트주의적 요소 역시 작동할 수 있다. 왜냐하면, 개인적인 경험이 행동신학을 위한 타당한 진입점으로 인정된다면, 대학교의 문턱을

---

17 기독교 전통, 개인적 경험, 문화 정보 간의 대화에 대해서는 다음을 참조하라. J. D. Whitehead and E. E. Whitehead, *Method in Ministry* (New York, Seabury Press, 1980).

결코 넘을 수 없는 사람들을 포함하여 모든 사람이 (행동신학을 위한-역주) 경험을 갖게 될 것이다.

4. 가르침과 배움

이 모든 것을 진지하게 다루는 것은 분명히 우리가 신학에 대해 생각하는 것과 신학을 하는 방식에 영향을 미칠 뿐 아니라, 미래의 사역자들에게 제공되는 형식적인 신학교육의 상황과 지역 교회의 기독교 교육 프로그램에서 신학을 배우는 방식에도 영향을 미칠 것이다. 내 인생의 대부분을 이 사역에 참여하면서 두 맥락 모두에서 대학과 신학교 교육을 위한 의미 있는 미래 확보라는 개인적인 관심을 알리고, 나 자신의 이야기가 이 책의 첫 장에서 확인된 선교와 사역의 도전을 충족시키기 위해 지금 해야 할 일에 대한 인식을 알릴 수밖에 없다는 사실을 인정할 필요가 있다.

이 책에서 다루는 많은 주제처럼, 이 주제는 이 책에서 쉽게 정당화할 수 있는 또 다른 주제이며, 여기서 언급하는 것은 다소 임의적이며 단지 몇 개의 일반적인 원리들을 다루게 될 것이다. 하지만 나는 앞서 출판한 『문화변화와 성경적 신앙』(*Cultural Change and Biblical Faith*)에서 이 주제에 관한 몇 가지 측면을 더 자세하게 기술했다. 여기서 내 주장에 관해 더 광범위한 상황을 이해하기 원하는 독자들은 거기에서 모종의 유용한 배경을 발견하게 될 것이다.[18]

'경험에서 시작하지 않는 배움은 존재할 수 없다'라는[19] 주장이 널리 알려진 것처럼, 진정한 신학적 숙고가 자기 자신의 삶과 신앙의 경험에서 출발해야 한다는 개념은 교육적인 관점에서 거의 혁명적이지 않다. 신학의

---

18 John Drane, *Cultural Change and Biblical Faith* (Carlisle, Paternoster, 2000), pp. 104-53.
19 Peter Jarvis, *Adult and Continuing Education: Theory and Practice* (London, Routledge, 1995), p. 66.

본질에 관해 더 명확하게 기술하는 제프 애슬리(Jeff Astley)는 '신학은 내용뿐 아니라 과정'이라고 주장했는데, 이 주장은 단지 같은 말을 하는 다른 방식이다.[20]

현재 신학교육으로 제시되는 전형적인 교육 과정에 대한 문제의 일부는, 신학교육이 깊은 영적 과정과 단절되었고, 결과적으로 신학의 본질을 다소 약화하는 형태를 실제로 반영한다는 것이다. 내 경험은, 이런 한계가 많은 학문의 사유화된 성격유형들(privatized personalities)과 관계된 것이든, 신적 존재와의 살아있는 만남이 아니라 신학에 관한 다른 사람들의 지식이 주요 목적임을 보장하는 대부분의 신학적 훈련에 대한 재설정이든, 그것은 대부분 시스템을 통해 깊은 갈등 요인으로 작동한다는 것을 시사한다.

심지어 돈 큐핏(Don Cupitt)-스스로 고백하는 영국 성공회의 무신론자로서 명성을 얻는 그의 주요 주장-도 이 접근의 공허함을 강조하면서 일련의 방법으로 다음과 같이 묘사한다.

> 그것은 당신의 삶이나 다른 사람의 삶에 전혀 영향을 미치지 않는다는 것을 보장한다…. 당신은[대학교나 신학교에서] 연기자가 되는 방법을 배우는 것이 아니라, 다른 사람들의 공연에 대해 좋은 비평가가 되는 법률을 배운다.[21]

하지만 행동신학의 이런 방식은 대학뿐 아니라 신학대학과 신학교 시스템에 깊이 자리 잡고 있다. 영국에서는 정부가 지원하는 연구평가 실습(Research Assessment Exercise)에서 부여하는 점수에 따라 전체 교수진의 미래 생존 가능성이 좌우되는데, 이 점수는 학술 저서의 지속적인 출판을 요구

---

20 Astley, *Ordinary Theology*, p. 56.
21 Don Cupitt, *Philosophy's own Religion* (London, SCM Press, 2000), p. 47.

함으로써, 진정으로 독창적인 아이디어를 개발할 시간을 부여하지 못하고, 대부분 학자가 다른 학자들의 아이디어를 수정하여 재활용하는 데 중점을 두는 학문 형태를 선택하도록 한다. 맥도날드화된 생산품의 지배적인 풍토는 이런 종류의 복제신학이 현상에 도전하는 독창적인 학문연구보다 개인적인 성과를 위한 것일 수 있다.

그렇다면 누가 그들을 비난할 수 있는가?

이와 동시에 개인의 자유에 대한 잘못된 인식은, 신학연구가 신학자의 연구로 축소될 뿐 아니라, 삶의 변화를 이루는 하나님과 만남의 가능성은 소외되거나 배제된다는 의미다. 심지어 영적 양육을 신학교육의 특징으로 삼는 신학교육 기관에서도, 그 목적은 핵심 신학 주제들에 관한 연구방식과 동떨어져서 수행되는 경향이 있으며, 개인적인 형성에 대한 중요한 책임은 공식적으로 인가된 학습 프로그램의 일부가 아닌 채플이나 다른 활동들을 통해 일어난다고 간주한다.

나는 다른 책에 기고한 연구 자료를 살펴보며, 설교는 모든 교단에서 목회의 주요 사역임에도 불구하고 영국의 어느 교단에서도 설교학을 인가된 학위과정의 핵심 과목으로 포함한 기초신학 과정은 찾아볼 수 없다는 것에 놀라움을 금할 길이 없었다.[22]

나는 여기서 너무 부정적으로 말하고 싶지 않다. 따라서 나는 그리스도인들이 적절하고 상관적인 형태의 신학교육을 통해 이 책의 앞 장에서 강조한 선교와 사역의 문제를 해결하도록 돕는 중요한 역할을 한다는 것을 재확인한다. 문제는 반은 차 있고 반은 비어있다는 속담의 물잔이다.

---

22 내가 뭔가를 놓쳤을 수도 있고, 만일 그렇다면 독자들은 의심할 바 없이 이를 재빠르게 지적할 것이다. 내가 아는 한, 영국에는 석사학위는 두 가지 예외가 있는데, 하나는 글래스고에 있는 International Christian College (http://www.icc.ac.uk/courses_desc.php?course_id=26)이고 다른 하나는 런던에 있는 Spurgeon's College의 석사학위다 (http://www.spurgeons.ac.uk/site/pages/ui_courses_masters.aspx).

나는 『교회의 맥도날드화』에서 우리의 문제 중 하나는, 우리가 과거에 창의성, 상상력, 예술 및 정서적 영성에 반하는 인지적 성찰을 우선시한 제한된 도구들을 활용한 것이라고 주장했다. 이 주장은 이것이 옳고 저것이 그른 것이 아니라, 다른 환경이 다른 필요와 기회를 불러온다는 것이다. 선교에 관한 장에서 나는 재즈밴드의 이미지를 사용하여 복음의 다른 측면이 전면에서 다른 질문을 해결하고, 특정 측면이 특정 시간에 중심이 아니라고 해서 그 중요성이 떨어지는 것은 아니라고 제시했다.

오늘날 교회 지도자들이 무엇을 하는 것이 유용한지를 숙고하는 데에도 같은 이미지가 적용될 수 있다. 현대 문화에서 가장 중요한 두 축은 기독교의 이야기(성경신학 중심의)를 전달하는 능력과 그리스도인의 영적 열망(그리고 내가 여기서 정의한 것처럼 출발점으로서 실천신학)을 알리고 영감을 불어 넣는 그리스도인들의 살아있는 경험을 가치 있게 평가할 것인가이다. 기독교 신앙을 다른 방식들로 조망하는 것이 허용될 수 없는 것은 아니지만, 과거에 중심 국면에 있던 것이 이제는 상부구조(superstructure)보다는 하부구조(infrastructure)를 지탱하는 보조역할로서 더 유용할 것이다.

5. 스타일과 관계성

여기에는 두 가지 주제가 얽혀 있다. 스타일(우리가 일하는 방식을 의미함)과 관계성(우리가 그것을 행하는 태도를 의미함)이다. 제2장에서 나는 개념화 시대(Conceptual Age)에서 차이를 만드는 사람들은 '창작자와 공감 능력을 지닌자(creators and empathizers), 패턴 인식자(pattern recognizers) 그리고 의미 창출자, 예술가, 이야기꾼, 돌봄 제공자, 상담가, 큰 그림을 생각하는 사람(picture thinkers)'이라는 다니엘 핑크(Daniel Pink)의 주장을 언급했다.[23] 다른

---

23 Daniel H. Pink, *A Whole New Mind* (New York, Riverhead Books, 2006), p. 1.

사람들은 이런 자질을 '창의적 계층'과 연관 짓는다. 그들은 다음의 가치를 추구한다.

> (그들은) 삶의 근본적 우선순위와 연관된 가치의 변화, 시간과 돈을 사용하는 방식과 연관된 생활방식의 변화 그리고 무엇보다 그 돈을 버는 방식을 추구한다.[24]

우리가 기독교 신앙에 대해 어떻게 가르치고 배우는지와 관련하여 이를 반영하는 몇 가지 이유가 있다.

첫째, 이런 열망은 복음서에 제시된 예수님의 메시지와 방식과 동일한 많은 특징을 반영한다.

둘째, 인구의 상당한 비율이 이것에 매료되고 있다. 폴 레이(Paul Ray)와 셰리 루스 앤더슨(Sherry Ruth Anderson)은 현재 문화 창작자가 북미와 유럽 대륙 인구의 약 1/4을 차지한다는 사실을 보여주려고 북미와 유럽연합(American and European Union)의 통계를 인용한다.[25]

게다가 내가 제4장에서 제시했듯이, 창의적 계층과 도시 종족(urban tribe) 그리고 대부분 복음에 개방적으로 응답하고 급진적 제자도(radical discipleship)에 헌신하는 영적 탐구자들 간에는 명백한 상호연관성이 있다.

따라서 그런 개인의 특별한 관심사는 대학과 신학교뿐 아니라 지역 교회 회중에도 중대한 차이를 만들 수 있는 기독교 교육의 점검표를 제공한다. 이는 선교적이고 변혁적인 존재와 학습 스타일을 강조하여 모든 다면적인 복합적 상황에서 인간에게 감동을 주는 온전한 교육이 되기 때문이다.

24　Paul H. Ray and Sherry Ruth Anderson, *The Cultural Creatives* (New York, Three Rivers Press, 2000), p. 4.
25　Ibid., p. 5.

모든 연구자가 동의하는 한 가지 사항은, 창의적 계층에 속한 사람들이 불확실성이 감지되는 어떤 것에도 참여할 것이라는 사실이다. 그들은 우리가 하는 일이 우리가 믿는 것과 일치해야 한다고 기대한다. 그들의 지식의 기초는 '지적인 방식 이외에 직접적인 개인의 경험을 포함한다.'[26] '언행일치'(walk the talk)의 도전은 그리스도인이라면 누구에게나 큰 도전이지만, 특히 다른 사람들을 가르치려는 열망을 가진 사람들이 본을 보이는 것은 중요하다. 하나님과 이웃을 사랑하라고 말하며 복음의 가치를 선포하는 것은 쉬운 일이지만, 그것을 실천하는 것은 더 어려운 일이다.

독자들은 자신들이 좋아하는 저자들의 허세에 도전하고 그들의 언행의 불일치를 정확하게 지적할 수 있을 정도로 그들에 관해 아주 충분히 알지 못하기 때문에, 복음의 가치라는 주제로 설교하는 것보다 그것에 관해 책을 쓰는 것이 훨씬 쉽다. 우리 대부분은 청렴한 교사들로부터 가장 잘 배우며, 정보뿐만 아니라 미덕, 영성 그리고 가장 포괄적인 의미에서 지혜를 배우면서 교사의 인격이 매우 큰 영향을 미친다는 것은 잘 알려진 사실이다.

나를 형성한 신학교육과 연관하여 내가 윌리엄 릴리(William Lillie)의 멘토링을 받은 것은 행운이었다. 한 세대 전의 학자인 윌리엄 릴리의 이름은 이 책의 독자에게 거의 알려지지 않았을 것이다. 그는 당대에도 유명한 사람이 아니었으나, 그의 영적 통찰력은 그의 부족한 지위를 보상했다. 내가 그를 만났을 때, 그는 60대 후반의 노인이었다. 그는 인생의 대부분을 인도에서 보낸 후, 조금 더 젊은 세대 교회 지도자로 더 널리 알려진 레슬리 뉴비긴(Lesslie Newbigin)과 같은 신학적 관점을 갖고 있었고, 비록 그의 전문분야가 성경신학이었지만, 그는 절대로 성경연구를 본문이나 역사적 문제로 제한하지 않았다.

---

26 Ibid., p. 8.

그에게, 우리가 성경을 사용하는 방식은 글로벌 문화에 대한 이해와 건설적인 선교를 위한 새로운 기회에 의해 결정되었다. 그는 하나님께서 교회의 경계를 넘어 사람들의 삶 가운데 일하신다고 주장하면서, 항상 우리를 앞서가시고 우리를 초월하신다고 인식하면서 다른 사람들과 우리의 신앙을 나누는 겸손의 필요성을 강조했다. 개인적인 태도에서 그는 자신이 말한 것을 몸으로 구현했다.

그래서 나는 여전히 그를 친근하게 기억하며, 그것은 내가 젊은 학생으로서 성경에 근거한 선교적 관점으로 철저하게 무장한 멘토에 의해 양육을 받지 않았다면, 어떤 사람이 되었을 것인가를 가끔 생각하는 이유이다. 대조적으로 나는 윌리엄 릴리보다 지적으로 훨씬 더 박식한 최근에 교제한 교수에 대해 생각하는데, 그는 핵심 기독교의 덕목으로서 우정의 중요성에 관한 여러 책의 저자이지만 모든 점에서 전혀 의미 있는 우정을 만들거나 지속할 수 없는 사람으로서, 내가 만난 가장 교활하고 기만적인 사람들 가운데 하나였다.

신학교 교수들이-우리가 자주 불평하듯이-우리가 섬기는 교회의 상태에 대해 불평할 때, 적어도 그 비난의 일부가 우리 자신을 향한 것일 수도 있지 않은가?

우리 학생들-교회와 신학교-은 우리가 가르치는 것을 행하는 것만큼 적어도 우리의 정체성(인격과 성품)을 통해 배운다. 사실 제프 애슬리(Jeff Astley)가 주장하듯이, '이런 성품의 학습은 확실히 기독교 학습에 대한 설득력 있는 설명의 열쇠이다.'[27] 물론 이 모든 것은 신학교의 삶과 연관되는 만큼 지역 교회의 삶과도 연관된다.

문화적 창의성(cultural creatives)의 두 번째 표지는 레이와 앤더슨이 '참여적 행동과 전 학습 과정'(engaged action and whole process learning)이라고 부르는 것인데, 그들은 '삶의 풍부하고 본능적이며 감각적인 것이 배어있는 친

---

27 Astley, *Ordinary Theology*, p. 8.

밀한 참여적 지식'이라고 묘사한다. 간단히 말해서, 직선적이고 분석적인 사고는 오늘날의 복잡한 세계에서는 더는 작동하지 않기 때문에, 문화적 창조물은 더욱 총체적인 학습경험을 추구하는 경향이 있다.[28]

 교육학 이론가들이 모든 감각을 사로잡는 학습의 중요성을 강조하고 재자도가 모든 것을 포괄해야 한다는 예수님의 가르침에도 불구하고(막 12:28-34), 신학과 관련하여 우리의 실천을 알릴 수 있는 모델이 거의 없기에, 총체적 학습을 추구하는 것은 더 중대한 도전이다. 학문 분야에서 월터 윙크(Walter Wink)는 이런 노선을 따라 무엇이든 출판할 정도로 용감한 학자인데,[29] 이런 학문 분야보다 지역 교회의 상황에서 제롬 배리맨(Jerome Berryma)의 『경건한 놀이』(Godly Play)와[30] 같은 프로젝트를 통해 더욱 창의적인 탐구가 이루어졌다.

 알베르트 아인슈타인(Albert Einstein)이 쓴 격언(aphorism)은 '상상력이 지식보다 중요하다'라고 말하는데, 그는 '지식은 우리가 알고 이해하는 것에 한정되는 반면, 상상력은 전 세계를 포용하며 모든 것은 알고 이해하게 될 것이다'라고 이에 대해 설명한다. 1994년 아내와 나는 이런 접근방식을 구체화하여 풀러신학교에 개설한 과목명은 '복음 전도와 예배의 영성과 창조성'이었다. 우리는 여러 해가 지난 후에도 풀러신학교에서 정기적으로 그 과목을 가르칠 것이라고 전혀 기대하지 못했다.

 하지만 그 과목이 지속해서 인기를 얻은 이유 가운데 하나는 확실히 상상력과 지식의 결합-그리고 재미!- 때문이었다. 어떤 면에서, 우리가 문화변화, 해석학, 신앙발달, 설교학 그리고 다른 연관된 주제들을 고려하듯이, 그 과목도 매우 평범한 주제로 보일 수 있다. 그러나 이런 지식요소는 그 과목의 독특성으로 인해 학생들의 흥미를 끌 뿐 아니라 전통적인 주제

---

28 Ray and Anderson, *The Cultural Creatives*, p. 9.
29 Walter Wink, *Transforming Bible Study*, 2nd edn (Nashville TN, Abingdon, 1990).
30 Jerome W. Berryman, *Godly Play: A way of religious education* (San Francisco, HarperCollins, 1991); see also http://www.godlyplay.com

와 같은 강의를 다루고 이해할 수 있는 방식을 바꾸는 상상력의 틀 안에서 정해진다.

이 과목은 집의 개념을 중심으로 구성되며, 각 수업은 다른 방을 방문하는 것으로 구성된다. 우리는 침실, 화장실 그리고 다른 공간뿐 아니라 현관에서 거실로, 부엌으로, 정원으로, 서재로, 지하실로 옮겨간다. 이 수업은 단순히 개념적 틀이 아니다. 왜냐하면, 우리가 각 방을 방문하는 것은 전인적 참여를 위해 설계되고 우리의 생생한 삶의 현실을 더 큰 문화적 상황과 연결할 수 있는 안전한 공간을 만들기 때문이다. 또한 궁극적으로 모든 것 가운데 가장 큰 그림인 **하나님의 선교**를 연결하여 안전한 공간을 만드는 광범위한 경험적 순간과 통합되기 때문이다.

풀러신학교의 학생들이 이 글을 읽을 것이고 이 수업에 등록하기 원하는 학생들의 놀라움을 망치고 싶지 않기 때문에, 나는 여기서 더 자세히 설명하지 않겠다.[31] 나는 특히 대부분 교회와 신학교 운영의 시간과 공간의 제약으로 인해 문화 창조자들이 수용하는 '참여적 지식'(engaged knowledge)과 같은 방식을 촉진하는 학습 환경 조성이 쉽다고 생각하지 않는다. 이런 종류의 학습에는 더 많은 강의실이 필요할 뿐 아니라, 학습 시기(timing)에 대한 더 유연한 접근을 요구한다. 왜냐하면, 만일 우리가 다른 사람들을 삶의 도전적 관심사에 관한 탐구로 이끈다면, 어떤 이슈가 제기되든지 항상 적절한 방식으로 다루기 위해 충분한 시간을 가져야 하기 때문이다.

교회나 학술기관의 워크숍에 초청받을 때마다, 내가 가장 먼저 물어보는 질문 가운데 하나는 항상 이용 가능한 공간과 시기에 관한 것이다. 지역 교회 성직자는 대학교 책임자들만큼 이 질문에 대해 놀라지만-그리고 대개 추가적인 연구 없이 대답을 알지 못한다-이런 요소들은 상상력을 자

---

31 자세한 내용은 다음을 참조하라.
http://www.fuller.edu/sot/ecds/063/EV509_ Drane-Drane.html

극하는 학습이 얼마나 많이 일어날지를 결정하기 때문에 중요하다.

레이와 앤더슨에 의해 확인된 문화적 창의성의 세 번째 표지는 여성의 위치에 관한 것이다. 앞에서 언급한 풀러신학교 강의에 대한 학생평가에서 강의에 공헌한 주요 요인으로 강조된 것 중 하나는, 내가 그 과목을 아내와 함께 가르쳤다는 사실이다. 어떤 의미에서 그 이유는 순전히 실용적이다. 왜냐하면, 우리 둘 다 혼자서 그 강의를 하는 데 필요한 전문적 역량을 갖추고 있지 않기 때문이었다.

여성과 남성 한쪽이 지배하지 않고 대등하게 협력할 수 있다는 개념이 내게는 단순한 상식처럼 보였다. 하지만 자연스럽게 주어진 일을 한다는 것에 대해 우리에게 쏟아진 아낌없는 찬사는, 이 이슈가 여전히 기독교계에 큰 문제라는 사실을 내게 알려주었다.

더 최근에 우리는 교구 예배(cathedral worship)와 고군분투하는 작은 교회와 같은 다양한 환경에서 함께 설교하며 동일한 반응을 발견했다. 10년이나 15년 전만해도 나는 대부분 교회에서 남성과 여성이 사역을 함께하는 것에 관한 문제가 제기되고 다루어졌다고 생각했을 것이다. 나는 많은 실제적 수준에서, 이것이 현실과는 거리가 멀다는 것을 깨달았다. 2년 전 아내와 나는 한 지역 교회에서 협력 사역자로 일을 할 수 있는지 문의를 받았다.

여러 면에서 우리는 상황에 이상적으로 적합했고, 문제의 도시에서 복음 증거에 크게 기여할 수 있었을 것이다. 비록 그들이 충분히 열린 마음으로 대화를 시작했지만, (이 경우에) 남성과 협력관계에 있었지만, 결국 그 교회의 많은 신자가 여성 사역에 문제를 안고 있었다. 하지만 그들은 여성을 '목회의 보조자'로 지정하여 대처할 수 있었고, 내가 볼 때 간단한 해결책을 제시하는 것처럼 보였다.

우리 둘에게 그 직함을 주고 일거에 문제를 처리하고 동등하게 일하려는 우리의 욕구를 해결할 수 있었다. 그들에게 그런 방식은 여성 사역에 대한 이슈보다 더 도전적인 것으로 드러났다!

그런 태도에 대해 가능한 설명은 단 한 가지뿐인데, 그것은 편견이다. 최근의 글에서 (영국 교회의 사제로 서품된) 진 메이랜드(Jean Mayland)는 같은 것의 다른 형태(a different form of the same thing)를 강조했다.

'영국성공회총회'(General Synod)의 복음주의 회원은 결혼에 있어서 남성의 주도권(headship)에 관한 성경적 규약이 실제로 삶 전체에 적용되며, 여성에게 동등권을 부여하는 사회는 악하다고 주장한다. 젊은 복음주의 여성들은 '남성의 희생적 리더십에 대한 사랑의 복종'을 행할 권리를 주장한다!!!

나 또한 영국 성공회의 많은 젊은 여성 성직자들의 이런 태도에 엄청난 충격을 받았다. 그들은 여느 남성들처럼 권위적이고(bossy) 전통적이며 권위주의적이다.[32] 진 메이랜드만이 아니다. 마틴 퍼시(Martyn Percy)는 '여성을 소외시키려는 압력은 일부 교회 공동체 내에서 거의 불가항력적'이며, 실천신학자들이 관습적이고 인지적인 경계를 넘어 신학적 연구와 이해의 기반을 넓히려고 시도할 때마다 많은 사람이 표현하는 방어적 기제로 이런 경향을 연관시킨다고 언급한다.

> 때때로 교회의 본질적인 존재방식이 마치 사고와 감정의 이원론을 유지하는 것에 달린 것처럼 느낀다. 마치 느끼고 감지하고 표현하는 것이 진리의 위계질서와 그 위계질서를 보호하는 구조를 약화시킨다고 느낀다.[33]

이것이 교회 밖의 사람들이 가늠할 수 없는 주제 중 하나인데, 그것은 – 누가 무엇을 주장하든 상관없이 – 이 이슈가 교회 내부의 정치적 문제가 아니라 복음에 매력을 느끼는 사람들에게 걸림돌이기 때문에 핵심적인 선교적 문제이다. 캘럼 브라운(Callum Brown)에 따르면, '더이상 영국 교회에

---

[32] Jean Mayland, 'The Ordination of Women and the Ecumenical Movement', in Janet Wootton (ed.), *This is Our Story* (Peterborough, Epworth Press, 2007), p. 124.

[33] Percy, *Engaging with Contemporary Culture*, p. 113.

는 [젊은 여성들이] 추구하거나 긍정할 여성성이나 도덕적 정체성이 없으므로,'[34] 이것은 영국 교회가 몰락하는 주요한 근본 원인이다. 문화 창조자들은 단지 여성이 포함되는 것이 아니라, 여성의 삶의 방식이 그 가치를 인정받고 수용되어야 한다는 것이다. 그들은 일반적으로 다음과 같은 관점에서 이를 설명한다.

> 타자를 위한 공감(empathy)과 연민(sympathy)을 느끼며 청자(speaker)의 관점을 취하고, 배움의 중요한 방법으로 개인적 경험과 서술자의 이야기를 파악하고 돌봄의 윤리를 포용하는 것이다.[35]

예수님이 우리에게 보여주신 본보기에는 울림 이상의 것이 있다.

창의적 과목들의 중요성을 설명하면서, 폴 레이(Paul Ray)와 셰리 루스 앤더슨(Sherry Ruth Anderson)은 '운동은 사람들이 분열된 삶을 거부할 때 시작된다'라고 말한다.[36] 전인적인 삶에 대한 이런 관심은 그 자체로 여성과 남성 사이의 재정립된 관계를 보여줄 뿐만 아니라, '매우 이질적이고 파편화된 정보 조각들을 통합하는 전체 시스템'의 중요성에 대한 인식에서도 나타난다.[37] 신학과 기독교 교육 분야에서 전인적 삶을 진지하게 다루는 것은, 우리가 알고 있다고 생각하는 주장에 대한 급진적 재고를 요구한다. 그중 적지 않은 것이 현재 우리가 생각하는 신학에 대한 다른 측면 사이의 장벽을 허물기 위한 도전이 될 것이다.

우리가 목회와 소명을 구성하는 요소에 대해 전통적 견해를 재고하지 않는다면, 교회에 대한 도전이 반드시 최상의 결과로 이어지지는 않을 수 있지만, 이런 질문들은 이미 일부 교회의 의제이다. 대개 우리는 여전히

---

34 Callum G. Brown, *The Death of Christian Britain* (London, Routledge, 2001), p. 196.
35 Ray and Anderson, *The Cultural Creatives*, p. 12.
36 Ibid., p. 20.
37 Ibid., p. 11.

맥도날드식 사역을 하고 있으며, 이와 관련하여 다른 삶의 영역에서와 마찬가지로, 제기되는 도전은 전통에서 발견되는 최상의 통찰력을 잃지 않고 '모든 상황에 적용되는'(one size fits all) 천편일률적인 사고방식에서 어떻게 벗어나는가 이다.

전통적인 형태들은 교구 사제가 지역 사회에서 유일하게 교육받은 사람이었고, 언젠가는 지역 교회 목사가 되고, 다음에는 대학교수가 되는 것이 가능했던 시대와 비교하여 거의 변하지 않았다. 왜냐하면, 모든 사람이 학문적인 훈련을 받았고, 실제 목회 사역은 문화적 상황에 관한 더 깊은 성찰을 할 필요 없이(결국, 성경이 기록된 세계와 크게 다르지 않은) 당연한 목회의 결과로 간주했기 때문이다.

성경이 히브리어와 그리스어로 기록되었고, 석기 시대에서 로마제국에 이르는 문화적 상황에서 기록된 것을 고려하면, 예전과 예배, 목회적 돌봄, 음악, 이머징 교회 개척 그리고 그 외에 다양한 사역이 필요한 신자들을 위해 성경의 중요성을 설명하는 것을 본질적인 소명으로 삼는 목회자를 위한 욕구가 항상 존재할 것이다.

본질적으로 기독교 문화였던 시대의 단조로운 사역의 성격 때문에, 원칙적으로 모든 신학생은 미래의 학자가 된다고 가정하곤 했다. 하지만 현재 일어나고 있는 일종의 불연속적인 문화변화는 이런 열정을 비현실적으로 만든다. 왜냐하면, 일반인이 아무리 똑똑하더라도 고대 언어와 세계관 같은 분야에서 역량을 갖추는 데 필요한 많은 시간(그리고 재정적인 투자)을 제공해야 하는 사역이 더는 불가능하기 때문이다. 앞으로 우리가 신학을 하는 방법은-어느 한 개인이 모든 분야에 출중할 수 없다는 것을 인정하는 사역 분야에서-더욱더 협력을 요구할 것이다.

이와 함께 우리는 할 수 있는 것과 할 수 없는 것에 관해 더욱더 개방적이어야 한다. 결국, 이는 다시 우리 안에 있는 희망을 공유하고 그리스도의 종으로서 서로 격려하고 지지하기 위한 공간을 창출하는 것이다. 이것은 특히 어떤 분야에서도 전문가가 아닌 사역자를 배출하는 결과를 낳는 하향 평준화(dumbing-down)와 같은 것이거나 한 접근방법이나 다른 접근방법이 우월하다고 간주하지 않고, 성경을 다루는 데 필요한 질문들을 실질적으로 확인하므로 내가 제안한 상황화 신학의 두 가지 주요 측면(성경신학과 실천신학)과의 상호작용을 인식하는 것이다.

이 시점에서 우리가 논의한 내용은 구약성경에 나오는 다윗과 골리앗의 이야기를 떠올린다. 이 이야기에서 영감을 주는 다윗은 거인과 싸울 준비가 되었지만, 사울 왕은 다윗이 자신의 갑옷을 입고 전쟁터에 나가야 한다고 주장했다(삼상 17:38-40). 사울의 갑옷은 실제로 아무런 문제가 없었다: 그 갑옷은 사울에게 딱 들어맞았고 이전에 성공한 여러 전투에서도 큰 효과를 거두었다. 게다가, 사울이 자신의 갑옷을 다윗에게 주겠다고 한 것은 지도자로서 미래의 가능성을 확인하는 방법이었다.

그러나 사울은 자신에게 적합했던 갑옷이 다윗이 처한 도전에는 적합하지 않다는 사실을 이해하지 못했다. 사울은 (다른 사람들에게 멘토링을 하려는 많은 사람처럼) 다윗이 성공하려면 자신과 같은 기술과 통찰력을 가져야 한다고 생각했다. 그러나 다윗은 사울의 갑옷이 헐거웠을 뿐 아니라, 결정적으로 그 갑옷은 골리앗을 물리치는 데 필요한 민첩함을 발휘하기에는 충분히 유연하지 않다는 사실을 알아차렸다.

자신의 열망을 성취하기 위해 다윗은 분명히 무기가 필요했지만, 그것 또한 전통적인 군대가 활용하는 크고 무거운 무기들과는 전혀 달라야 했다. 다윗이 재래식 방법을 무시한 것은 아니었다(그가 후에 다른 전투에서 물맷돌[stone and slingshot]을 사용했다는 증거는 없다). 목적을 이루는 데 있어서 단지 그것이 그 싸움에는 잘못된 도구였다.

오늘날 우리는 갑옷을 완전히 버리는 대신 재활용하는 것을 생각해 볼 수 있는데, 그것은 이 장을 마무리하는 좋은 제언일 것이다.

어떻게 우리는 과거로부터 우리에게 전해진 유용한 재료들을 재활용하고 그것들을 미래에 더 유용하게 개조할 수 있는가?

비록 내가 쓴 작은 책인 『축제 문화』(Celebrity Culture)에서 죄와 구속과의 연관성에서 그것에 대한 몇 가지 양상들을 언급했지만, 이 과제를 수행하는 것은 그 자체로 한 권의 책을 쓰는 것이 될 것이다.[38] 기독교 신앙을 전 세계 다른 곳에서 재상상하는(reimagined) 방식은 분명히 다양할 것이다. 이것이, 내가 여기서 규범적인 것을 의도적으로 피한 이유였다. 하지만, 어떤 형태로 신학적 성찰을 하든, 한편으로는 성경과 다른 한편으로는 현대 인류의 경험이라는 두 가지 닻에 뿌리를 둘 것이다. 아니면, 칼 바르트가 말했듯이, 한 손에는 성경을 들고 다른 손에는 신문을 들고 성경의 메시지를 통해 신문을 읽으며 삶의 여정을 이어갈 것이다.[39]

---

[38] John Drane, *Celebrity Culture* (Edinburgh, Rutherford House, 2006).

[39] 칼 바르트(Karl Barth)의 격언이 널리 인용되었지만, 실제 출처에 대해서는 논란이 많다. 그는 분명히 1963년 5월 31일 자 「타임지」에 보도된 인터뷰에서 이렇게 말했다. 이에 대해서는 다음을 참조하라. http://libweb.ptsem.edu/collections/barth/faq/quotes.aspx?menu=296&subText=468

참고 문헌

Ray S. Anderson, *The Shape of Practical Theology* (Downers Grove IL, Inter-Varsity, 2001)

Ray S. Anderson, *An Emergent Theology for Emerging Churches* (DownersGrove IL, InterVarsity, 2006)

Jeff Astley, *Ordinary Theology* (Aldershot, Ashgate, 2002)

George Barna, *Revolution* (Ventura CA, Barna Research, 2005)

Zygmunt Bauman, *Liquid Life* (Boston MA, Polity Press, 2005)

William J. Bausch, *Storytelling Imagination and Faith* (Mystic CT, Twenty-Third Publications, 1984)

Baylor Institute for Studies of Religion, *American Piety in the 21st Century: New insights to the depth and complexity of religion in the US* (Waco TX, Baylor University, 2006)

Peter L. Berger (ed.), *The Desecularization of the World* (Grand Rapids MI, Eerdmans, 1999)

Peter L. Berger, Brigitte Berger and Hansfried Kellner, *The Homeless Mind: Modernization and Consciousness* (New York, Vintage Books, 1974)

Jerome W. Berryman, *Godly Play: A way of religious education* (San Francisco, HarperCollins, 1991)

David J. Bosch, *Transforming Mission* (Maryknoll NY, Orbis, 1991)

Kester Brewin, *The Complex Christ: Signs of emergence in the urban church* (London, SPCK, 2004)

Peter Brierley, *Pulling out of the Nosedive. A contemporary picture of churchgoing: What the 2005 English Church Census reveals* (London, Christian Research, 2006)

Andrew Brookes (ed.), *The Alpha Phenomenon: Theology, praxis and challenges for mission and church today* (London, CTBI, 2007)

Callum G. Brown, *The Death of Christian Britain* (London, Routledge, 2001)

Rosalind Brown et al., *Spirituality in the City* (London: SPCK 2005)

참고 문헌

Don S. Browning, *A Fundamental Practical Theology* (Minneapolis MN, Fortress Press, 1991)

Steve Bruce, *God is Dead: Secularization in the West* (Oxford, Blackwell, 2002)

C. M. H. Carr, *Twentieth Century Suburbs* (London, Routledge, 2001)

Jeremy Carrette and Richard King, *Selling Spirituality: The silent takeover of religion* (London, Routledge, 2004)

Craig A Carter, *Rethinking Christ and Culture: A post-Christendom perspective* (Grand Rapids MI, Brazos Press, 2006)

Mark Cartledge, *Practical Theology: Charismatic and Empirical Perspectives* (Carlisle, Paternoster, 2003)

David Chidester, *Authentic Fakes: Religion and American popular culture* (Los Angeles, University of California Press, 2005)

Church of England General Synod, *The Mission-Shaped Church* (London, Church House Publishing, 2004)

Stephen Cottrell, *From the Abundance of the Heart: Catholic Evangelism for all Christians* (London, Darton, Longman & Todd, 2006)

Harvey Cox, *Fire from Heaven: The rise of Pentecostal spirituality and the reshaping of religion in the 21st century* (Reading MA, Addison-Wesley, 1995)

Steven Croft, *Transforming Communities: Re-imagining the Church for the 21st Century* (London, Darton, Longman & Todd, 2002)

Steven Croft et al., *Evangelism in a Spiritual Age* (London, Church House Publishing, 2005)

Steven Croft (ed.), *Mission-shaped Questions: Defining issues for today's Church* (London, Church House Publishing, 2008)

Don Cupitt, *Philosophy's own Religion* (London, SCM Press, 2000)

Sharon Daloz Parks, *Big Questions, Worthy Dreams: Mentoring young adults in their search for meaning, purpose and faith* (San Francisco, Jossey-Bass, 2000)

Grace Davie, Paul Heelas and Linda Woodhead (eds), *Predicting Religion: Christian, Secular, and Alternative Futures* (Aldershot, Ashgate, 2003)

Craig Detweiler and Barry Taylor, *A Matrix of Meanings* (Grand Rapids MI, Baker Academic, 2003)

John Drane, *Faith in a Changing Culture* (London, HarperCollins, 1997)

John Drane, *Cultural Change and Biblical Faith* (Carlisle, Paternoster Press, 2000)

John Drane, *The McDonaldization of the Church* (London, Darton, Longman & Todd, 2000)

John Drane, 'Contemporary culture and the reinvention of sacramental spirituality', in Geoffrey Rowell and Christine Hall (eds), *The Gestures of God: Explorations in sacramentality* (London, Continuum, 2004), pp. 37–55.

John Drane, *Do Christians Know How to Be Spiritual? The Rise of New Spirituality and the Mission of the Church* (London, Darton, Longman & Todd, 2005)

John Drane, 'From Creeds to Burgers: religious control, spiritual search, and the future of the world', in James R. Beckford and John Walliss (eds), *Theorising Religion* (London, Ashgate, 2006), pp. 120–31. Also in abridged form in George Ritzer, *McDonaldization: The Reader*, 2nd edn (Thousand Oaks CA, Pine Forge Press, 2006), pp. 197–202.

John Drane, *Celebrity Culture* (Edinburgh, Rutherford House, 2006)

John Drane and Olive M. Fleming Drane, *Family Fortunes: Faith-full caring for today's families* (London, Darton, Longman & Todd, 2004)

Erik H. Erikson, *Childhood and Society*, 2nd edn (New York, Norton, 1950)

Erik H. Erikson, *Identity, Youth and Crisis* (New York, Norton, 1968)

Robert Fishman, *Bourgeois Utopias: The rise and fall of suburbia* (New York, Basic Books, 1987)

Kieran Flanagan and Peter C. Jupp (eds), *A Sociology of Spirituality* (Aldershot, Ashgate, 2007)

Olive M. Fleming Drane, *Clowns, Storytellers, Disciples* (Minneapolis MN, Augsburg, 2004)

Olive M. Fleming Drane, *Spirituality to Go. Rituals and Reflections for Everyday Living* (London, Darton, Longman & Todd, 2006)

Richard Florida, *The Rise of the Creative Class* (New York, Basic Books, 2002)

Richard Florida, *Cities and the Creative Class* (New York, Routledge, 2005)

Richard Florida, *The Flight of the Creative Class* (New York, HarperCollins, 2007)

Charles R. Foster, Lisa E. Dahill, Lawrence E. Golemon and Barbara Wang Tolentino, *Educating Clergy* (San Francisco, Jossey-Bass, 2006)

James Fowler, *Stages of Faith: The psychology of human development and the quest for meaning* (San Francisco, Harper & Row, 1981)

Nathan C. P. Frambach, *Emerging Ministry* (Minneapolis MN, Augsburg, 2007)

Michael Frost and Alan Hirsch, *The Shaping of Things to Come: Innovation and Mission for the 21st Century Church* (Peabody MA, Hendrickson, 2003)

Raymond Fung, *The Isaiah Vision* (Geneva, WCC, 1992)

Raymond Fung, *Evangelistically Yours* (Geneva, WCC, 1992)

Eddie Gibbs, *In Name Only: Tackling the Problem of Nominal Christianity*(Wheaton IL, Bridgepoint, 1994)

Eddie Gibbs, *Leadership Next* (Downers Grove IL, InterVarsity Press, 2005)

Eddie Gibbs and Ryan Bolger, *Emerging Churches* (Grand Rapids MI, Baker Academic, 2005)

Timothy K. Gorringe, *A Theology of the Built Environment* (Cambridge, Cambridge University Press, 2002)

Darrell L. Guder (ed.), *Missional Church* (Grand Rapids MI, Eerdmans, 1998)

Douglas J. Hall, *The End of Christendom and the Future of Christianity* (Valley Forge PA, Trinity Press International, 1997)

David Hay and Kate Hunt, *Understanding the Spirituality of People who don't go to Church* (Nottingham, University of Nottingham Centre for the Study of Human Relations, 2000)

David Hay, *Something There: The biology of the human spirit* (London, Darton, Longman & Todd, 2006)

Dolores Hayden, *Building Suburbia: Green Fields and Urban Growth 1820–2000*(New York, Pantheon, 2003)

Paul Heelas and Linda Woodhead, *The Spiritual Revolution: Why religion is giving way to spirituality* (Oxford, Blackwell, 2005)

Paul Heelas and Linda Woodhead, 'Homeless minds today?' in Linda Woodhead (ed.), *Peter Berger and the Study of Religion* (London, Routledge, 2002)

William D. Hendricks, *Exit Interviews* (Chicago, Moody Press, 1993)

Richard Higginson, *Transforming Leadership* (London, SPCK, 1996)

Alan Hirsch, *The Forgotten Ways* (Grand Rapids, Brazos Press, 2006)

John H. Holland, *Emergence: From Chaos to Order* (Oxford, Oxford University Press, 2000)

John Inge, *A Christian Theology of Place* (Aldershot, Ashgate, 2003)

Eric O. Jacobsen, *Sidewalks in the Kingdom: New Urbanism and the Christian Faith* (Grand Rapids MI, Brazos Press, 2003)

Alan Jamieson, *A Churchless Faith* (London, SPCK, 2002)

Alan Jamieson, Jenny McIntosh and Adrienne Thompson, *Church Leavers*(London, SPCK, 2006)

Peter Jarvis, *Adult and Continuing Education: Theory and Practice* (London, Routledge, 1995)

Philip Jenkins, *The Next Christendom*, 2nd edn (New York, Oxford University Press, 2007)

Richard A. Jensen, *Thinking in Story: Preaching in a Post-Literate Age* (Lima OH, CSS Publishing Co, 1993)

Steven Johnson, *Emergence: The connected lives of ants, brains, cities, and software*(New York, Penguin, 2001)

Rhawn Joseph (ed.), *Neurotheology: Brain, Science, Spirituality, ReligiousExperience* (San Jose CA, San Jose University Press, 2003)

Gordon Lynch, *Understanding Theology and Popular Culture* (Oxford, Blackwell, 2005)

Michel Maffesoli, *The Time of Tribes: Decline of Individualism in Mass Society*(Thousand Oaks CA, Sage, 1995)

David Martin, *On Secularization: Towards a revised general theory* (Aldershot, Ashgate, 2005).

Abraham Maslow, *Toward a Psychology of Being*, 2nd edn (New York, Van Nostrand Reinhold, 1968)

E. Mazur and K. McCarthy, *God in the Details: American Religion in Popular Culture* (New York, Routledge, 2001)

M. Rex Miller, *The Millennium Matrix. Reclaiming the Past, Reframing the Future of the Church* (San Francisco, Jossey-Bass, 2004)

Stuart Murray, *Post-Christendom* (Carlisle, Paternoster Press, 2004)

Stuart Murray, *Church after Christendom* (Carlisle, Paternoster Press 2005)

Stuart Murray, *Changing Mission: Learning from Newer Churches* (London, CTBI, 2006)

Andrew Newberg and Eugene D'Aquili, *Why God won't go away: Brain science and the biology of belief* (New York, Ballantine, 2002)

Lesslie Newbigin, *The Gospel in a Pluralist Society* (Grand Rapids MI, Eerdmans, 1992)

Thomas C. Oden, *After Modernity – What?* (Grand Rapids MI, Eerdmans, 1990)

Walter Ong, *Orality and Literacy*, 2nd edn (New York, Routledge, 2002)

Conrad Oswalt, *Secular Steeples* (Harrisburg PA, Trinity Press International, 2003)

Richard Pascale, Mark Millemann and Linda Gioja, *Surfing the Edge of Chaos*(New York, Random House, 2001)

John E. Paver, *Theological Reflection and Education for Ministry* (Aldershot, Ashgate, 2006)

Richard V. Peace, *Conversion in the New Testament* (Grand Rapids MI, Eerdmans, 1999)

Myron B. Penner, *Christianity and the Postmodern Turn* (Grand Rapids MI, Brazos Press, 2005)

Martyn Percy, *Engaging with Contemporary Culture* (Aldershot, Ashgate, 2005)

B. Joseph Pine and James H. Gilmore, *The Experience Economy* (Boston MA, Harvard Business School, 1999)

Daniel Pink, *A Whole New Mind* (New York, Riverhead Books, 2006)

Christine D. Pohl, *Making Room: Recovering Hospitality as a Christian Tradition* (Grand Rapids MI, Eerdmans, 1999)

Robert D. Putnam, *Bowling Alone: The collapse and revival of American community* (New York, Simon & Schuster, 2000)

Paul H. Ray and Sherry Ruth Anderson, *The Cultural Creatives* (New York, Three Rivers Press, 2000)

Anne Richards, *Sense Making Faith* (London, CTBI, 2007)

Philip J. Richter and Leslie J. Francis, *Gone but not Forgotten* (London, Darton, Longman & Todd, 1998)

Michael Riddell, Mark Pierson and Cathy Kirkpatrick, *The Prodigal Project: Journeying into the emerging church* (London, SPCK, 2000)

George Ritzer, *The McDonaldization of Society* (Thousand Oaks CA, Pine Forge Press, 1993)

George Ritzer (ed.), *McDonaldization: The Reader*, 2nd edn (Thousand Oaks CA, Pine Forge Press, 2006)

Wade Clark Roof, *Spiritual Marketplace* (Princeton NJ, Princeton University Press, 1999)

Richard Rohr, *Simplicity: The art of living* (New York, Crossroad, 1991)

Alan J. Roxburgh and Fred Romanuk, *The Missional Leader* (San Francisco, Jossey-Bass, 2006)

Tex Sample, *Ministry in an Oral Culture* (Louisville KY, Westminster John Knox Press, 1994)

Ziauddin Sardar, *Postmodernism and the Other* (London, Pluto Press, 1998)

Kenneth Schuman and Ronald Paxton, *The Michelangelo Method* (New York, McGraw-Hill, 2007)

John Shore, *Penguins, Pain and the Whole Shebang* (New York, Seabury Books, 2005)

David Smith, *Mission after Christendom* (London, Darton, Longman & Todd, 2003)

Ian Stackhouse, *Gospel Driven Church* (Carlisle, Paternoster Press, 2004)

Brian Stone, *Evangelism after Christendom* (Grand Rapids MI, Brazos Press, 2007)

Barry Taylor, *Entertainment Theology: New-edge spirituality in a digital democracy* (Grand

Rapids MI, Baker Academic, 2008)

Steve Taylor, *The Out of Bounds Church* (Grand Rapids MI: Zondervan 2005)

F. M. L. Thomson, *The Rise of Suburbia* (Leicester, Leicester University Press, 1982)

Kevin Treston, *Creative Christian Leadership* (Mystic CT, Twenty-Third Publications, 2000)

Jean M. Twenge, *Generation Me* (New York, Free Press, 2006)

Kevin J. Vanhoozer, Charles A. Anderson, and Michael J. Sleasman, *Everyday Theology* (Grand Rapids MI, Baker Academic, 2007)

Andrew Walker and Luke Bretherton, *Remembering our Future* (London, Paternoster Press, 2007)

Pete Ward, *Liquid Church* (Peabody MA, Hendrickson, 2002)

Ethan Watters, *Urban Tribes* (New York, Bloomsbury, 2003)

Robert E. Webber, *Ancient-Future Faith* (Grand Rapids MI, Baker Academic, 1999)

Robert E. Webber, *Ancient-Future Evangelism* (Grand Rapids MI, Baker Academic, 2003)

Robert E. Webber, *Ancient-Future Time* (Grand Rapids MI, Baker Academic, 2004)

John H. Westerhoff III, *Will our Children have Faith?*, 2nd edn (Harrisburg, PA, Morehouse, 2000)

Peter C. Whybrow, *American Mania. When more is not enough* (New York, Norton, 2005)

Philip B. Wilson, *Being Single in the Church Today: Insights from History and Personal Stories* (Harrisburg PA, Morehouse, 2005)

Walter Wink, *Transforming Bible Study*, 2nd edn (Nashville TN, Abingdon, 1990)